Erinnerungen an Kindheit und Jugend in den 70er Jahren.

Reinkommen,

Essen ist fertig!

Oberhessen erzählt

Ein Buch-Projekt der

© 2018
Hanauer Straße 9-13
61169 Friedberg

Herausgeber
Rainer Schwarz
Joachim Arnold

Redaktion
Andreas Matlé
Silke Scriba
Liane Hoppe

Korrektorat
Monika Platzdasch, Andreas Matlé

Layout-Konzept
Wirz & Hafner, Frankfurt am Main

Layout-Umsetzung
Silke Scriba

Copyright der Fotos bei den jeweiligen Autoren

Erschienen in der Reihe
Erinnerungen an Kindheit und Jugend in Oberhessen

1. Auflage November 2018
Druck: Druckhaus Waitkewitsch, Alsfeld

ISBN: 978-3-9817579-2-7

****

Inhaltsverzeichnis

****

****

Vorwort

****

Die Frage drängt sich geradezu auf: Warum veröffentlicht ein kommunaler Energiever-sorger wie die OVAG ab und an ein Buch? Der erste Teil der Antwort gehört sicherlich in den Bereich Werbung, Image- und Kundenbindung. Dabei unterstützen wir insbesondere im Bereich Kultur auch die Herausgabe von Büchern mit dem Ansinnen, möglichst viele Menschen mit unterschiedlichen Interessen zu erreichen.

Allerdings – und das ist der zweite Teil der Antwort – publiziert die OVAG nicht beliebig Bücher. Vielmehr sind es Bücher, die etwas mit dem Unternehmen oder der Region zu tun haben, in der es verwurzelt ist. Erwähnt seien unsere prächtigen Foto-Text-Bände über die Auenlandschaft Wetterau und den Vogelsberg. Bei einigen handelt es sich um Werke, die Erfahrungen und Wissen bergen, die verloren gingen, würden sie nicht dergestalt dokumentiert. Denken Sie beispielsweise an Bücher wie über den Kohleabbau rund um Wölfersheim oder die Geschichte der Eisenbahn in Oberhessen.

Gleiches gilt für den vorliegenden Band mit den Kindheitserlebnissen und Jugend-erinnerungen in Oberhessen aus den Siebzigerjahren – er folgt den ähnlich strukturier-ten Bänden über die Fünfziger- und Sechzigerjahre, die viele Leser gefunden haben, weil sie offenbar einen Nerv der Zeit trafen.

Wenn man so will, stellen die folgenden Seiten eine Art „Geschichtsschreibung von unten" dar. Die nationalen wie weltbedeutenden Ereignisse dieses Jahrzehnts wer-den noch in 100 Jahren zu lesen, zu hören und nachzusehen sein. Allerdings weniger die Episoden und Eindrücke, wie sie unsere Autoren zusammengetragen haben. Nicht aufgezeichnet, gingen sie verloren. Dabei waren eben diese Erlebnisse für viele Men-schen manchmal folgenreicher als das, was auf der „großen Bühne" geschah. Aus dieser Erkenntnis gewinnt ein solches Buch seine Bedeutung, ganz abgesehen von dem unter-haltsamen Faktor. Eine Binsenweisheit, leicht abgewandelt: Wer schreibt, das bleibt.

Mitunter können die Dinge, die im Kleinen, im Privaten geschehen, das, was auf erwähnter großer Bühne geschieht, prägnanter auf den Punkt bringen, als eine histori-sche Abhandlung, gerade für Nachgeborene. Nehmen wir die innerdeutsche Trennung. Warum samstagmorgens ARD und ZDF ihr komplettes Programm der folgenden Woche auf Schrifttafeln zeigten? Damit jene Bürger der DDR, die grenznah wohnten und somit Westfernsehen empfangen konnten, die Möglichkeit hatten, es abzuschreiben, weil der

Programminhalt „drüben" verschwiegen wurde. Oder dass einer, der erste Wehrdienstverweigerer des Ortes, vom Nachbar mit einer Mistgabel verfolgt wurde. Das Unbehagen beim Durchdringen des „Eisernen Vorhangs", als Kind erlebt – für immer eingeprägt. Überhaupt: Ein wiederkehrendes Thema blieb die innerdeutsche Grenze. Einerseits der Besuch eines Verwandten aus dem Osten, andererseits das Erleben einer Reise in die DDR. Dann die Nachwirkungen der „68er" – es ging weiter auf die Straße, ob gegen Fahrpreiserhöhungen im öffentlichen Personennahverkehr oder gegen erhöhte Sozialgebühren an der Universität.

Die Siebziger: immer noch Aufbruch – wenngleich mit Dellen, symbolisiert durch die Ölkrise und die autofreien Sonntage. Parallel dazu zog ein neuer Schrecken auf, der auch in diesem Buch thematisiert ist: die RAF.

Nicht nur diesen „ernsten" Themen spiegelt sich ein Jahrzehnt wider, sondern immer auch in seiner Alltagskultur. Von der Mode, bei der bisweilen immer noch verbissen um jeden Rock-Zentimeter gekämpft wurde, bis hin zur Musik. Die Ausläufer der Hippie-Bewegung feierten ihre Musik, die in die alternative Bewegung floss. Neu, unter der glitzernden Scherbenkugel und inmitten künstlicher Nebelschwaden, hämmerte die Disco-Musik. Weniger von den Alten, als viel eher von gleichaltrigen, aber anders gepolten Menschen als „Plastikmusik" verächtlich abgetan. Eines verband jedoch beide Musikrichtungen: Der deutsche Schlager wie Opas Kino sollten erst einmal ein tristes Schattendasein fristen.

Dazu ein vermeintliches Randphänomen, das sich jedoch durch viele Geschichten zieht: In vielen Familien gab es ein ungeschriebene Rituale, wann sich die Kinder zu Hause zum Abendessen einzufinden hatten, worauf der Titel dieses Buches anspielt. Das bedeutete: Es wurde noch auf ein gemeinsames Abendessen Wert gelegt und einen großen Teil des Nachmittags verbrachten die Kinder draußen – auf der Straße, im Feld, auf dem Wald –, ohne, dass es Absprachen bedurft hätte, ohne Handy als lange Leine der Eltern.

Wir wünschen Ihnen bei dieser Reise in die Vergangenheit viel Lesefreude. Gleich, ob Sie sich bei der Lektüre selbst an Ihre persönlichen Siebzigerjahre erinnern oder ob Sie sozusagen als Nachgeborene auf Entdeckungsreise gehen und am Ende zu der Erkenntnis gelangen: „Was, das ist schon 40 Jahre her!"

Rainer Schwarz
Vorstandsvorsitzender der OVAG

Joachim Arnold
Vorstand der OVAG

Zeitlos trinken

***

Neulich kaufte ich bei Rewe in Bad Nauheim Getränke für meine Geburtstagsparty ein. Nachdem ich bezahlt hatte, überreichte mir die Kassiererin wortlos einen Stapel Papiertütchen mit bunten Tierbildern. Sie bemerkte meinen verwunderten Blick und raunte: „Fürs Album." Ich bedankte mich und packte sie ein. Sie liegen noch immer ungeöffnet irgendwo auf meinem Schreibtisch. Denn heute bin ich immun gegen das Sammelfieber.

Das war nicht immer so. 1971 erlag Friedberg – inklusive mir – dem Charme eines neuen Produkts. Das Objekt der Begierde war ein Tütchen mit Americana-Bubblegum und drei Klebebildern, das wir für zehn Pfennig im Lekkerland in der Haagstraße gegen unser Taschengeld eintauschten. Das Album gab es gratis dazu. Wir öffneten die Tütchen und pressten sofort unsere Nasen auf die Bilder, die einen unwiderstehlichen Geruch verbreiteten. Ich nehme an, es war eine Mischung aus Spearmint und Formaldehyd. Nach dem Inhalieren kauten wir den Bubblegum und verstauten die Bilder vorsichtig in der Hosentasche.

Unsere Sammelalben füllten sich schnell, doch nach ein paar Wochen hatte ich einen beträchtlichen Überschuss an Kaffernbüffeln. Die waren aber praktisch nicht mehr tauschbar, da alle anderen Kinder zu Hause ebenfalls Stapel von Kaffernbüffeln und Alligatoren horteten. Und egal, wie oft wir uns neue Tütchen erquengelten, die Verteilung der Fauna war höchst unausgeglichen: In meinem gesamten Bekanntenkreis fehlte allen die Zikade – ich glaube, Americana hat nie mehr als zwei Exemplare dieses Abziehbildchens gedruckt. Und so hatte jedes Kind 1971 ausgebeulte Hosentaschen, aus denen die Klebebildchen bei jeder Gelegenheit sofort griffbereit herausgezaubert wurden. Im Pausenhof war nicht genug Zeit, und so verlagerten wir die Tauschbörse in den sonntäglichen Kirchenbesuch. Mein Bruder und ich waren zwar nicht fromm, aber wir gingen fast ein ganzes Jahr hin, weil meine Oma es so wollte – sie war besorgt, wir könnten als Heiden aufwachsen. Was das genau war, wusste ich zwar nicht, aber ich fügte mich gern, da wir nun in aller Ruhe unseren Tauschgeschäften nachgehen konnten.

Für Außenstehende müssen wir damals sehr fromm gewirkt haben. Doch unsere Köpfe waren nicht in Demut geneigt, sondern über die Stapel von Klebebildern. Und das kaum wahrnehmbare mantra-ähnliche Gemurmel der Neunjährigen in der hinteren Reihe war bei näherem Hinhören auch kein Rosenkranz-Gebet – wenn es auch sehr repetitiv klang - sondern: „Hab' ich, hab' ich, hab' ich ... hab ich nicht!" So kam es doch zur einen oder anderen Erweiterung der Sammlung, doch die Zikade habe ich niemals gesehen.

Die Friedberger Esso-Tankstelle war damals ein weiterer Quell der Sammlerwut. Die Alben waren nicht einfach mit Heftzwecken zusammengetackert, wie die Americana-Vorläufer, sondern ordentlich gebunden und mit einem Hochglanz-Einband versehen. Ich war stolze Besitzerin dreier Alben: Tiere, Tierkinder und Hans Hass: „Vorstoß in die Tiefe" (ohne Monster). Eine ganze Generation von Schulkindern brachte damals ihre Eltern und Großeltern dazu, von Shell auf Esso umzusteigen.

Doch Esso hatte noch mehr zu bieten: Anfang der Siebziger bekam man pro 20 Liter Benzin ein Tütchen mit Briefmarken aus aller Welt. Sie waren, glaube ich, nicht gestempelt und riefen in uns ein nie gekanntes Fernweh hervor. Da gab es dreieckige Marken aus der Zentralafrikanischen Republik und auch kleine blaue aus Mauritius, die allerdings keine müde Mark wert waren. Aber man konnte ja nie wissen, und so verglichen wir vorsichtshalber unsere Schätze mit den Abbildungen im Sammlerlexikon. Ich weiß bis heute nicht, wie die Shell-Tankstelle gegenüber diese Zeit überlebt hat. Meine Sammlerwut nahm in der Pubertät jedoch ein abruptes Ende, da es von nun an aufregendere Dinge zu beäugen gab. Das war auch gut so, denn so konnte ich mich leichten Herzens von den Briefmarken trennen, als ich sie meinem Bruder verkaufte, um meinen Deckel im „Lascaux" bezahlen zu können.

Heute stapeln sich in meinen Schubladen weniger ansprechende Anhäufungen von Kontoauszügen der letzten Jahre und Quittungen für den Steuerberater.

And so it goes ...Damals sammelten wir noch etwas Vernünftiges.

***

Begehrte Sammelobjekte aus den Bubblegum-Packungen und von der Tankstelle

Meine geliebte Stammkneipe, das „Lascaux", befand sich in einem Keller in der Kleinen Klostergasse in Friedberg. Da es offiziell ein Club war, ging man nicht einfach hinein, sondern drückte zuerst einen verklebten Klingelkopf, neben einem silbernen Schild, das mit der Aufschrift „Off Limits" versehen war. Ein Brummton ertönte, man drückte die schwere Stahltür auf, ging die Stufen hinab und öffnete den schweren, von Zigarettenrauch und Staub gesättigten Vorhang. Im nächsten Augenblick stand man im Paradies der Siebziger Jahre: Musik und Qualm, ein Wirrwarr von Gesprächen und Gelächter, das Klopfen der Würfel in den Bechern der Mäxchen-Spieler, das Klirren der Biergläser und die alles übertönenden Bestellungen der Gäste: „Norbert, machst du mir noch ein Bier?"

Natürlich gab es auch Höhlenzeichnungen im Lascaux: gewissenhaft eingeritzte Kopien der gleichnamigen Höhle in Südfrankreich. Sie vermittelten eine Atmosphäre der Zeitlosigkeit, die sich auch auf unser Trinkverhalten auswirkte. Denn konnte man heute nicht zahlen, so musste man das auch morgen nicht tun. Doch am Ende des Monats wurden dann die vielen Striche auf dem Deckel zusammengerechnet und die Rechnung wurde beglichen. Oft ging dies nicht, ohne Abschied zu nehmen von liebgewonnenen Dingen, die man zu Geld machen musste. So besitzt mein Bruder noch heute meine beachtliche Briefmarkensammlung, zahllose LPs und auch meinen Chemie-Experimentierkasten. Doch wir trauerten unseren Besitztümern nicht lange nach und sangen „Live for Today", denn unser Frontallappen war ja noch nicht vollständig ausgebildet. Meine Freundin hatte das damals mit dem überall eingeritzten „Carpe Diem" nicht ganz verstanden – sie glaubt bis heute, es bedeutet „Warnung vor dem Hund".

Das Lascaux war proppenvoll. Wir quetschten uns durch die engen Gänge zwischen der Bar und den mit Fellen bedeckten Bänken und Holzklötzen in die hinteren Räume. Teenager tummelten sich neben älteren Semestern wie Klaus Adomeit aus Fauerbach, der freigiebig Selbstgedrehte spendierte und uns vom Krieg erzählte. Man quetschte sich mit einem freundlichen, aber bestimmten „Rück' mal" auf die Sitzbänke, meist zunächst nur mit halbem Hintern. Im Laufe des Abends schob man sich dann bei jeder Gelegenheit weiter, bis man in Reichweite einer der kleinen Holztische war und an existentiellen Diskussionen oder einem Mäxchen-Spiel teilnehmen konnte. Gewürfelt wurde jeweils um ein Glas Apfelkorn, das, einmal geleert, in die der früheren Gewinner gestapelt wurde. So füllten zu fortgeschrittener Stunde architektonische Meisterwerke die Tische in Form von Türmen aus leeren Gläschen, die sich bedrohlich zur Seite neigten, je mehr sie wuchsen. Man verharrte den Rest des Abends in einem Mikrokosmos, in den die Außenwelt nur ab und zu eintauchte. Die etwas lauteren Stücke der „Easy Rider"-LP waren ab und zu auszumachen, den Rest erdrückte das Stimmengewirr. Doch gab es manchmal urplötzlich auch ruhige Momente, in denen die Musik vernommen werden konnte. Dann ergriffen wir umgehend die Gelegenheit, „Don't Bogart That Joint, my Friend" mitzusingen.

Wir befanden uns zwar schon im Keller, doch es ging noch tiefer hinab. Und in just diesem Sous-sous-sous-Terrain fanden die Sessions statt. Auch ich brachte hin und wieder meine Gitarre mit. Da saßen der Schlumpf und Stefan Schreckenberger, der Obi ohne Schlagzeug und viele andere, an deren Namen ich mich nicht erinnere. In den vollkommen verqualmten neun Quadratmetern hörte man manch ganz passable Darbietung, doch auch grottenschlechte Interpretationen. Das störte aber niemanden, und als das Sous-sous-sous-Terrain wegen feuerpolizeilicher Beanstandungen geschlossen wurde – es wurde nicht nur geschlossen, sondern regelrecht verbarrikadiert –, prosteten wir oft mit Wehmut dem Bretterverschlag zu, hinter dem die Treppe zum paradise lost begann.

Später wurde es dann immer ruhiger in meiner Stammkneipe. Man konnte die Musik klar und laut hören und fuhr erschrocken zusammen, wenn der Klingelton ertönte. Dann sah man gebannt auf den schweren Vorhang, um zu sehen, wer sich in diesen Keller verlaufen hatte. Oft erschienen die Figuren nicht ganz – ein paar Hände und Arme waren zu sehen, die den Vorhang ein wenig beiseite schoben, ein Kopf, der kurz um die Ecke blickte, und dann schnell wieder verschwand. Meine Teenagerzeit endete und auch die Lascaux-Tage waren Ende der Siebziger bereits gezählt, als ich Friedberg verlies. Die letzten Wehen und die endgültige Schließung bekam ich nicht mehr mit.

Susie Vrobel

geboren 1961, Bad Nauheim

„Hell Session"
im Lascaux

****

Schlafmangel

****

Anfang dieses Jahrzehnts war ich am Frankfurter Landgericht als Protokollführer angestellt. Dabei kam mir besonders zugute, dass ich perfekt Schreibmaschine schreiben
konnte; im Verlauf der mündlichen Verhandlungen war es somit für den jeweiligen Richter möglich, mir seine Einschätzungen direkt in die Maschine zu diktieren. Das hatte für
mich darüber hinaus den Vorteil, dass ich nach Ende der morgendlichen Sitzungen in
meinem kleinen Zimmer direkt unter dem Dach des Gerichtsgebäudes meist nur noch
den „Kopf" („Wer gegen Wen", Datum etc.) der Protokolle ergänzen musste, wodurch ich
eine Menge Zeit sparte.

Damals war ich Drummer der Band „Out of order", mit der ich häufig in den Ami-Clubs
im Rhein-Main-Gebiet spielte. Mitunter war dieser doppelte Job allerdings äußerst
anstrengend. So hatten wir irgendwann während dieser Zeit ein Engagement in Hanau –
sechs Abende die Woche, täglich jeweils vier Stunden, am Wochenende fünf. Das ging
an die Substanz.

Man kann sich unschwer vorstellen, dass der Körper irgendwann zu rebellieren beginnt,
wenn er morgens um halb sechs aus dem Bett gescheucht wird, nach einem achtstündi-
gen Arbeitstag zuzüglich entsprechender Bahnfahrten gegen 18 Uhr nach Hause kommt,
um sich anschließend nach einer viel zu kurzen Verschnaufpause auf der Autofahrt

Fotosession
mit „Out of
order"

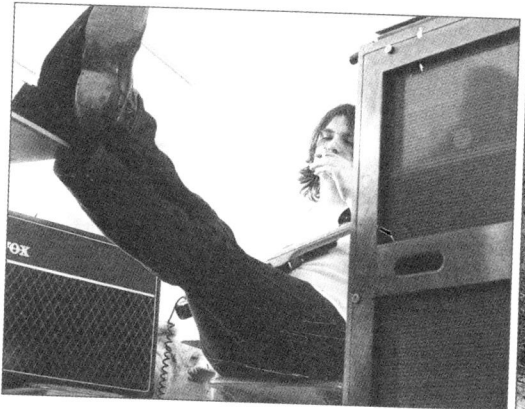

Entspannte Bandprobe

nach Hanau wiederzufinden, von wo er dann frühestens um zwei Uhr nachts wieder im heimatlichen Bett landet. Es musste also dringend eine Lösung her, um allzu heftigen Schlafentzug zu vermeiden.

Bei besagter Lösung half mir maßgeblich eine Luftmatratze, die ich in aufgepumptem Zustand aufrecht in meinem (übrigens nicht abschließbaren) Schrank in dem bereits erwähnten Zimmer verstaute. Nach Erledigung meiner täglichen Arbeiten blieben mir meist noch ein, zwei Stunden, um auf dem Fußboden meines Zimmers auf der Matratze etwas Schlaf nachzuholen. Natürlich schloss ich die Tür vorher stets gewissenhaft ab. Die einzige Gefahr bestand darin, dass ich meinen Dienstschluss verschlafen und den Zug nach Hause verpassen könnte. Dem begegnete ich allerdings damit, dass ich einen ziemlich laut läutenden Wecker entsprechend stellte. Rückblickend wundert es mich ein wenig, dass mich keiner meiner in den angrenzenden Zimmern arbeitenden Kollegen und Kolleginnen jemals auf dieses Läuten angesprochen hat.

Diese von mir erdachte Methode schien sich durchaus zu bewähren, und ich wähnte mich ziemlich gut organisiert, als ich eines Tags auf den Weg zu meinem Arbeitszimmer eine erhebliche Unruhe auf dem Gang bemerkte. Mir blieb fast das Herz stehen, als ich erkannte, dass mein Chef zusammen mit mehreren Polizeibeamten im Begriff war, sämtliche Räume einschließlich der darin befindlichen Schränke zu durchsuchen. Zu dieser Zeit kamen öfters Bombendrohungen terroristischer Vereinigungen vor und eine solche betraf an diesem Tag das Landgericht.

Der Trupp war bereits zwei Zimmer vor dem meinen angelangt. Aufgeregt stürmte ich an den Männern vorbei und eilte in meinen Raum, wo ich die Schranktür aufriss, in Windeseile die Luftmatratze heraus zog und mich mit aller Kraft hektisch bemühte, die Luft durch die in diesem besonderen Fall ungünstig enge Öffnung heraus zu pressen, bevor mein Chef einträfe. Keine Frage, dass er mit Sicherheit sofort die richtigen Rückschlüsse gezogen hätte. Als ich ungefähr bei der Hälfte der zu entfernenden Luftmenge angelangt war, hatte er bereits meine Tür erreicht, blieb jedoch draußen auf dem Gang stehen, als er mich erblickte: „Ach, Herr Faust, Sie sind ja da, dann können wir uns die Kontrolle sparen." Meine Erleichterung war natürlich grenzenlos; allerdings war an diesem Tag an das gewohnte „Nachschlafen" nicht mehr zu denken.

Dieter Faust

geboren 1949, Biebertal

****

„bei Hirtze"

****

Immer waren wir „bei Hirtze". Das stimmt nicht ganz, denn man konnte ja nun nicht wirklich immer „bei Hirtze" sein. Mit „immer bei Hirtze" will ich bloß ausdrücken, dass es die Anlaufstelle der Jugend Eichelsachsens war. Es gab in Eichelsachsen damals keinen organisierten Jugendclub. Es bemühten sich einige Organisationen wie die Kirche oder Vereine um die Jugend. Wir Jugendlichen waren im Sportverein oder in der Feuerwehr engagiert und integriert, es gab keine Außenseiter, alle machten mit, alle akzeptierten sich. Das Vereinsleben war sehr rege, es gab viele Veranstaltungen und Angebote. Bei acht aktiven Vereinen gab es einige Überschneidungen und Termin-Engpässe. Manche von uns waren gar in vier oder fünf Vereinen tätig.

Als ich noch nicht konfirmiert war und wir nur am Sonntagnachmittag zur Kinderstunde des Fernsehens in die Wirtschaft durften, war „bei Hirtze" noch der „Hirtze Otto". Der Otto hieß mit Nachnamen Hirtz und war der Opa von Wirtin Anni. Mit mehr als acht Lebensjahrzehnten auf dem Buckel versah er noch immer Dienst in seiner Gaststätte. Ich entsinne mich, dass er zuletzt nicht mehr richtig sehen konnte. Er sagte immer: „Zusammenzählen musst du selber, ich kann die Zahlen nicht mehr erkennen." Wir Buben zählten brav unsere Zeche zusammen. Es war ja nicht viel, was wir zu zahlen hatten. Meine Eltern gaben mir sonntags 50 Pfennig mit. Davon konnte ich mir eine kleine Cola zu 30 Pfennig kaufen. 15 Pfennige kostete ein Päckchen Salzstangen. Beim Begleichen der Zeche blieben fünf Pfennige über. Die wurden gespart. Zusammen mit den fünf Pfennigen des nächsten Sonntags konnte ich mir dann vom Automaten zu einem Groschen eine Handvoll Erdnüsse ziehen. Was war das für ein Genuss!

Wir schauten „bei Hirtze" die Kinderstunde im Ersten Fernsehen und blieben den ganzen Nachmittag vor unserer leeren Cola-Flasche sitzen, einen Verzehrzwang gab es nicht. Später übernahm Anni den Sonntagsdienst am Tresen. Es war meistens zu dem Zeitpunkt, an dem der Fußball vorbei war. Abgekämpft und sehr durstig kamen erste Zuschauer und später die Fußballer in die Gaststätte. Sie war Vereinslokal des Sportvereins Eichelsachsen. Jetzt musste der Vorstand das Spiel analysieren. Das geschah am Stammtisch. Die Zuschauer rundum an den Tischen analysierten auch. Jeder hatte das Fußballspiel mit anderen Augen gesehen. Wenn wir Buben Glück hatten und der Verein gewonnen hatte, rief einer der Gäste dem Otto oder seiner Enkelin zu: „Mach den Buben noch eine Cola-Runde!"

Hermann, Annis Mann, spielte aktiv in der 1. Mannschaft. Er hatte keine Zeit zum Analysieren, da er nun den Thekendienst übernahm. Anni musste in den Kuhstall zum Melken. Währenddessen hatten sich die Analysen mit Hilfe von Getränken und Tischrunden weiter entwickelt. Neue Gäste kamen hinzu und mischten ihrerseits kräftig mit. Die Stimmung steigerte sich in den für „Hirtze" obligatorischen „Sonntags-Dämmerschoppen."

Zu dieser Zeit kam Anni aus dem Stall zurück, um ihren Mann abzulösen. Das war so um die Zeit, als die ersten Abendgäste erschienen. Man ging am Sonntagabend aus. Es waren zumeist Ehepaare, die nun die Gaststätte besuchten. Dazu machte man sich fein und ging mit befreundeten Paaren „bei Hirtze". Man unterhielt und amüsierte sich, steckte Geld in die Musikbox. Schritt der Abend weiter fort, folgten weitere Gäste. Zum Beispiel die Sonntagskegler, die nach dem Kegeln einkehrten.

Kaum eine modische Epoche wurde wohl so von Freiheit, Individualität und Jugend geprägt wie die Mode der Siebziger. Vorher einzuhaltende Konventionen entfielen. Alles war erlaubt. Grelle Farben, bunt gemixt, wild gemustert, kurz und knapp, eng oder lang und lässig. Großer Beliebtheit erfreuten sich auffällige Accessoires: breite Krawatten, Trompetenärmel, Kragen und Manschetten. Aber auch traditionelle Blümchenstickerei und Häkeloptik waren modern. Das schlug sich bis nach Eichelsachsen, ja bis „bei Hirtze" durch. Aus der freien, regellosen Lebensart und Mode der Hippies wurde schnell ein besonderes Lebensgefühl, welches so grenzenlos und tolerant wie seine Mode war. „bei Hirtze" war so etwas wie ein Versuchslabor.

Charakteristisch für die Mode und auch die Gesellschaft war die Aufhebung der strikten Geschlechtertrennung – Männer und Frauen konnten die gleiche Mode tragen. Das betraf besonders die Frisuren, Männer und Frauen trugen gleichermaßen lange Haare. So ließ sich im dunklen Nebenzimmer „bei Hirtze" oft nicht erkennen, wer nun von den Liebespärchen Männchen und wer Weibchen war, es sei denn, man tastete danach.

Wie aus den größeren Städten bekannt, entstanden auf dem Land die ersten Discos, die im Vogelsberg eher dünn gesät waren. Wir nahmen weite Fahrstrecken in Kauf, fuhren in den Taunus, ins Gießener Land, in den Hohen Vogelsberg, gar nach Fulda oder Hanau. Doch vorher trafen wir uns „bei Hirtze", der Leitstelle zur Organisation der Discobesuche am Samstag, da man eine Mitfahrgelegenheit brauchte. Kam man zu spät, waren die Discofahrer schon gestartet. Dann blieb man „bei Hirtze" sitzen. Doch das war nicht so schlimm. Es fanden sich immer noch ein paar Freunde, die auch den „Disco-Zug" verpasst hatten. Man verbrachte dann den Abend in kleinerer Runde zusammen mit Anni und Hermann, Abende, die sich manchmal zu den schönsten entwickelten, später „Heimatabend" genannt. Es wurde gespielt. Hermann war ein gefürchteter Gegner am Tischfußball er war nur schwer zu bezwingen. Aus der Musikbox liefen die gleichen Platten, wie in den großen Discos. War das Publikum gut gemischt, wurde auch

Liebespärchen an
Rosenmontag

Jeder tanzt mit jedem ...

... und irgendwann verschwimmen
die Konturen ...

15

schon einmal vor der Musikbox getanzt. Wir tanzten zu der Musik von Boney M. („Rivers of Babylon"), ABBA („S.O.S"), The Cats („One Way Wind") und Baccara („Yes Sir, I can Boogie"). Am schönsten aber wurden die „Heimatabende" immer dann, wenn Anni und Hermann sangen, er spielte dazu auf seinem Schifferklavier.

Am sehr späten Abend kehrten die ersten Discobesucher zurück. Man fuhr aber nicht sofort nach Hause. Nein, man traf sich „bei Hirtze". Oft wurde festgestellt, dass man kein Mädchen oder keinen Jungen gefunden habe und es sei in der Disco nichts los gewesen. „Doch, was habt ihr hier für eine schöne Stimmung."

Als das Fernsehen farbig wurde und es immer mehr Programme gab, formierten sich neue Stammtische – es entwickelte sich die Sportschau-Ecke. Fußballbegeisterte Männer trafen sich samstags, um die „Sportschau" zu schauen. Man tippte in dieser Gemeinschaft in eine Tippkasse. Der Gewinner musste obligatorisch eine Tischrunde zahlen. So kam alles wieder der Gemeinschaft zugute. Natürlich machte das den Männern mehr Spaß als den Ehefrauen, die daheim saßen und auf ihre Männer warten mussten. Auch da ließ man sich etwas einfallen. Von dem in der Tippkasse verbliebenen Geld wurden Ausflüge gemeinsam mit den Ehefrauen und Freundinnen gemacht oder man veranstaltete so genannte Heckenfeste. Bei den Heckenfesten durften auch die Familien teilhaben. Man kam nahe des Dorfes im Steingarten in der Hecke zum Grillen und geselligen Zusammensein zusammen. Gegen einen Obolus durften auch Nichtmitglieder teilnehmen, doch erst nach dem Grillen, also nur zum Trinken.

Die Polizeistunde begann um 1 Uhr morgens. Bis dahin musste der Wirt seinen Gästen den „Feierabend" geboten haben, um dann den Ausschank zu schließen. Wurde eine noch geöffnete Gaststätte nach 1 Uhr ausfindig gemacht, machte sich der Wirt strafbar. Die Gäste durften noch ihr Glas austrinken und mussten sich auf den Heimweg begeben. Es kam aber vor, dass eine illustre Runde noch lange nach der Polizeistunde und dem vom Wirt gebotenen Feierabend gemütlich beisammen saß und nicht nach Hause wollte. Hermann war geschult für derartig knifflige Situationen. Er hatte einen besonderen Blick für vorbeifahrende Autos, wenn die Polizeistunde schon überschritten war. Er erkannte sofort, ob es der Wagen eines späten Gastes war, oder ob es sich um ein Polizeiauto handelte. Der Unterschied war, dass die Gäste „bei Hirtze" gezielt anfuhren, um ihren Wagen abzustellen und auszusteigen. Die Polizeiwagen fuhren mehrmals langsam an, ohne anzuhalten. Schnell machte Hermann das Licht aus. Meistens fuhr der Polizeiwagen wieder davon und kam nicht wieder.

Doch in einer Nacht war alles anders. Der anfahrende Polizeiwagen war von Hermann rechtzeitig erkannt worden. Das Licht wurde umgehend gelöscht. Die Gäste verhielten sich allesamt ruhig. Doch der Wagen wollte und wollte nicht wegfahren. Es wurde auch nicht an der Tür geklopft oder gerüttelt. So war plötzlich große Not am Mann. Der eine oder andere schaffte es noch, aus dem nicht sehr hohen Fenster des Nebenraumes zu springen. Ungesehen entkam er der Polizeistreife. Doch die meisten Gäste waren noch in dem Gastraum. Sicher hätte Hermann die Gäste als Privatgäste deklarieren und ihnen auf eigene Rechnung Getränke ausschenken können. Das Problem war aber, dass man eigentlich doch nach Hause und nicht die ganze Nacht „bei Hirtze" zubringen wollte. Außerdem lagen die Toiletten außerhalb des Schankraumes. Hermann hätte aufschließen müssen, um einen Gast zur Toilette zu entlassen und sich so verraten, dass er die Polizeistunde überschritten hatte.

So blieben die Gäste bis 7 Uhr morgens, so lange, bis die Nachtschicht der beiden Beamten vorüber war und diese unverrichteter Dinge wegfuhren. Wie das Toilettenproblem in dieser Nacht gelöst wurde, hat man mir nicht berichtet.

Bernd Schröder

geboren 1954, Schotten

****

„A Saupreiß am Schoalter"

****

Olympische Spiele in München. Da könnte ich mit meinen Freifahrtscheinen mal einen Tag hinfahren. So war mein Gedanke im Herbst 1971. Ich war 17 Jahre alt, hatte gerade meine Ausbildung zum Bundesbahnassistenten bei der Deutschen Bundesbahn an der Fahrkartenausgabe Friedberg begonnen. Dass ich schließlich sechs Wochen in München arbeiten und so mitten im Olympia-Geschehen sein würde, das konnte ich zu diesem Zeitpunkt nicht erahnen.

Dass das Wirklichkeit wurde, ermöglichte mir tatsächlich die DB. Im Frühjahr 1972 las ich im Amtsblatt, dass Assistenten- und Inspektorenanwärter als Olympia-Verstärkung in München gesucht würden. Zu diesem Zeitpunkt war ich schon als Fahrkartenverkäufer tätig. Die Arbeit machte mir Spaß. Da Personal knapp war, wurde ich – im Gegensatz zu meinen Mitauszubildenden – schon regulär in Schichten eingeteilt, zunächst noch unter Aufsicht, ab Januar 1972 auch alleine.

Im März 1972 sagte mir mein Personalsachbearbeiter Ewald Söhngen, man wolle mich für drei Wochen an die Fahrkartenausgabe Heldenbergen-Windecken abordnen, da der dortige Schalterbeamte in Kur gehe. „Wenn ich da alleine arbeiten muss und hier in Friedberg als vollwertige Kraft eingesetzt werde, dann seh' zu, dass ich nach München komme, sonst arbeite ich nur noch nach Ausbildungsplan", drohte ich Söhngen. Ihm war durchaus bewusst, dass selbstständiges Arbeiten als vollwertige Kraft in der Ausbildung gar nicht vorgesehen war. Nun, meine „Drohung" hat gesessen. Er empfahl mich bei den zuständigen Mitarbeitern in der Direktion, von denen er einige kannte. Schließlich gehörte ich zu den 15 ausgewählten Assistentenanwärtern aus dem Direktionsbereich Frankfurt.

Meine Stimmung stieg noch, als ich erfuhr, dass es auch Kollege Paul Katzer aus Gießen geschafft hatte. Gleich zwei aus einer der zehn Ausbildungsgruppen, das war der Hammer. Wir konnten es kaum erwarten, nach München zu fahren, zumal es vorab noch erfreuliche Nachrichten gab. Pro Tag würden wir ein Trennungsgeld von knapp 30 DM erhalten, wovon allerdings 1,50 DM pro Tag als Miete für unseren Platz im Wohnheim abgingen.

Bedenkt man, dass ich im ersten Ausbildungsjahr 419 DM brutto verdiente, war dies eine Menge Geld, selbst wenn ich mich zum ersten Mal in meinem noch jungen Leben

Harald in München und seine Eintrittskarte

selbst versorgen musste. Das bereitete vor allem meiner Mutter Kopfzerbrechen. Eine Grundversorgung in Form von Wurstdosen, Brot und Süßigkeiten gab sie mir mit, als es am 1. August los ging.

Mit dem neuen Intercity fuhren Paul und ich in die bayerische Landeshauptstadt. Wir sollten uns im Büro der Fahrkartenausgabe bei einem Herrn Blumenstiel melden. Als Paul und ich das Büro betraten, fiel uns eines sofort auf: Unter dem Fenster stand ein Kasten Bier, auf dem Schreibtisch eine Bierflasche. Das wäre bei uns undenkbar gewesen. Ich stellte mir Söhngen in seinem Büro mit einem Bier in der Hand vor. Er war Vorsitzender der Ortsgruppe der BZAL, der Bundeszentrale gegen Alkoholismus. Wie wir später erfuhren, war auch Herr Blumenstiel BZAL-Mitglied, was ihn und seine Kollegen jedoch nicht davon abhielt, im Dienst Bier zu trinken.

„Bier ist hier Grundnahrungsmittel", meinte einige Tage später Kollegin Rosi, die mich in der Fahrkartenausgabe Hauptbahnhof in die örtlichen Gegebenheiten einwies. Ihr Tipp: „Hol doch mal in der Kantine einen Kasten Bier fürs Büro." Das haben Paul und ich gemacht. Bei uns würde man das Bestechung nennen. Uns jedenfalls hat es genutzt. Blumenstiel und seine Truppe erfüllten uns bei der Dienstplangestaltung nahezu jeden Wunsch.

Nach unserem Antrittsbesuch im Büro fuhren wir nach München-Laim, drei S-Bahn-Stationen vom Hauptbahnhof entfernt. Hier hatte die Bahn keine 100 Meter von der Station entfernt ein neunstöckiges Wohnheim bauen lassen. Wir waren die Erstbewohner und wir hatten Glück. Wir Hessen wohnten im ersten Stock in vier Wohnungen mit Zwei- und Drei-Bett-Zimmern. Wir verstanden uns auf Anhieb, wurden schnell eine große WG. Auch bei uns wurde Bier zum Grundnahrungsmittel.

Schon im Vorfeld der Spiele unternahmen wir in wechselnder Besetzung viel gemeinsam. Wir fuhren Boot auf dem Starnberger See, besuchten vorab das nicht weit entfernte Olympiagelände und viele Münchner Sehenswürdigkeiten. Dann war da noch ein Schnellrestaurant in der Nähe des Hauptbahnhofs. Hier gab es „echte amerikanische Hamburger". Es handelte sich um die erste „McDonalds"-Filiale in Deutschland. Die Wartezeit von bis zu einer Stunde nahmen wir gerne in Kauf.

Unser WG-Leben fand überwiegend abends und nachts statt. Das lag an den Dienstplänen, die extra auf uns „Jungen" zugeschnitten waren. Die Frühschichten gingen von sechs bis 15 Uhr, die Spätschichten von 14.30 bis 24 Uhr. So ergab sich der Lebensrhythmus quasi von selbst. Wer Frühdienst hatte, zog sich am Abend zuvor früh zurück und legte sich nach der Schicht erst mal aufs Ohr.

Die zwei Wochen Einweisung waren für uns anstrengend. Wir staunten nicht schlecht, was an den Schaltern los war. Die Arbeit war mit der in Friedberg, Heldenbergen oder Gießen nicht zu vergleichen. Die Schlangen nahmen kein Ende. Der neu gegründete Münchner Verkehrsverbund (MVV) hatte völlig andere Tarife.

Meine ersten Schichten, noch unter Aufsicht, verliefen reibungslos, bis es zu einem „dramatischen" Zwischenfall kam, der mir einen Spitznamen einbrachte. Es war früher Nachmittag. An jedem der fünf geöffneten Schalter standen fünf bis sechs Personen. Irgendwann stand eine ältere Frau im Dirndl vor mir. Sie drückte die Hülle mit ihrem Foto für die MVV-Zeitkarte ans Schalterfenster.

„I will mei Koarden („Ich will meine Karte)."

Da ich des Bajuwarischen schon ziemlich mächtig war, verstand ich ihren allerdings nicht ganz konkreten Wunsch schon. Ich fragte nach: „Wochen- oder Monatskarte für Senioren?

„Jo mei, mei Koarden" blaffte sie zurück.

Ich wusste nun immer noch nicht, welche Karte sie wollte. Ich versuchte es noch mal ganz freundlich: „Es gibt Wochen- und Monatskarten, welche Karte hätten sie denn gerne?"

Da platzte ihr der Kragen und sie brüllte laut los: „Jo mei, des in Minga, a Saupreiß am Schoalter!" Frei übersetzt: „Und das in München, ein Saupreuße am Schalter."

Schallendes Gelächter von Kunden und Kollegen. Ich stand konsterniert da. Rosi fing sich als erste, schickte mich erst mal weg und übernahm den Verkauf.

„Jetzt weißt du, was du bist: ein Saupreiß." Rosi habe ich es auch zu verdanken, dass ich dann doch ganz ruhige Schichten erlebte. Nach den zwei Wochen Einweisung kam Herr Blumenstiel zum Schichtwechsel in die Fahrkartenausgabe, wo gerade acht „Olympia-verstärker" waren.

„Hört mal, es ist beschlossen worden, während der Spiele die Fahrkartenausgabe im Starnberger Flügelbahnhof bis 24 Uhr zu öffnen, um die Schalter im Hauptbahnhof zu entlasten. Zwei von Euch müssen hin, allerdings werden dort auch Fahrkarten nach Österreich verkauft."

Bei uns hielt sich die Begeisterung in Grenzen. Wir hatten uns doch gerade hier einge-wöhnt und Auslandsfahrkarten verkaufen, war schon wieder was Neues. Blumenstiel erklärte, er würde noch die anderen fragen. Wenn sich dann niemand freiwillig melde, würde er zwei ausdeuten.

In diesem Moment stieß mich Rosi an und flüsterte: „Meld' dich, Österreichfahrkarten sind im Drucker, die müssen nicht handgeschrieben werden, im Flügelbahnhof ist nichts los."

Ich vertraute ihr blind, hob die Hand, sehr zur Verwunderung aller Anwesenden. Paul meldete sich nicht, obwohl ich ihm eindeutige Zeichen gab. Rosi war inzwischen zu Kurt, einem Inspektoranwärter aus Augsburg, der die Kassenaufsicht übernehmen sollte, gegangen. Mit ihm verstand sie sich genauso gut wie mit mir. Sie flüsterte ihm das Gleiche zu. Auch er hob die Hand. Wir bekamen noch mal drei Tage Einweisung. Schon da merkten wir, dass wir ein Glückslos gezogen hatten. Keine langen Schlangen mehr. Abends war überhaupt nichts mehr los. Es wusste ja kaum jemand, dass die Schalter im Flügelbahnhof bis 24 Uhr geöffnet waren.

War die Stimmung in der Stadt schon vor den Spielen toll, so steigerte sie sich von Tag zu Tag. Wir fuhren am Vortag der Eröffnungsfeier nach Holzkirchen, wo der Fackellauf mit dem olympischen Feuer vorbei kam. In der Olympiahalle fand an diesem Abend eine große ZDF-Fernsehshow statt. Viele Jugendliche aus dem olympischen Zeltlager hatten Karten bekommen und strömten mit den Karten winkend in die Halle. Die Kontrolleure winkten die Gruppen einfach durch. Also mischte ich mich mit Kollege Peter aus Hungen kurzerhand unter die Jugendlichen. Schon waren wir drin. Das wäre heute undenkbar. Schnell fanden wir zwei Sitzplätze. Ich erinnere mich noch gut an den Auftritt von Roberto Blanco. Der lief die Treppe herunter, keine drei Meter von uns entfernt, und sang „Ich komm zurück nach Amarillo".

Natürlich besuchte ich Wettkämpfe, Karten gab es für die Vorkämpfe im Rudern, Handball oder Schwimmen meistens für fünf oder zehn Mark. Auch kulturell war ich viel unterwegs. Das Angebot war sensationell, vor allem für mich als Musik- und Musical-Fan. So war ich im Musical „Hair" im Theater an der Brienner Straße. Es handelte sich um die Deutsche Originalaufführung mit Su Kramer und Reiner Schöne in den Hauptrollen sowie dem jungen Jürgen Marcus und Ron Williams. Ich sah zum ersten Mal in meinem Leben Schauspieler völlig nackt auf der Bühne, vor allem Frauen. Toll war die Aufführung von „Anatevka" im Deutschen Theater. Auch hier handelte es sich um das Original mit dem unvergessenen Shmuel Rodensky in der Hauptrolle.

Der Knaller schlechthin war jedoch ein kurzfristig angesetztes „Sonderkonzert" von „The Who" und „Golden Earring" im Kongresssaal des Deutschen Museums am 4. September. Vier von uns wollten unbedingt hin. Da ich am Tag des Vorverkaufsstarts Frühdienst hatte, fuhr Kollege Peter in die Stadt und ergatterte zum Preis von 13,44 DM vier Karten in der achten Reihe. Das Konzert war der Hammer. Es ging über fünf Stunden. „Golden Earring" zertrümmerten am Ende ihres zweistündigen Auftritts das gesamte Schlagzeug. Da hörten wir vier schon nicht mehr allzuviel, was uns veranlasste, in der Pause unsere Karten mit anderen Besuchern zu tauschen. In Reihe 38 genossen wir dann die Super-Show von the „Who", die unter anderem große Teile ihrer Rockoper „Tommy" spielten. Als wir um ein Uhr wieder an die frische Luft kamen, rauschten unsere Ohren. Vor uns stand ein Zeitungsverkäufer mit der neuesten Ausgabe der Abendzeitung. „Ulrike Meyfarth Olympiasiegerin", stand da in großen Lettern. Darauf mussten wir doch gleich noch in der Kantine des Rangierbahnhofs München-Laim ein Bier trinken. Diese Kantine hatte rund um die Uhr geöffnet. Rangierer und Lokführer saßen bei ihrem Grundnahrungsmittel und warteten auf die nächsten Aufträge aus dem Funkgerät. Montags traf sich hier die Brauchtumsgruppe des Bahn-Sozialwerks. Es wurden bayerische Lieder gesungen und Schuhplatteln zelebriert. Selbst Rangierer im Dienst tanzten mit.

War an diesem Montag die Welt noch in allerbester Ordnung, so war zwölf Stunden später alles anders. Meine Ohren rauschten noch, als ich von einem Mitbewohner geweckt wurde. „Palästinenser haben das Olympische Dorf überfallen und Israelis als Geiseln genommen", erklärte er mir. Den Tag verbrachten wir gespannt vor dem Fernseher.

Gegen 20.30 Uhr ging ich ins Bett, da ich am anderen Morgen Frühdienst hatte. Ich war noch am Einschlafen, da riss einer die Tür auf: „Die fliegen jetzt mit dem Hubschrauber nach Fürstenfeldbruck, wir fahren hoch aufs Dach", rief einer. Ich stürmte aus dem Bett in den Aufzug – im Schlafanzug. Es dauerte nicht lange, da flogen die Hubschrauber über unsere Köpfe. Wenig später kam die Meldung, dass alle Geiseln befreit und wohlauf seien. Ich legte mich wieder hin. Mit dieser beruhigenden (Fehl-)Meldung schlief ich ein. Was wirklich geschehen war, erfuhr ich erst am anderen Morgen. Das Attentat veränderte alles. Als schließlich feststand, dass die Spiele mit 24 Stunden Verspätung weiter gehen würden, atmeten wir tief durch. Gleichzeitig begann eine große Tauschaktion, was sowohl meinen Dienst als auch die Besuche verschiedener Veranstaltungen betraf. Da viele Besucher nicht umbuchen konnten, bekam ich am Schalter Karten für das Basketballendspiel und für ein Handball-Halbfinale angeboten.

Ein Höhepunkt war das Fußballspiel zwischen der DDR und der Bundesrepublik am 8. September im Olympiastadion. Der Sieger kam ins Halbfinale. Ich fuhr einfach hin, denn ich wusste, dass die Jugendlichen aus dem olympischen Jugendlager ihre kostenlosen Karten mit dem Aufdruck „Olympisches Jugendlager" für fünf Mark verkauften.

Kaum war ich aus der S-Bahn ausgestiegen, schon hatte ich eine Karte ergattert. Es war ein tolles Spiel, in dem ein gewisser Uli Hoeness mitspielte. Leider haben wir aus dem Westen 3:2 verloren. Schließlich verkaufte mir eine Kollegin ihre bei einer Verlosung gewonnene Karte für die Abschlussfeier im Olympiastadion. Es waren noch einmal tolle Momente, die ich so erleben konnte. Schon am nächsten Morgen ging es zurück nach Friedberg. Geblieben sind viele Erinnerungen und die Liebe zu München. Der Besuch des Oktoberfests war in den folgenden Jahren Pflicht und 1974 fuhr ich mit meinem Freund Peter spontan nach München, um bei der Fußball-WM das Vorrundenspiel Italien – Haiti zu erleben. Mit viel Grundnahrungsmittel machten wir in Schwabing bis zum frühen Morgen durch. Schließlich kannte ich mich ja aus.

Harald Schuchardt

geboren 1953, Friedberg

Fotos und Repro: Loni Schuchardt

****

Hausfrauenreport

****

Als ich an einem sonnigen Tag im Juni 1972 heiratete, versprach ich meinem frisch Angetrauten, ihm eine treusorgende Gattin und gute Hausfrau zu sein. Hätte ich damals gewusst, was es bedeutet, in eine Bäckerei einzuheiraten, wäre ich wahrscheinlich nicht so blauäugig in den Ehestand getreten. Flitterwochen gab es nicht. Dafür riss mich der Wecker jeden Morgen um fünf Uhr mit schrillem Geläut aus dem Schlaf. Schon bald verfluchte ich jeden gerade anbrechenden Tag. Das frühe Aufstehen und die Arbeit in der heißen, staubigen Backstube fielen mir schwer.

Eine gute Hausfrau hätte ihrem Göttergatten jeden Morgen freundlich lächelnd die Tasse mit frisch gebrühtem Melitta-Kaffee gereicht. Sie hätte dabei mit zuckersüßer Stimme gefragt, ob er ihn mit einer oder zwei Tabletten Natreen genießen möchte. Dabei hätte sie ihre natürlich bereits dezent geschminkten Lippen zu einem kleinen „O" geformt, als wolle sie ihrem schwer arbeitenden Ehemann einen Guten-Morgen-Kuss geben. Bei mir war das alles anders. Wenn ich mich in aller Herrgottsfrühe mit der Tasse heißem Kaffee in der Hand und noch völlig verschlafen in Bewegung setzte, sprang garantiert Billy, unser Hund, an mir hoch, um zu signalisieren, dass er dringend vor die Tür musste. Oder die schwerhörige, etwas demente Großmutter, welche bei uns im Haus wohnte, fragte zum hundertsten Mal lautstark nach der Uhrzeit und ihrem Portemonnaie. Waren Hund und Großmutter zufriedengestellt, war der Kaffee meist schon kalt geworden. Kam ich nun unausgeschlafen, bleich und mit dunklen Augenringen geschmückt an meinen Arbeitsplatz in der Backstube, dann hörte ich kein „Hallo Liebling, hast gut geschlafen?", sondern vielleicht ein „Zwetschgen entkernen, aber dalli!"

Mein Gatte war ein Mann, dem das frühe Aufstehen nichts ausmachte. Er meinte, meine Morgenmuffeligkeit, wie er es nannte, würde sich schon im Laufe der Zeit verlieren. Weit gefehlt! Er war halt eine Lerche und ich eine Eule.

Während der Arbeit lief bei uns das Radio. HR3 unterhielt uns mit den aktuellen Hits. Die Musik half gegen meine Müdigkeit und auch meine schlechte Laune besserte sich durch diese Ablenkung ein wenig. Bei „Ma Baker" von Boney M wippte ich im Takt mit den Füßen und warf meinem Mann, der von seinen Freunden „Baker" genannt wurde, verliebte Blicke zu. Die Hitze der Backstube und die Liebe zauberten ein zartes Rosa auf meine Wangen. Bei Fleetwood Macs Song „Go Your Own Way" wurde ich schon temperamentvoller und schlug mir beim Herumzappeln die gusseiserne Brötchenknetplatte auf die Finger. Ich wurde fast ohnmächtig vor Schmerz und erlebte auf diese Weise im wahrsten Sinn des Wortes „Sternstunden der Popmusik."

Die BeeGees oder die „Kastraten-Combo", wie mein Gatte sie nannte, waren ein Reizthema zwischen uns. „Diese Scheiben werden nicht auf diesem Plattenspieler abgespielt", drohte er. „Rutsch mir doch den Buckel runter", drohte ich zurück und hörte meine Stars danach von überspielten Kassetten.

Eines Tages fiel mir auf, dass mehrere meiner Bee Gees-Platten spurlos verschwunden waren. Damals verlieh man die auf Vinyl gepresste Musik oft an Freunde. Ich ging in Gedanken alle Bekannten durch, bei denen die Scheiben jetzt möglicherweise im Plattenschrank standen. Seltsamerweise fiel mir niemand ein, dem ich die LPs geliehen hatte. Die Freunde von uns hörten außerdem fast alle nur Rockmusik. Deep Purple, Black Sabbath oder Led Zeppelin.
Wochen später betrat Frau Schneider, eine Nachbarin, unseren Bäckerladen. Wutschnaubend und mit vor Erregung zitterndem Busen, die Hände in die umfangreiche Taille gestemmt, rief sie mir laut zu: „Früher hat ihr Mann mal einen Fußball bei uns in den Garten geworfen, den habe ich ihm dann zurückgebracht. Er war ja damals noch ein Bub. Aber was er mir heute in die Obststräucher wirft, das dulde ich nicht. Hier schauen sie mal."
Sie hielt als Beweis einige schwarze Scherben in die Höhe.
„Lassen Sie mich mal sehen", sagte ich zu der schwer atmenden und sichtlich aufgebrachten, älteren Frau. Mir schwante in diesem Moment schon das Ungeheuerliche! Was sie mir da zeigte, waren Schallplatten, beziehungsweise die traurigen Reste von ihnen – ich wusste sofort, welche es waren.
„Holen Sie Ihren Mann. Der kriegt jetzt was zu hören!"
Der Lärm war wohl bis in die Backstube vorgedrungen, denn der Übeltäter stand plötzlich reumütig und mit treuem Dackelblick vor unserer Nachbarin. Er versprach ihr hoch und heilig, in Zukunft keine Schallplatten mehr aus dem Fenster zu werfen und drückte ihr zusätzlich als „kleine" Wiedergutmachung einen großen Butterstollen in die Hand.
Die Nachbarin war schlagartig beruhigt und dankte ihm dann auch noch herzlich mit einem: „Das ist aber nett von Ihnen, wusste ich's, sie sind doch ein anständiger, junger Mann!"
„So sind die Weiber. Bei manchen muss es ein Brilli sein, damit sie vergeben, bei Frau Schneider reicht bereits ein Kilo Butterstollen", murmelte ich, rachsüchtig wie Medea, vor mich hin.
Mit einem Strauß Gerbera und einer Schachtel „Mon Cherie" versuchte sich der Übeltäter bei mir einzuschmeicheln. Aber nichts da. Erst als er mir die LPs wieder besorgt hatte, verzieh ich ihm. Verstehen konnte ich sein Verhalten trotzdem nicht.
„Ein Liebhaber von kerniger Rockmusik hat meist nicht viel übrig für seichtes Popgewinsel. Das muss dir doch klar sein", war auch der Kommentar eines Freundes meines Mannes, der von dem Debakel gehört hatte.

Es schien, als hätte er recht gehabt. Denn einige Jahre später, als ich meine Ausbildung als Verkaufstrainerin absolvierte, schlug ich in einer Diskussionsrunde meinem Lehrer vor, den Song „You Win Again" als musikalische Einleitung zu seinen Kursen einzusetzen. „Musik spornt an und steigert die Motivation." Der smarte Herr mit gelockter Föhnfrisur kannte diesen Song vom Titel her nicht. Er und die elf Kollegen des Seminars staunten allerdings nicht schlecht, als ich das Lied spontan und nur von rhythmischem Aufstampfen meiner Füße begleitet, lautstark vortrug. Der Ausbilder Preussler guckte mich daraufhin lange und mit offenem Mund an. Dann drehte er sich ruckartig von mir weg. Es schien, als überlegte er hektisch, wo sich die nächste psychiatrische Anstalt befände, in die er mich einweisen lassen könnte. Auch meine Kollegen sahen sich einige Sekunden ratlos an. Plötzlich fingen alle an, schallend zu lachen. Ich überlegte kurz, ob meine musikalische Darbietung nicht energisch genug gewesen war. Letztlich kam ich aber dann zu dem Schluss, dass vermutlich nur wenige Männer diese Art von Popmusik schätzten.

Nach dem Ende der „Schallplattenwurf-Affäre" war der häusliche Frieden wieder eingekehrt. In den folgenden drei Jahren brachte ich zwei Söhne zur Welt. Auf strikte Anweisung meiner Schwiegermutter, die bei uns im Haus das Sagen hatte, sollten meine Kinder nicht in „Pampers", sondern nur in Mullwindeln gewickelt werden. „So was hatten wir früher auch nicht", war ihr knapper Kommentar zu den neuen, praktischen Papierwindeln.

Nach kurzer Stillzeit wurden meine Kinder fast ausschließlich mit in Kalbsknochenbrühe gekochten Karotten ernährt. „Das kräftigt die Kleinen und lässt sie nicht so teigig aussehen", meinte meine Schwiegermutter. „Mit Teig kennst du dich ja auch gut aus, du alte Schnepfe", dachte ich boshaft. Dann versuchte ich eine gute Hausfrau und Mutter zu sein und fütterte meinen Nachwuchs mit dem nahrhaften Wurzelgemüse.

Eines Tages klingelte es an unserer Tür. Eine adrett gekleidete Frau stellte sich als Felicitas-Hostess vor. Sie hielt einen Geschenkkarton in der Hand. Der Karton hatte die gleiche blaue Farbe wie ihr Kostüm. Diese Damen besuchten junge Mütter, gratulierten zur Geburt und stand ihnen mit Rat und Tat zur Seite, wenn es um die Ernährung oder Pflege von den Säuglingen ging. Bevor ich die Besucherin hereinbitten konnte, kam General Schwiegermutter dazu und riet der netten Frau, sich schnell wieder mit ihren Proben von „Hipp-Gläschen" und Fertigbrei vom Acker zu machen. Die verdutzte Felicitas-Hostess übergab mir dennoch ihr Geschenkpaket und verließ kopfschüttelnd unser Haus. Als ich später alleine im Haus war, aß ich die Proben der wohlschmeckenden Babymahlzeiten selber auf. Bei dem Genuss eines Tellers „Milupa-Bananenbrei" stellte ich mir vor, wie schön es sein müsste, ohne so einen Hausdrachen von Schwiegermutter zu leben.

Petra Schwarzhaupt
hatte mit den Wünschen
ihrer Schwiegermutter
ihre liebe Not.

Das tägliche Kochen für zwei Kinder, sieben Erwachsene und einen kranken Hund war für mich eine große Herausforderung. Zwei Bäckerlehrlinge und eine Verkäuferin hatten bei uns Kost und Logis. Das „Dreigestirn", wie ich sie nannte, war in punkto Mahlzeiten Gott sei Dank nicht anspruchsvoll. Bei unserem großen, aber anorektischen Boxerhund war es schon komplizierter. Wegen seines nervösen Magens vertrug er ausschließlich Pansen, die auch gekocht zum Himmel stanken. Unsere alte Oma war wiederum genügsam und aß klaglos alles, was auf den Tisch kam. Die Kinder musste ich oft mit einem Stückchen „Ferrero-Duplo" zum Nachtisch bestechen, damit sie ihr Gemüse ohne Murren verzehrten.

Schwiegermutter und Gatte hatten ausgeprägt feine Geschmacksknospen. Den beiden waren meine einfachen Tagesgerichte oft nicht gut genug. Sie liebten die exotische und delikate Küche. Einmal sollte ich auf Wunsch der Schwiegermutter „Blätterteigpastetchen mit Ragout fin" zubereiten. Ich dachte, mit Dosenragout wird sich diese Aufgabe am einfachsten lösen lassen. Aber nichts da. Der alte Dragoner klatschte mir eine ungehäutete Kalbszunge auf den Küchentisch. „Fertigfutter gibt's bei uns nicht", knurrte sie, fegte die Dosen weg und begann mir das komplizierte Rezept in allen Details vorzubeten. Ich hatte aber einfach kein Händchen für das Küchenhandwerk. Obwohl ich doch versuchte, alles richtig zu machen. „Vielleicht müssen jetzt mal Profis ran", meinte mein Gatte und meldete mich zu einem Kochkurs an.

Frau Mößer von der OVAG-Lehrküche meinte tröstend: „Mit der Zeit wird das schon. Nicht bei jeder jungen Frau schmeckt das Essen sofort wie bei Sternekoch Paul Bocuse." Sie schaute mich bei diesen Worten mitleidig an, lobte aber meinen guten Willen. Selbst dieser patenten Frau gelang es nicht, aus mir eine Kochkünstlerin zu machen.

In diesen Zeiten war mir trotz der vielen Arbeit oftmals langweilig. Umso mehr freute ich mich über eine Einladung meiner Freundin Waltraud zu einer Tupper-Party. In den Siebzigerjahren waren diese Frauentreffs sehr beliebt. Am Abend vor der Party half ich Waltraud bei den Vorbereitungen. 14 Gäste wollten ja auch bewirtet werden. Wir fertigten zusammen eine Philadelphia-Torte mit Dosenmandarinen und einen Himmelskuchen, verziert mit vielen weißen „Baiserwölkchen". Während ich Sahne schlug und mit Frischkäse verrührte, präsentierte mir Waltraud immer neue Schätze aus dem großen Schrank. Sie zeigte mir ihre 34 „Eidgenossen", den „Saladin", ein Heer von „Wichteln" und eine Unzahl „Gewürzriesen." Die Haushaltshelfer aus bruchfestem Kunststoff trugen solche phantasievollen Namen.
„In den Wichtel," erklärte mir Waltraud fachkundig, „passt zum Beispiel ein halbes gekochtes Ei rein."
Ich schämte mich ein bisschen. Bei mir brauchte ein halbes Ei keinen „Wichtel". Es landete, sofern es übrigblieb, sofort in meinem Mund. Dennoch faszinierten mich die vielen bunten Küchenhelfer.

Am nächsten Abend war es dann soweit. Die Party stieg. Viel „Kellergeister-Perlwein" wurde ausgeschenkt. Dazu gab es kleine Mett-Igelchen, Tomatenfliegenpilze, Würstchen im Schlafrock und natürlich Torte und Kuchen. Bald herrschte eine ausgelassene Stimmung. Als Höhepunkt führte uns die „Tupper-Beraterin" Gabi, eine kleine dicke Frau, die wundersamen Plastikutensilien vor. Das tat die routinierte und humorvolle Frau so überzeugend, dass ich nach drei kurzweiligen Stunden meinte, dass mein Dasein ohne „Tupperware" nicht mehr lebenswert sei. Ich kaufte ein wie im Rausch. Mein damit stark überzogenes Haushaltsbudget war mir dabei völlig egal. Ich wollte mehr.

Die Party war erst gegen Mitternacht zu Ende. Noch immer freudig erregt, schwenkte ich auf dem Heimweg die Tüte mit meinem Gastgeschenk. Es war ein kegelförmiges, weißes Plastikbehältnis mit einer kleinen Kurbel dran. In der Aufregung hatte ich allerdings vergessen, zu fragen, wozu dieses Teil zu gebrauchen sei. Daheim verschwand es zuerst einmal im Schrank, wo es dann vergessen wurde. Nachdem es dort lange Jahre ungenutzt sein tristes Dasein fristete, landete das Ding irgendwann im Müll. Erst im Jahr 2006, beim zufälligen Durchblättern eines „Tupper-Katalogs" wurde mir klar, dass ich mich einer „Süße Müllerin" entledigt hatte. Ohne es zu wissen, war ich jahrelang im Besitz einer nie benutzten Puderzuckermühle gewesen.

Ungefähr zu der Zeit, als ich meine erste Begegnung mit „Tupperware" hatte, lud uns ein befreundetes Ehepaar zum wiederholten Mal zum Essen ein. Ich hatte Renate und Paul, so hießen die beiden, schon zwei Einladungen unter abstrusen Vorwänden abgesagt. Der wirkliche Grund war meine „krankhafte Fernsehsucht", wie es mein Gatte vornehm formulierte. Schuld war die TV-Serie „Reich und Arm". Unter keinen Umständen wollte ich auch nur eine Folge verpassen. Die zu Herzen gehende Geschichte der ungleichen Brüder

Rudy und Tom riss mich jeden Donnerstagabend zu heftigen Gefühlsausbrüchen hin. Unser Nachbar Holger, ein pensionierter Kripobeamter, musste mein lautes Weinen mitbekommen haben. Unauffällig erkundigte er sich bei den Leuten in unserer Straße nach dem Zustand unsere Ehe. Letztlich sprach er meinen Gatten direkt an. Dieser erklärte ihm hinter vorgehaltener Hand den peinlichen Sachverhalt. Er versprach, zukünftig vor der Fernsehsendung alle Fenster und die Balkontür zu schließen. Wir wollten ja nicht die Polizei auf dem Hals haben. Und sei es auch nur durch einen Gesetzeshüter im Ruhestand.

Die Einladung von Renate und Paul wurde also auf das Wochenende verlegt. Die zwei Buben des Paares waren Spielkameraden von unseren Kindern. Wir gingen Samstagabends dann zu viert zu unseren Bekannten. Als Gastgeschenke hatte ich eine Flasche „Amaretto di Saronno" für die Erwachsenen und „Bussi Bär"-Hefte für die Kinder besorgt. Renate und Paul empfingen uns mit kühlem „Asti spumante". Dieser süße, prickelnde Sekt war in dieser Zeit das Lieblingsgetränk vieler Frauen. Anstandshalber tranken die Männer ein Gläschen mit, griffen aber schon bald zum gewohnten „Licher Export"-Bier.

Der Küchenbereich im Haus meiner Freundin glich einem Haushaltswarenladen für elektrisches Koch- und Backzubehör. Stolz zeigte sie uns ihre Schätze. Alle Gerätschaften waren ordentlich in makellose Originalkartons verpackt und sauber gestapelt, obwohl sie fast täglich benutzt wurden, wie uns die propere Hausfrau versicherte. „Und die Garantiekarten sind wahrscheinlich nach Datum sortiert mit Kopien in einem abwaschbaren Leitz-Ordner abgelegt", dachte ich neidisch wegen der Ordnung, die in diesem Haushalt herrschte. Mein Gatte zischte mir leise ins Ohr: „Komm mir nur nicht auf die Idee, auch so eine Wurstabfüllmaschine zu kaufen. Oder so einen Karussell-Fonduetopf."
„Nein, mein Liebling, ich hatte eigentlich an die Fritteuse mit automatischem Signalton, den Joghurtbereiter und den Eierkochautomaten gedacht", flötete ich zurück.
Durch den süßen Aperitif hatte sich bei mir ein „Ihr-könnt-mich-alle-mal-Gefühl" eingestellt. Als Küchenfee Renate uns dann das Essen servierte, stockte mir der Atem. Auf einer riesigen, polierten Edelstahlplatte hatte sie einen essbaren Traum angerichtet. Man meinte, auf eine Miniatur-Gartenlandschaft zu sehen. Der Erdboden bestand aus Kartoffelbrei. Stolz reckten sich am äußeren Rand saftig grüne Brokkoli-Bäumchen. Eine Palmenallee aus Lauchstreifen begrenzte eine Straße, welche mit kleinen Frikadellchen gepflastert war. Dazwischen sah man Zäune aus Stangenspargel und Keniabähnchen. Kleine Möhrchen, Maiskörner und Erbsen gaben sich auf dem zart buttrigen Erdäpfelpüree ein Stelldichein als Blumenbeete. Winzige, knusprige Bratwürstchen lagen aufgestapelt, wie Holzscheite, neben einem orangefarbenem „Kürbishäuschen", dahinter standen weiße Büsche aus Blumenkohlröschen. Ein klares, gelbes Butterbächlein durchzog mäandernd die märchenhafte Landschaft. Völlig verwirrt betrachtete ich das phantasievolle Gericht. So etwas hatte ich noch nie gesehen.

„Jetzt fehlt nur noch der Zwerg, der aus dem Häuschen kommt, um ein paar Forellchen zu fangen", sagte ich nach Minuten des Staunens leise zu mir selbst.

„Forellchen? Petra, wenn du kein Fleisch magst, ich habe noch Fischstäbchen im Froster. Die kann ich dir schnell in der Fritteuse zubereiten", meinte Waltraud, die offensichtlich Ohren wie ein Luchs hatte. Und natürlich einen Zehn-Sterne-Linde-Gefrierschrank plus ein Krups-Turbo-Frittiergerät.

„Nein, nein lass gut sein, mach dir keine Mühe", antwortete ich, stellte mir aber vor, wie sie flugs einen essbaren Geräteschuppen aus 20 heißen Fischstäbchen an das Gemüse-häuschen mauerte. Auch mein Mann und meine Söhne saßen mit großen, staunenden Augen vor dem Kunstwerk. Ihnen hatte es ebenso die Sprache verschlagen. Als Waltraud das Traumgebilde erbarmungslos mit einem großen Vorlegelöffel zerstörte, guckten wir sie fassungslos an. Mein Jüngster fing leise an zu weinen. Paul und seine Jungs sahen indessen gelangweilt zu. Wahrscheinlich bekamen sie dieses „Gemüsegemälde" dreimal pro Woche aufgetischt.

Waltraud meinte beruhigend: „Vielleicht macht euch eure Mama auch mal so eine Kar-toffelbreilandschaft? Geht ganz einfach, das kann fast jede Hausfrau!"

Ich meinte einen hämischen Unterton in ihren Worten zu hören. Nach ein paar Gabeln Püree mit Erbsen waren die Kinder satt. Dennoch waren meine Söhne noch Monate später von Waltrauds Küchenkunst begeistert. Zufällig belauschte ich ein Gespräch un-ter den Kindern. Mein Jüngster fragte seine Freunde, ob ihre Mütter ihnen auch schon einmal eine Carrera-Bahn aus Spinat mit roten und gelben Flitzern aus Paprika ser-viert hätte. Waltrauds Buben schüttelten die Köpfe und knackten dabei gleichgültig ihre Überraschungseier.

Petra Schwarzhaupt

geboren 1953, Wöllstadt

Laden-Wandel

Während ich noch in Friedberg wohnte, fielen mir die Veränderungen in unserem Viertel nicht so deutlich ins Auge wie im Nachhinein. So verabschiedete sich Bäcker Häfner auf der Ecke Hanauer Straße linksseitig im Kreuzungsbereich zur Haagstraße. Nach der Aufgabe der Bäckerei führte meine Mutter auch Backwaren und es kam ein kleiner Frühstücksservice („to go") hinzu. Auf der rechten Seite befand sich die Drogerie Steuernagel mit Reformhaus, in der Nummer 3 dann unser Lebensmittelgeschäft (Selbstbedienung) und der Elektrohandel WELCO im hinteren Bereich des Hauses. Ich kann mich noch sehr gut an die Gerüche in der Drogerie erinnern, die ich immer gerne aufsuchte, um mit dem netten Herrn Steuernagel zu plaudern.

Meine Eltern hatten den Laden in einen Selbstbedienungsladen umbauen lassen, die Kunden nahmen aber gerne die Hilfe von meiner Mutter oder den Lehrmädchen (Auszubildende) an. Außerdem kamen immer mehr kostenfreie Serviceleistungen dazu, wie Warenbringdienst am Samstag, Zusammenstellung von Warenlieferungen und Bestellungen im Großhandel. Aber die Zeit brachte neue Herausforderungen, die dann zur Aufgabe führten, die Ladenfläche übernahm die WELCO. Danach kamen zwei Wohnhäuser, die Privatschule Steidl (Steno und Schreibmaschine) in Nummer 7 und an der Ecke zur Ludwigstraße die neue Dresdner Bank. Nach dem Parkplatz die OVAG mit ihren Gebäuden gegenüber dem damaligen Kaufhaus Langer, den Haingraben rechts hinauf.

Beginne ich meinen Weg auf der linken Seite der Hanauer Straße, dann waren die ersten Gebäude Wohnhäuser. Auch eine Bar hatte zwischenzeitlich ihre Pforten geöffnet. Mehrmals wechselte der Name und der Besitzer, aber die nächtlichen Störungen blieben. Dann kam das nach hinten versetzte Gebäude mit Vorgarten, zu Beginn noch als „Studentenbuden" vermietet, später überwiegend mit Wohnungen. Daneben war die Weinhandlung Röder mit Gastraum und langem Treppenaufgang. Ein wunderschön eingewachsenes Grundstück gehörte zur Zahnarztpraxis Metzler. Meine Zahnarzttermine verursachten mir zusätzlich Magenschmerzen, denn die Ausstattung entsprach zeitverzögert den modernen Standards, da half auch das Kopfhalten der Zahnarztgattin wenig. Leider fand sich kein Nachfolger und die Praxis wurde aufgegeben. Trotzdem sah ich regelmäßig das freundliche Ehepaar in ihrem schicken Mercedes Coupé durch die Stadt „kreuzen." Das Eckhaus beherbergte anfangs eine Heilpraktikerin und einen Herrenfriseur, der sich eher der Barttracht der Herren denn ihrer Frisuren annahm.

Ein Lichtblick war die Treppe zur Unterführung Richtung Gebrüder-Lang-Straße, denn am Grünzeug, das links und rechts wuchs, konnte ich die Abfolge der Jahreszeiten verfolgen, denn einen Garten hatten wir damals leider nicht. Nach der Treppe folgten das Pelzgeschäft R. Nachtigall und der Friseursalon Schaeffer, der noch die Kundinnen mit Einzelkabinen vor neugierigen Blicken schützte. Das dann folgende Textilhaus Thiel hatte einen etwas verwinkelten Zugang und einen weiteren Eingang von der Straße unterhalb. Dort gab es alle Textilien des täglichen Gebrauchs, wenn man in den etablierten Kaufhäusern nichts finden konnte. Zusätzlich konnte man auch nach Katalog bestellen. Diesen Kundenservice machten sich die Versandhäuser mit ihren Sammelbestellungen und später die Agenturen zunutze. Kurz vor Ende der Straße lag das Fahrradgeschäft Reinheimer, das neue und gebrauchte Räder verkaufte und auch Reparaturen ausführte. Schließlich komplettierte diesen Teil der Straße die OVAG-Lehrküche mit ihren Haushaltskursen.

Auch ich sollte an der einen oder anderen Veranstaltung der Lehrküche teilnehmen, denn es konnte nicht schaden, küchentechnisch gewappnet zu sein. Doch meine Interessen waren weniger auf die hauswirtschaftlichen Fertigkeiten gerichtet, sondern darauf, beruflich weiterzukommen.

Wie oft dieser Straßenabschnitt in Friedberg in den knapp 20 Jahren meiner Wohnzugehörigkeit geändert wurde, kann ich heute nicht mehr nachvollziehen. Nachdem die Straße einspurig in beide Richtungen befahren werden konnte, gab es zwischenzeitlich Einschränkungen in die eine oder andere Fahrtrichtung, da zusätzlich Parkplätze, zuerst ohne, später mit Parkuhr, das Parkieren ermöglichten.

Die Verkehrsschilder wechselten ebenso schnell, wie die Baustellen sperrten oder einschränkten. Mit den Jahren wurde das Abstellen meines Käfers zu einer täglichen Herausforderung, denn die Möglichkeiten schrumpften. Als das neue Parkhaus in der alten Bahnhofstraße gebaut werden sollte, hatte ich bereits neue Herausforderungen außerhalb Friedbergs zu bewältigen. Die Parkplatzsuche hatten sich mit meinem Umzug gelöst, aber die Besuche bei der noch verbliebenen Familie waren kurz getaktet oder vom stetigen Bemühen geprägt, keinen "Strafzettel" zu bekommen.

Die Ludwigstraße, rechts herum im Karree, war eine Wohnstraße mit Kindergarten, Katholischer Gemeinde und Arztpraxen, die auch schnell verschwanden. Die Bismarckstraße mauserte sich mit den Jahren zur Rennstrecke der Schüler von der Bahn zur jeweiligen Schule, nachdem die Hanauer Straße mehr oder weniger in den Dornröschenschlaf fiel.

Die Haagstraße wies Handwerksbetriebe auf, das Gefängnis wurde umgezogen, das Gebäude abgerissen und es entstanden die heute noch ausgewiesenen Parkplätze. Das

Alte Hallenbad wurde geschlossen und wartete viele Jahre auf seine Auferweckung. Nur die Metzgerei Koch und das Werkzeug- und Maschinen-Geschäft Weiss überdauerten die Zeit bis heute.

Vieles hat sich geändert, aber meine Erinnerungen lassen die Siebziger Jahre des vergangenen Jahrhunderts gerne Revue passieren.

Jutta Wittner-Wunder

geboren 1954, Schotten

Roter Turm, in der Ludwigstraße, Festvorbereitungen hinter dem Kindergarten

Kürzer geht nicht

1971 habe ich meinen Führerschein gemacht. Zum ersten Mal mit null Fehlern, und es war an einem Freitag, den 13.

Für mich waren die Siebziger die Jahre des Minirocks. Ich trug immer eine Länge von 30 Zentimetern. Auf dem Foto spiele ich 1972 den Osterhasen. Als ich 1973 eine neue Arbeitsstelle in Friedberg hatte, war dort eine Kollegin, deren Röcke nun ebenfalls 30 Zentimeter lang waren. Ich habe sieben Abende zuhause gesessen und alle Röcke und Kleider gekürzt, so, dass sie nur noch 29 Zentimeter lang waren. Das war sehr anstrengend, aber noch kürzer wäre wirklich nicht gegangen.

1972 habe ich bei der damaligen Hornitex in Nidda gearbeitet. Wir hatten einen Vertreter in München, der uns anrief und von der Geiselnahme im olympischen Dorf berichtete, noch bevor es im Radio zu hören war. Wir konnten das schwer glauben. Es hat uns alle sehr erschreckt.

1973 war die Ölkrise und es war ein schöner, autofreier Sonntag. Mein damaliger Freund kam mit dem Fahrrad aus Nidda zu mir nach Oberschmitten gefahren. Ich bin ihm entgegengelaufen, fast bis Unterschmitten, mitten auf der Straße. Das hat mich große Überwindung gekostet. Mitten auf der Straße! Ich habe mich andauernd umgedreht und erwartet, dass ein Auto auf mich zukommt. Als mein Freund bei mir ankam, habe ich es nicht mehr ausgehalten und wir sind beide dicht am Straßenrand entlang gelaufen.

Irgendwann kam ABBA. Ich habe die Band und ihre Musik geliebt. 1979 hatte ich eine schwere Krise, bei der ich mich völlig zurückzog. Irgendwann hörte ich das Lied „I have a dream" und wurde damit aufgerüttelt. ABBA hat mir sehr gut getan und ich hatte mein Leben wieder im Griff.

Chris Emig
geboren 1953, Nidda

Chris spielt den Osterhasen

Reinkommen, Essen ist fertig!

1978 bin ich mit meinen Eltern aus Siebenbürgen nach Friedberg gekommen, zunächst in ein Übergangswohnheim nach Fauerbach. Kurz darauf sind wir in einen der vierstöckigen Blocks im Barbaraviertel gezogen. Dort haben viele Aussiedler gelebt, Menschen aus dem Sudentenland, aus Schlesien und eben aus Siebenbürgen. Sogar eine Familie aus der DDR. Die Erwachsenen haben häufig auf der Straße vor ihren Häusern gesessen, um zu plaudern, wir Kinder haben stundenlang in Horden draußen gespielt, wobei das kein einheitliches Alter war, sondern durchaus bis zu fünf Jahren Altersunterschied. Auf den Straßen war eigentlich immer etwas los. Nach Hause ging es, wenn die Mutter abends aus dem Fenster gerufen hat: „Reinkommen, Essen ist fertig!"

Eine Lieblingsbeschäftigung der Kinder war es, an der Böschung zur Bahn hinauf Budchen aus allerlei Materialien zusammenzusetzen. Oder aus Paletten ein Floß zu bauen, mit dem wir auf der Usa von den „24 Hallen" bis nach Fauerbach gefahren sind, wo wir die Paletten liegen gelassen haben, weil die ja keiner zurückschleppen wollte. Was wir auch mal gemacht haben: In den Schlammteichen Frösche und Kröten gefangen und die in Tüten nach Hause getragen. Meine Mutter hat beim Anblick einer Kröte vor Schreck einen richtigen Ausschlag an den Lippen bekommen. Andere der Tiere haben wir im Treppenhaus ausgesetzt oder Anwohnern in das offene Fenster geworfen. Au weia, da gab es Ärger ...

Irgendwann war es Zeit für den Kindergarten an der Burg. Ich hatte wahnsinniges Heimweh, ich musste dort bis nachmittags um vier bleiben. Schon wenn meine Mutter morgens den Tender mit Püree oder Suppe auf den Tisch gestellt hat, habe ich Magengrummeln bekommen, denn ich wusste, wohin es jetzt geht.

Auf den Spielplätzen und Rasenflächen haben wir Fußball gebolzt. Eines Tages kam ein Mann auf mich zu. Er wolle mal mit meinen Eltern sprechen. Bangen Herzens habe ich ihn in unsere Wohnung geführt, denn ich dachte, er wolle sich beschweren, weil ich irgendetwas angestellt hätte. Aber es war Hansi Mandler vom VfB Friedberg. Der hat die Plätze abgegrast und nach Talenten Ausschau gehalten und war offenbar bekannt wie ein bunter Hund. Er hat meinen Eltern empfohlen, mich beim VfB anzumelden, was sie dann auch getan haben.

In den Sommerferien sind wir für vier Wochen nach Siebenbürgen gefahren. Zwei Tage hat die Fahrt in unserem braunen Ford Taunus gedauert. Ich meist hinten liegend, in einer Decke eingewickelt. In Nickelsdorf, also in Österreich kurz vor der ungarischen Grenze, ging es zum Übernachten in eine Pension. Ab Ungarn dann nur noch Landstraße, in Rumänien über abenteuerliche Straßen mit unfassbaren Schlaglöchern. In Erinnerung geblieben ist mir das bedrohliche Gefühl an der rumänischen Grenze. Angstvoll habe ich die grimmig dreinschauenden Grenzbeamten mit ihren Maschinenpistolen angesehen. Alles wurde durchsucht – auch das Gepäck auf dem Dachträger. Dort befanden sich Lebensmittel, die in Rumänien ein rares Gut waren. Bekamen die Grenzer von meinen Eltern eine oder zwei Schachteln Zigaretten zugesteckt, entspannte sich die Situation ein wenig.

Während der Fahrt haben meine Eltern auch geraucht. Seltsamerweise haben sie das zu Hause nur auf der Toilette gemacht. Wenn ich mal musste, konnte es vorkommen, dass die Tür zum WC verschlossen war und von drinnen der Hinweis kam: „Moment noch, habe gleich fertig geraucht." Nur wenn Gäste kamen, durfte im Wohnzimmer geraucht werden. Es gab noch große Familienfeste in der Wohnung mit vielen Besuchern. Da wurde sogar im Wohnzimmer getanzt.

Ralph Filp

geboren 1974, Bad Nauheim

Mit dem Ford Taunus in die Heimat nach Siebenbürgen

Morgens um vier im Dschungel

Im Juli 1973 flog ich mit meinen Eltern in einer Maschine der World Airways für knapp vier Wochen in die USA, wo wir Verwandtschaft hatten. Solch eine Reise war damals, gerade in meinem Alter, eine besondere Sache. Wir bereisten Cleveland, Washington, wir fuhren zu den Niagara-Fällen. In New York sah ich das erste Profi-Baseballspiel meines Lebens. Da erkannte ich, wie sehr Show und Kommerz schon damals Teil des Sports in den USA waren, dort damals bereits Sportereignisse als Entertainment begriffen wurden.

Ein Jahr später, im Spätherbst 1974. Ich fieberte dem Weltmeisterschaftskampf im Schwergewichtsboxen zwischen dem 25-jährigen Titelverteidiger George Foreman und dem sieben Jahre älteren Muhammad Ali entgegen. Ich war seit Jahren Boxfan und ein großer Bewunderer von Ali. Zum einen wegen seiner antirassistischen politischen Einstellung, die ihn dazu veranlasst hatte, den Kriegsdienst 1967 in Vietnam zu verweigern. Was wiederum dazu führte, dass er als amtierender Weltmeister alle errungenen Boxtitel aberkannt bekam, die besten Jahre seiner Boxkarriere opferte, zu einer Haftstrafe verurteilt wurde und erst nach seinem Freispruch Anfang der siebziger Jahre wieder boxen durfte. Zum anderen wegen seines einmaligen ästhetischen Boxstils. „Schwebe wie ein Schmetterling, stich zu wie eine Biene", hatte er ihn selbst treffend umschrieben.

Es war der erste Weltmeisterschaftskampf im Schwergewicht, der auf afrikanischem Boden stattfand. Es ging im Fußballstadion von Kinshasa in Zaire auch um die Emanzipation der Afroamerikaner und afrikanisches Selbstbewusstsein, denn viele afrikanische Länder wurden erst Anfang der Sechziger Jahre in die Unabhängigkeit entlassen. Somit war der Fight zugleich auch ein Politikum. Ali wurde als Vertreter für den Kampf gegen Rassismus und Imperialismus angesehen. Ali bekannte sich klar zu seinen afrikanischen Wurzeln, wie schon bei seinem Namenswechsel von Cassius Clay, den er als seinen Sklavennamen bezeichnete, zu Muhammad Ali zu Zeiten des Vietnamkrieges. Nicht nur deswegen, aber auch, weil Foreman mit einem Schäferhund in Zaire öffentlich auftrat, hatte er sich die Sympathien der einheimischen Bevölkerung verscherzt. Der Schäferhund erinnerte sie an die belgische Polizei der Kolonialzeit und er wurde als ignoranter, arroganter Vertreter des amerikanischen Establishments angesehen. Der Boxkampf selbst – von den Medien „Rumble in the Jungle" genannt – war auch deshalb unheimlich aufgeheizt. Er musste zunächst wegen einer Verletzung von Foreman um einen Monat verschoben werden, was die Spannung und das Medieninteresse zusätzlich steigerte. Foreman war als Weltmeister der eindeutige Favorit, galt damals als quasi unbesiegbar, kaum einer gab einen Pfifferling auf den älteren Ali.

Den Kampf wollte ich um nichts in der Welt versäumen. Ich stellte meinen Wecker auf vier Uhr morgens, es war so ein unüberhörbarer Wecker mit mechanischem, schrillem Geläut. Mit kleinen Augen saß ich pünktlich vor dem Fernsehapparat, angespannt, aufgeregt. Das Bild zwar schon in Farbe, aber ziemlich grisselig. Es zog sich noch eine Stunde hin, bis das Spektakel endlich begann, wegen des ganzen kommerziellen Brimboriums im Vorfeld, das mich schon als Sportinteressierten bei meinem Besuch beim Baseballspiel in New York nervte. Wegen des dadurch eingetretenen Zeitverzuges hatte ich schon Angst, dass ich den Kampf nicht bis zum Ende sehen könnte, weil ich gegen 6.30 Uhr Richtung Zug zur Schule nach Friedberg aufbrechen musste.

Es war unglaublich, wie der körperlich überlegene, in seinem sportlichen Zenit stehende Foreman auf den schon scheinbar in die Jahre gekommenen Ali mit mächtigen Schlägen eindrosch. Ali bewegte sich nicht wie ein Schmetterling durch den Ring, sondern verharrte, scheinbar machtlos die Schläge von Foreman einsteckend und Mitleid erregend, angelehnt an den Seilen. Dann die achte Runde – wie er urplötzlich, wie aus dem Nichts, Foreman zu Boden brachte und den K.-o.-Schlag landete. Ich war hellwach, schier aus dem Häuschen und ungläubig zugleich. Diese bei diesem Fight an den Tage gelegte außergewöhnliche taktisch kämpferische Intelligenz von Ali beschäftigte mich über Jahre, erinnert mich an das biblische Gleichnis von David und Goliath und prägt mich noch heute.

Joachim Arnold

geboren 1959, Wölfersheim

Joachim Arnold (rechts) in New York mit dem dort lebenden Onkel Alfons und seiner Mutter Helga am Hudson River

****

Give me five

****

Es muss im Frühsommer 1972 gewesen sein, ein paar Monate vor dem schrecklichen Attentat von München. Für uns war damals die Welt noch in Ordnung. Wir waren zwölf und dreizehn Jahre alt und „best friends forever." Wir besuchten dasselbe Gymnasium, und obwohl wir schon in der Schule unzertrennliche Freundinnen waren, verging kaum ein Tag, an dem wir uns nicht auch noch nach der Schule getroffen hätten. Meine Freundin wohnte in Bad Nauheim und ich in Nieder-Mörlen. Wir waren fröhlich und albern und benahmen uns, als gäbe es kein Morgen. So auch in jener Zeit, in der wir meistens zu Fuß unterwegs waren. Die Busse fuhren selten, und Fahrräder benutzten wir aus Prinzip nicht; es kam uns kindisch vor.

Da wir die Zeit, die wir als Freundinnen miteinander verbringen konnten, bis zum Schluss auskosten wollten, begleiteten wir uns auch auf dem Nachhauseweg fast immer wechselseitig. Und dies hatte noch einen ganz besonderen Grund: Wir konnten dann nämlich einen Abstecher nach „Neu-Texas" unternehmen. Die Alvin York Village Family Housing Area, die Wohnsiedlung der in der Region stationierten US-Amerikaner, die auf halbem Weg zwischen Bad Nauheim und Nieder-Mörlen lag, zog uns magisch an.

Eigentlich war es uns von unseren Eltern verboten worden, dieses Wohngebiet zu besuchen. Vielleicht hatten wir gerade deshalb nichts Besseres zu tun, als unerlaubt und verstohlen durch die Straßen am Rande der Siedlung zu streifen, nur um einen Blick auf diese von der übrigen Stadt abgeschottete Gegend zu erhaschen. Wie lebten diese Amerikaner hier vor unserer Tür? Ein Besuch in dieser nahen und doch unbekannten Welt war für uns ein echtes Abenteuer. Die Alvin York Village Family Housing Area war durch ein backsteinernes Haus, eine Art Wachstation mit einer Schranke und diensthabenden Soldaten, von der übrigen kleinstädtischen Idylle getrennt. Man durfte als Fußgänger oder Autofahrer passieren, aber Nichtamerikaner hatten keinen Zugang – For Members only – zu den Einrichtungen der Siedlung. Alles war in „Neu-Texas" irgendwie anders: die Gebäude, die großen Wohnblocks, die Einfamilienhäuser und vor allem natürlich die Menschen. Sogar eine Grundschule, vor der nachmittags immer ein bulliger US-Schulbus geparkt war, eine Ambulanz und ein Waschsalon gehörten zu dem Viertel, über dem die amerikanische Flagge wehte. Es war wie eine Insel mitten in Deutschland, mitten in Bad Nauheim und für uns wie im Film: Da waren die GIs, die einfachen Soldaten der US-Streitkräfte, die in ihren Uniformen und den schweren Stiefeln durch die Straßen mit den amerikanischen Namen trotteten, die Kinder und Frauen, die hier für eine begrenzte

Zeit mit ihren Soldaten-Männern lebten. Besonders interessant waren für uns die Amerikanerinnen, die allgemein einen nicht allzu guten Ruf genossen. Warum dies so war, wussten wir nicht. In unseren Augen waren sie irgendwie schrill; sie trugen Leggins und meistens viel zu enge T-Shirts, und manche hatten am helllichten Tag Lockenwickler im Haar. Diese Frauen scherten sich offensichtlich nicht im Geringsten um ihr Äußeres. Sie rollten Buggys vor sich her, darin winzige Säuglinge, die deutsche Frauen niemals in einer solchen „Schese" durch die Straßen geschoben hätten. Diese Soldaten-Frauen mussten noch sehr jung sein. Auf uns wirkten sie oft kaum älter als 17 oder 18 Jahre.

Vor den Wohnblocks spielte sich ein lebhaftes Treiben ab. Am frühen Nachmittag qualmte bereits der Grill, es duftete nach würzigem Fleisch – vermutlich Hamburger und Spareribs –, und aus riesigen Ghettoblastern johlte der Musiksender der Amerikaner, AFN (American Forces Network), ein Sender, der weltweit ausgestrahlt wurde und auch die in unserer Region stationierten US-amerikanischen Streitkräfte erreichte. Der Mix aus Rock, Pop und Country Music begeisterte uns ebenso wie die maroden Ami-Schlitten, die vor den Häusern geparkt waren und Nummernschilder hatten, die nach Abenteuer klangen: grün mit schwarzer Schrift, dazu der Aufdruck „US Forces in Germany" und die Bezeichnung der jeweiligen Herkunftsstaaten – Florida, Michigan oder New Jersey. Namen von Bundesstaaten, die in uns einen Anflug von Fernweh auslösten und Neugierde weckten. Wie waren diese jungen Frauen und Männer, die mitten unter uns lebten? Wir sprachen schon ein wenig Englisch und kannten auch diverse Popsongs in- und auswendig. Doch wirklich Kontakt zu den unter uns lebenden Amerikanern hatten wir nicht.

Irgendwo vor einem der Wohnblöcke schraubte ein junger Soldat – nun in ziviler Kleidung, also in Jeans und weißem Unterhemd – an einem Auto. Die Luft schien zu vibrieren, und es roch nach Benzin und Zigarettenrauch. Es war fantastisch, in diese andere Welt, unweit unserer gutbürgerlichen, deutschen Wohnviertel einzutauchen.

Wir beobachteten hingerissen die Frauen, die mit Tüten bepackt aus der PX kamen, dem Kaufhaus der Amerikaner, und ihren vor dem Eingang wartenden Kindern Donuts und bunte Lollis mitgebracht hatten. Ich erinnere mich noch gut an die großen, henkellosen, braunen Packpapiertüten, in denen die Lebensmittel verpackt waren und dann auf einem Arm nach Hause geschleppt wurden. In dem schnörkellosen Backsteinbau der PX befand sich neben der Commissary, dem Lebensmittelladen, auch ein Friseur, der „Hairdresser". Auch zu diesem Laden hatten nur die Militärs und ihre Angehörigen Zutritt. Die Soldaten ließen sich, während ihre Frauen einkauften, gleich nebenan den Nacken ausrasieren. Wir Mädchen wussten, dass der Einkauf in der PX steuerfrei, also günstiger als in unseren Geschäften war. Aber das interessierte uns wenig. So what, wir wollten nicht „billig" einkaufen. Uns verlockte vielmehr das andere, das amerikanische Warenangebot. Wir waren verrückt nach Cool-Aid, einer Brause zum Auflösen in Wasser, Dentyne-Kaugummi und Donuts, diesem klebrig-süßen Hefegebäck mit dickem Zuckerguss, das es noch in keiner deutschen Bäckerei zu kaufen gab. Wir wünschten uns sehnlichst, mit den Amerikanern in Kontakt zu kommen, und träumten davon, einmal in der PX einzukaufen. Im Vorbeigehen lächelten wir den GIs und den Frauen zu und formten mit den Fingern das Peace-Zeichen, die Handgeste mit gespreiztem Zeige- und Mittelfinger, das Symbol der Friedensbewegung und der Hippies. Unser Gruß wurde meistens erwidert.

Auch in der Wetterau war die „Love and Peace"-Bewegung angekommen. Eine zunehmend antimilitärische Haltung machte sich breit, die sich in einer steigenden Zahl von Anträgen auf Kriegsdienstverweigerung widerspiegelte. Aus Protest gegen Hierarchie und Gehorsam ließen sich junge Männer die Haare lang wachsen. Auch die Jungs in unserer Stadt. Die amerikanischen Soldaten hingegen trugen den typischen Army-Haarschnitt: raspelkurze Schöpfe mit ausrasierten Nacken.

Dass die Vereinigten Staaten von Amerika eine Besatzungsmacht in Deutschland waren, war uns bewusst. Trotzdem maßen wir diesem politischen Umstand damals keine besondere Bedeutung zu. Im Gegenteil, wir fühlten uns von den US-Amerikanern beschützt. Schließlich hatten sie Deutschland von den Nazis befreit. Vielen galten die Vereinigten Staaten von Amerika als Vorbild in Politik, Wirtschaft und Kultur. Ich mochte Amerika aus persönlichen Gründen ganz besonders, schließlich war meine Tante in den Fünfziger Jahren in die USA ausgewandert und mit einem Amerikaner verheiratet. Dann und wann schickte sie uns Päckchen, und immer waren darin auch ein paar Dollars. Eine harte Währung, wie mein Vater sagte, mit dreimal mehr Kaufkraft als sie unsere D-Mark besaß.

Bei unseren Ausflügen in die Housing Area konnten wir ein auffälliges und zugleich eigentümliches Begrüßungsritual unter den jungen Männern beobachten. Jeder, der auf der Straße zufällig einen Bekannten traf, begrüßte diesen mit den Worten „Hey man, give me five", was nicht nur mit dem Zusammenschlagen der jeweils erhobenen rechten Hand, der High five, begann, sondern eine choreografierten Abfolge von mehreren Handschlägen folgen ließ. Hände, die sich kurz berührten und voneinanderstrebten, um mit einem Hieb von Faust gegen Faust oder Faust auf Faust die Sequenz zu beenden. Wir waren fasziniert und übten eifrig diese im Allgemeinen wortlos vollzogene Begrüßung, bis wir sie perfekt beherrschten und uns übermütig in der Schule damit brüsteten. Gib mir Fünf. Cool. Wir fanden das einfach klasse.

Ich erinnere mich noch gut an den Tag, an dem wir unseren Plan, in der PX einzukaufen, endlich wahr machen wollten. Es war an einem Nachmittag am Anfang der Sommerferien. Wir vertrieben uns bei meiner Freundin die Zeit mit Musikhören und Herumalbern. Ich hatte von zuhause ein paar Dollars mitgebracht. Und die wollten wir jetzt umsetzen. In Cola und Ice Cream – und Donuts. Come on, heute wollten wir es endlich wagen. Doch wie sollten wir als deutsche Mädchen den Türsteher vor der PX unbemerkt passieren?

Wer schließlich auf die Idee gekommen war, weiß ich heute nicht mehr. Jedenfalls beschlossen wir, uns „amerikanisch" zu stylen. Damals teilte sich meine Freundin das Zimmer mit ihrer zwei Jahre älteren Schwester, was nicht immer von Vorteil war. An diesem Tag aber unbedingt. Heimlich bedienten wir uns an deren Kleiderschrank. Wir probierten Jeans und T-Shirts an und, um etwas älter zu wirken, auch ihre BHs. Diese stopften wir mit Watte aus. Why not? Wir hatten ja noch keinen Busen! Die Verwandlung war in unseren Augen perfekt. Jetzt sahen wir aus wie richtige Teenager! Doch damit nicht genug. Vor dem Spiegel begannen wir uns dann zu frisieren und zu schminken. Im Handumdrehen hatten wir unsere blonden Haare in Zöpfen gebändigt, gehalten von roten Spangen in Herzchen-Form. Dann trugen wir Lidschatten in sattem Grün auf und schmierten ordentlich Rouge auf die Wangen, passend dazu orangefarbigen Lippenstift – sicherlich viel zu knallig. Aber in unserer Vorstellung waren die Amerikanerinnen, die wir bisher gesehen hatten, auch alles andere als dezent. Ganz zum Schluss zauberten wir uns mit einem Augenbrauenstift noch ein paar Sommersprossen ins Gesicht. Fertig war der perfekte „american look". Es fehlte nur noch Kaugummi, das wir übertrieben auffällig kauten. Wir lachten uns kaputt, fanden aber, dass wir mit Schminke, Klamotten und aufgepolstertem Busen nicht nur älter wirkten, sondern tatsächlich wie echte amerikanische Girls aussahen.

Gut gelaunt machten wir uns auf den Weg in die Siedlung. Vor der PX prüften wir noch ein letztes Mal unser Aussehen – alles passte, alles saß. Schnell noch einmal die Lippen nachgezogen, und schon hatten wir die Stufen hinauf zur Commissary hinter uns. Now or never. Wir nickten dem Türsteher freundlich zu, und – kaum zu glauben – wir waren drin. Zwei deutsche Teenies im amerikanischen Shopping-Paradies. Selbstbewusst streiften wir durch die Gänge und taten so, als ob es für uns das Normalste auf der Welt wäre, hier einzukaufen. Zielstrebig scannten wir die für uns wichtigen Regale, schnappten uns reichlich Kaugummis, Schokolade, Cool-Aid und zwei Six-Packs Donuts. Dann gingen wir zur Kasse. Aufgeregt legten wir unseren Einkauf aufs Band, schauten aber beiläufig an der Kassiererin vorbei. Diese hatte zunächst offenbar wenig Interesse an uns und tippte die Warenpreise konzentriert und mit spitzen Fingern in die Kasse. Als sie damit fertig war, sah sie uns skeptisch an. Hatte sie etwas bemerkt? Sie musterte uns mit einem prüfenden Blick. What's going on? Uns wurde augenblicklich mulmig zumute. Sollte unser Plan doch nicht aufgehen? Die Kassiererin zögerte einen kurzen Augenblick. Dann raunte sie mit strenger Stimme: „Give me five!"
Was sollte das jetzt bedeuten? Wollte uns die Kassiererin auf amerikanische Art begrüßen, oder hatte sie uns einfach nur durchschaut und wir würden gleich auffliegen? Wir waren wie gelähmt. Was sollten wir jetzt tun? Alles stehen und liegen lassen und abhauen?

Noch bevor wir reagieren konnten, sprach sie uns erneut streng an: „Hey, young ladies. You have to pay!"

Und um ihren Worten Nachdruck zu verleihen, deutete sie unmissverständlich erst auf unseren Einkauf, dann auf die Kasse. Money, honey. Jetzt war der Groschen gefallen. Klar, wir sollten bezahlen. Das hatten wir natürlich auch vorgehabt, aber aufgeregt, wie wir waren, hatten wir das amerikanische Englisch der Kassiererin einfach nicht verstanden. Mit schwitzigen Fingern kramten wir fünf Ein-Dollar-Noten hervor. Die Ma'm an der Kasse nahm das Geld und nickte milde. Wir griffen unsere Süßigkeiten, und nichts wie raus auf die Straße. Die Anspannung der letzten Minuten fiel schlagartig von uns ab, und wir konnten uns vor Lachen kaum noch halten. „Give me five", riefen wir und klatschten uns übermütig mit einer High five nach der anderen ab. Hatte die Kassiererin uns tatsächlich für amerikanische Teenager gehalten?

Susann Barczikowski

geboren 1959, Bad Nauheim

Susann Barczikowski ist freie Journalistin und Autorin. Sie schreibt und sammelt Geschichten, die mit Bad Nauheim und der Wetterau zu tun haben. Bislang erschienen von ihr u. a.: „In bester Gesellschaft, Persönlichkeiten aus Bad Nauheim", „Anders als erwartet – Migrantinnen in der Wetterau" und das „Stadtporträt Bad Nauheim" – der erste Reiseführer der Stadt. Sie ist Autorin in den Anthologien: „Unterwegs in Bad Nauheim - eine literarische Spurensuche (2016) und „Unterwegs in der Wetterau - eine literarische Spurensuche (2017)", beide im PR Medienservice + Verlag Susann Barczikowski erschienen.

****

„Widder do nunner!"

****

„Ei wie, wollt' ihr widder do nunner!" Jedes Jahr dieselbe Frage. Dem gütigen Inhaber der Tankstelle unseres Vertrauens in Wolferborn auf dem Weg zur Autobahn, von allen „Kippelschuster" genannt, genügte ein Blick in unseren VW-Bus. Die Kühltasche mit Proviant zwischen den Sitzen meiner Eltern, die Koffer und Taschen hinten, die vier Kinder, natürlich unangeschnallt, fröhlich tobend zwischen und auf den Sitzbänken in der Mitte. Das war schon ziemlich eindeutig, und die Frage des Tankwartes war natürlich eher rhetorischer Natur; er wusste ja, dass meine Mutter aus Ostfriesland stammt, und unser Jahresurlaub in erster Linie die Reise in die Heimat und zu den Verwandten war. Markant war die Frage trotzdem, er war der Einzige, für den Ostfriesland „da unne" war, alle anderen sprachen vom „nuff-Fahren", also kartographisch gesehen „nach oben in den Norden."

An diesem wolkenverhangenen letzten Juli-Samstag im Jahr 1977 war die Vorfreude besonders groß, das lange Schuljahr war endlich zu Ende, und auf dem Hof der Großeltern wartete nicht nur der Urlaub, sondern auch die große Feier zum 80. Geburtstag der Oma.

Wegfahren im Sommer, das war damals nicht selbstverständlich. Zumindest nicht in Burgbracht, da blieb man zu Hause, grad weil doch im Juni, Juli und August die meiste Arbeit zu erledigen war. Das Heu musste gemacht werden, vom Opa mit dem MF168, dem Bulldog, gemäht, vom Vater mit dem anderen Traktor gewendet und von uns Kindern mit dem Rechen bearbeitet. „Drimmerimreche", das war Handarbeit und Sache der Frauen und Kinder. Genau wie wenig später das Aufsetzen der kleinen Heuballen auf den Anhänger, und das so wenig beliebte Einlagern in der stickig-staubigen Scheune.

Mitte Juli begann die Getreideernte, der große Mähdrescher rollte über die Felder und drosch die Wintergerste. Auch hier war wieder jede Hand gefragt, umso köstlicher erschienen dann die Urlaubs-Tage fern des Hofes. Selbst die lange Fahrt im T2 über die A45 und A1 war ein Abenteuer, die 50 Pferdestärken ließen bei voller Beladung kaum mehr als 110 Stundenkilometer zu. Dafür konnte der Mittagsschlaf der Kinder auf den eigens dafür ausgelegten Matratzen am Boden des Fahrzeugs erfolgen und bescherte dem Fahrer etwas Ruhe bei der Reise. Irgendwo in Westfalen war dann Zeit für die Rast, auf dem Parkplatz an der Autobahn wurde der Proviant verzehrt, die Brote mit der Hausmacher Wurst, die Flaschen „Elisabethenquelle-Zitrone" mit dem leuchtend gelben Etikett und der zuckersüßen Limonade. Spätabends Ankommen bei den Großeltern, Ausruhen und Austoben. Nach wenigen Tagen ging es wieder zurück, nicht ohne die Mitbringsel für die Heimat besorgt zu haben: Kandiszucker war in Hessen kaum zu bekommen, und der Tee schmeckte nur gut, wenn er in Ostfriesland günstig in großen Paketen gekauft werden konnte.

Schon das Sauerland fühlte sich nun wieder ein wenig Hessisch an, steile Berge, dunkle Wälder und kleine Felder rechts und links der Straße. Und die Abfahrt Altenstadt war ein kleines Fest, endlich runter von der Autobahn, zurück Richtung Vogelsberg. In Wolf bei Büdingen stand schon das große Kerbzelt, wie in jedem Jahr am ersten Augustwochenende. Zuhause sprangen wir aus dem Auto, begrüßten den Lux, unseren Schäferhund, dazu die Katzen, Schweine, Kühe und Rinder. Und am nächsten Tag auf dem Spielplatz berichteten wir stolz von der großen Fahrt, in der Gewissheit, nun wieder ein Jahr auf den nächsten großen Familienurlaub warten zu müssen.

Sommer 1977: Das war beschaulich im Vogelsberg. Fernab der bundespolitischen Aufregung um die RAF, ausgefüllt mit ländlich-bäuerlicher Geschäftigkeit, regnerisch genug, um das Dürrejahr 76 etwas auszugleichen. Ein guter Sommer!

***

Gemächlich steuerte der Schulbus Anfang September 1978 durch das Brachttal über die Kreisstraße von Hitzkirchen nach Burgbracht, die Insassen vertieft in leise Plaudereien und zuweilen lauteren Schabernack, als plötzlich ein Aufschrei die Reihen durchdrang. „Die Amis sind da!" Östlich der Straße, jenseits des Baches und kurz unterhalb des Waldrands standen zwischen den Hecken zwei M60 Kampfpanzer der US-Streitkräfte. Die dazugehörenden Soldaten waren gerade dabei, die Tarnnetze über ihre Gefährte zu ziehen, um sich möglichst unauffällig der Landschaft anzupassen. Aber die Buben der 3b aus dem Bus hatten sie entdeckt, ihre Augen leuchteten, insgeheim suchte ein jeder schon nach Argumenten, um die Mutter beim Mittagstisch davon zu überzeugen, das Lernen fürs Diktat könne verschoben werden.

Schnell die drei Päckchen Mathehausaufgaben erledigt, die knallgelben Gummistiefel geschnappt und zum Treffpunkt unten am Spielplatz geradelt. Allein traute sich keiner hin, zu dritt war man mutig. Nach kurzer Fahrt über die rumpeligen Feldwege, die von Traktoren und dem täglichen Trott der Milchkühe zur Weide eigentlich nicht mehr für die Reifen der Kinderräder geeignet waren, erreichten sie den Standplatz der mächtigen

Kettenfahrzeuge. Nun konnten man alles im Detail erkennen, die riesigen Stahlketten, der breite Geschützturm mit der 152mm-Kanone M162 und die rote Flagge am Heck, die im Manöver die Zugehörigkeit zu den „Angreifern" oder „Verteidigern" signalisierte. Jetzt schmolz der Mut. Die Besatzungen hatten es sich im Schatten der Tarnnetze bequem gemacht, sie rauchten und unterhielten sich leise - auf Englisch. Das war uns sehr fremd. Zögerlich näherten wir uns den Männern in ihren olivgrünen Kampfanzügen, deren Haare verschwitzt und strähnig an der Stirn klebten. „Hi boys!" riefen sie herüber. Wir kicherten verlegen, drucksten herum und erwiderten schließlich ein piepsiges „Good morning." Das hatten wir im Frühjahr bei Frau Hechtenberg in der Kefenröder Mittelpunktschule gelernt, die mit uns das fröhliche „Good morning, good morning, good morning to you" sang. Und das war es dann auch schon gewesen mit dem Englisch-Unterricht in der 2. Klasse, mehr gab der Lehrplan nicht her.

Obwohl es nun früher Nachmittag war und schon lange nicht mehr Morgen, schien die Kontaktaufnahme mit diesem Gruß zu gelingen. Einer der Soldaten kramte in einen beigen Pappkarton, der mit großen, schwarzen Lettern bedruckt war und hielt uns drei dunkelgrüne Konservendosen hin. C-A-N-D-Y C-R-A-C-K-E-R–Kekse. Und noch mehr Schätze verbargen sich in der Kiste: Peanut-Butter in der Dose und gelblich-graue Papiertütchen mit Sugar und Chiclets. Letzteres entpuppte sich als Kaugummi. Die Panzer-Besatzungen hatten wohl mehr als reichlich von ihren B2-Units und Dining-Packs dabei oder sie waren der Konserven-Nahrung überdrüssig. Wir hatten unser Ziel erreicht, bepackt mit unserer Beute, die für uns mehr war als nur Lebensmittel. Wir traten den Rückzug an. Das waren nun Trophäen! Vergessen war das Sammelalbum der Fußball-WM in Argentinien vom vergangenen Juni, jetzt gab es was viel Besseres. Schnell nach Hause, der Mutter und vor allem den großen Geschwistern die Päckchen und Dosen zeigen. Das war eine Gratwanderung, man wusste doch genau, wie skeptisch die Eltern beim Thema Panzer-Gucken waren.

Ja, die Eltern … die hatten den Weltkrieg miterlebt, die runzelten die Stirn, wenn die Panzer-Kolonnen zur Manöverzeit durch das Dorf ratterten. „Bleibt ja weg von der Gass'!" Für sie logisch und nachvollziehbar, denn vom Vorjahr zeugten noch die Schäden der Panzerketten am Bordstein von der Überforderung der Gemeindestraßen durch die großen Kettenfahrzeuge und deren bedrohliche Nähe zum Bürgersteig. Wie ein kaputter Reißverschluss sah der Bordstein aus, auch wenn nach jeder Saison die Schäden an Straßen und Wegen sorgfältig vermessen, dokumentiert und gemeldet wurden, damit die Kommune umgehend die Mittel zur Reparatur vom „Amt für Verteidigungslasten" erhalten konnte. Mit dem Ausbessern selbst ließ man sich Zeit, manches war nun mal eher der Kategorie „Schönheitsfehler" zuzuordnen und die Gelder halfen zuweilen, auch andere Löcher in den klammen Gemeindekassen zu stopfen.

Viel sicherer war das Beobachten der militärischen Übungen am Himmel. Die McDonnell F-4 „Phantom" und Lockheed F-104 „Starfighter"-Düsenjäger schossen ganzjährig lautstark über die heimischen Berge und Täler, da musste man schon beide Hände fest auf die Ohren pressen. Und wenn eines dieser Fluggeräte mit einem satten Knall die Schallgrenze durchbrochen hatte, erzitterten die Fenster in den Häusern, die Vögel verstummten und die Menschen zuckten zusammen. Angenehmer war das Beobachten der Hubschrauber in der Zeit der herbstlichen Manöver. Besonders der seltene Boing CH-47 Chinook, landläufig als „Bananenhubschrauber" bekannt, zog die staunenden Kinderblicke auf sich. Der war stark, der konnte sogar einen Jeep durch die Lüfte kreisen lassen.

Mit dem Opa auf dem Bulldog fuhren wir Ende des Monats raus ins Feld, der beste Acker mit dem zarten grünen Flaum der kürzlich gesäten Wintergerste bedeckt, und dann diese Verwüstung. Nein, nicht ein Panzer, sondern zwei hatten den Schlag diagonal befahren, die parallelen Spuren hatten sich tief in die Ackerkrume eingefressen. Was für ein Schaden. Im Vogelsberg war man froh über alles, was auf den kargen Böden gedieh, man freute sich am Wachsen der Saat. Da war auch nicht viel zu reparieren, frühestens nach der nächsten Ernte konnten die Folgen der Verdichtung beseitigt werden, und Gerste gab es da nicht mehr. Der Großvater schimpfte wütend: „Eij Gewirr', däi huun oach gor koan Verstand'!" Die Jungs beobachteten ihn, wie er zügig und mürrisch zugleich mit einem handlichen Holzgestell die betroffenen Quadratmeter abzirkelte und das Ergebnis sorgfältig mit dem dicken Maurerbleistift ins vergilbte Notizbuch eintrug. Als Ortslandwirt hatte er die Schadensaufnahme auf den Äckern und Wiesen der Bauern aus dem Dorf zu koordinieren, man war hier froh, dass wenigstens der erntereife Futtermais diesmal nicht betroffen war. Andernorts hatten sich ganze Kolonnen von Jeeps und M113-Mannschaftspanzern im hohen Mais versteckt und viel verwüstet, eine Katastrophe für die Viehbesitzer, die doch auf das Futter so dringend angewiesen waren.

Im Oktober war der Spuk vorbei. Die Gemüter beruhigten sich, der „Kreis-Anzeiger" musste keine Verkehrsunfälle von Militärfahrzeugen und zivilen Autos mehr vermelden, die Feldgemarkung gehörte wieder allein den Traktoren, die den Silomais einbrachten, den Winterweizen säten und mit dem Pflug die letzten Furchen des Jahres zogen.

Hier und da marschierten die Buben in den Herbstferien noch mit den selbst zusammengenagelten Holzgewehren durchs Dorf, verschwanden auf einen ganz geheimen Code hin im Gebüsch des Nachbargrundstücks und erklärten den Viehtränke-Wassertank auf dem Anhänger zum Panzer. Nach dem Ende der Weidesaison stand er ungenutzt herum und die große Öffnung zum Befüllen eignete sich nur zu gut als Einstiegsluke für die kleinen Soldaten.

Epilog:

Apropos: Die NATO-grünen Verpflegungsdosen mit Candy-Crackern und Peanutbutter aus dieser Zeit sind heute begehrte und teuer gehandelte Sammelobjekte, wenngleich auch nicht mehr zum Verzehr geeignet.

Heiko Grob

geboren 1970, Kefenrod

„Gymnasialer Klugscheißer-Vorsprung"

In der Schule lernt man fürs Leben. Sagten die Erwachsenen in den Siebzigern. Tun sie auch jetzt noch. Was damals wie heute nicht unbedingt mit den Ansichten ihrer Kinder konform ist. Schon gar nicht, wenn es um Latein geht. Das kann man im wirklichen Leben aus deren Sicht ja nun kein bisschen gebrauchen. Ich machte eine andere Erfahrung. Was nicht zuletzt mit dem Buch „Das Jahrhundert der Chirurgen" und meinem Abi zu tun hat. Nach der Lektüre des Klassikers von Jürgen Thorwald wollte ich Pathologin werden. Ein verwegener Wunsch: mit einem Abi-Durchschnitt von 2,4 ein Medizin-Studium anzustreben. Da war der Numerus Clausus vor. Und der verhieß jahrelanges Warten auf einen Studienplatz. Was also tun nach der Reifeprüfung? Bewerben, bewerben, bewerben - auf Lehrstellen, von denen ich heute sagen kann: Zum Glück habe ich keine davon bekommen.

So war es denn der Zufall, dass in der William-Harvey-Klinik in Bad Nauheim ein Schüler für die Ausbildung in der Krankenpflegehilfe abgesagt hatte. Mit mehrwöchiger Verspätung könnte ich noch in den laufenden Unterricht einsteigen, wenn ich denn das Versäumte nachholen könnte. Konnte ich, dank Latein. Denn zum Theorieunterricht in der Fachklinik für Gefäßchirurgie gehörte das Wissen um die medizinischen Bezeichnungen für Venen, Arterien, Blutkreislauf etc. Also: Hypertonie (den hohen Blutdruck) von der Hypotonie (dem niedrigen Blutdruck) unterscheiden zu können. Oder zu wissen beziehungsweise zu lernen, dass eine Arteriosklerose eine Gefäßverkalkung ist

Wir waren zwei Mädels mit Abitur in dieser ersten Klasse der Krankenpflegehilfe-Ausbildung in der William-Harvey-Klinik 1976/77. Zwei, die den „gymnasialen Klugscheißer-Vorsprung" hatten. Aber keinerlei Ahnung, wie man kräfteschonend und effektiv ein Bett macht - schon gar nicht, wenn in diesem ein Frischoperierter liegt. Auch nicht, wie Patienten zur Vorsorge einer Thrombose (Latein für Gefäßverschluss) die Beine gewickelt werden müssen. Nicht zu reden davon, dass es für Rivanol-Umschläge unbedingt eine wasserdichte Unterlage braucht. Was ich begriff, nachdem ich zweimal das komplette Bett eines Patienten neu beziehen musste. Nicht die einzige unvergessene Lehre aus dieser Zeit. Die ein oder andere davon habe ich Irmtraud und Christa zu verdanken. Den beiden, die den „Abi-Tanten" um Längen voraus waren, wenn es darum ging, Verbände zu wechseln oder hygienisch einwandfrei eine Bettpfanne auszuleeren. Zwei mir unvergessene Lehrmeisterinnen für mein Leben, die niemals zuvor für ihre Kompetenz ein Zeugnis bekommen hatten.

Also paukten wir für die Prüfung. Mit Christa den Unterschied zwischen Vena saphena magna und Vena saphena minor – und an heimischen Betten die Seitenlagerung mit Irmtraud. Und wickelten im Nachtdienst Stund' um Stund' hunderte von Binden zur Thromboseprophylaxe – auf den Oberschenkeln oder, was wir weniger mochten, auf einer Wickelmaschine.

Unser Quartett war wohl das, was man heute ein Dream-Team nennt, weil dem einen Duo fehlte, was das andere hatte – und umgekehrt. Zum Abschluss unserer Ausbildung gab es von den Patienten Pralinen und Kuchen, was nicht jeder von uns für die Figur gut tat. Und ein Fest an der Burg Münzenberg, auf der großen Terrasse des Cafés – das es längst nicht mehr gibt – unterhalb des „Wetterauer Tintenfasses". Auf dieser gab es reichlich Platz zum Tanzen. Auch für den Square-Dance, den wir frisch geprüften Krankenpflegehelferinnen mit Oberschwester Elfriede Schittek eingeübt hatten.

Mein gewünschter Tanzpartner war der damalige Chefarzt der Klinik, Professor Dr. Wolfgang Hach. Es war ein klitzekleiner Racheakt. Hatte mich der Klinik-Chef doch einmal wegen einer Unachtsamkeit aus dem Operationssaal verwiesen. Sehr rigide, aber völlig zurecht. Eine Lektion, die ich mein Leben lang nicht vergessen werde. So wenig wie die Erfahrung, dass einem Latein, auch wenn es längst nicht mehr gesprochen wird, im Leben hilfreich sein kann – auch für andere. Denn Christa, Sabine, Irmtraud und ich haben die Prüfung alle bestanden.

Corinna Willführ

geboren 1957, Schotten

Nach vielen Jahren bei der „Frankfurter Rundschau" - zuletzt als Leiterin der Stadtredaktion in Frankfurt - arbeitet Corinna Willführ heute als freie Journalistin.

Der Lufthansa-Cocktail

Ich liebte die Mode – immer höher rutschten die Säume der Damenröcke und das Bücken musste gut überlegt sein, wenn man der Umwelt nicht zeigen wollte, welche Farbe die Unterhose hatte. Viele ältere Leute regten sich darüber auf und wer hat später erneut geschimpft, als die Röcke wieder länger wurden? Genau, es waren die gleichen Leute!

Nicht nur die Mode trieb es bunt mit hohen Plateausohlen an den Schuhen. Auch die Tapetenmuster wurden immer größer und die beliebteste Farbe muss wohl Orange gewesen sein. Unser kleines Wohnzimmer wurde schier erdrückt von den großen grellbunten Kreisen. Aber man war so stolz darauf.

Unsere Enkelkinder lachen heute lauthals, wenn sie Opa in dem ach so schicken gelben Pullover sehen, den ich ihm gehäkelt hatte. Einschließlich blauer Borte und blauen Kordeln. Das muss man sich einmal vorstellen: ein Mann mit einem gehäkelten Teil, von

Karin Bach und ihr Mann in von ihr selbst gehäkeltem Pullover - modisch der letzte Schrei

liebenden Ehefrauenhänden gefertigt in Stäbchenoptik. Ich hatte mich schon länger von meiner „Bienenkorbfrisur" getrennt und trug nun eine üppige, wallende Mähne zur Schau.

Nur Opa Richard meinte: „Aich behaan immer die gleich Frisur" („Ich behalte immer die gleiche Frisur") und dabei deutete er auf seine Glatze mit einem winzig kleinen Haarkranz rundherum. Und an seinen ausgebeulten Manchesterhosen änderte sich schon seit vielen Jahren nichts mehr.

Unsere beiden Jungs hatten der Mode wegen natürlich auch längere Haare, bis ... ja, bis eines Tages eine Frau zu mir sagte: „Ach, Frau Bach, was haben Sie für reizende Töchter." Der Große drehte sich um und sagte entrüstet: „Wir sind keine Weiber."

Sogar für die Babys waren die Siebziger etwas Besonderes: Sie genossen die tolle Aussicht aus dem Kinderwagen mit Panoramablick. Der größte Kraftakt war jedoch, wenn man als Mutter den Kinderwagen im Auto verstauen wollte. Ich musste sogar die Räder abnehmen, damit das Gestell in den kleinen Kofferraum passte. Das Oberteil wanderte auf den Rücksitz. Vorne schieben und hinten aufpassen, dass das kurze Röckchen nicht noch höher rutschte. Angurten? Für was braucht man so etwas? Auch der große Bruder unseres Babys saß „einfach so" auf dem Rücksitz. Genau wie wir Eltern auch. Erst 1976 wurde die Anschnallpflicht eingeführt, jedoch nur für Fahrer und Beifahrer. Und erst acht Jahre später mussten auch die Insassen auf der Rückbank einen Gurt anlegen. Darüber, dass das so lange dauerte, war jedoch niemand unglücklich, denn das Anschnallen betrachtete man lange Zeit als Einschnitt in die Persönlichkeitsrechte.

Vor der Geburt unseres zweiten Kindes arbeitete ich bei einer finnischen Firma. Als man mich einstellte, fehlte eine Sitzgelegenheit für mich. Kurzerhand brachte ich einen ausrangierten Drehstuhl von zu Hause mit, den ich bis zuletzt benutzte. Er hatte noch nicht mal Rollen und die harte Sitzfläche aus Holz entsprach auch nicht annähernd einem ergonomischen, ärztlich getesteten Bürostuhl mit integrierter Lendenlehne. Ein Kissen, das ebenfalls aus meinem Haushalt stammte, gewährte meinem Popo ein doch noch recht gutes Sitzen. Zumindest hat mein junger Körper nicht mit Bandscheibenproblemen darauf reagiert.

Einmal kam ich ins Büro und merkte gleich, dass an diesem Tag etwas anders war als sonst. Es stellte sich heraus, dass die finnischen Arbeiter nicht ganz nüchtern waren und die Arbeit nicht getan werden konnte. Ich wunderte mich sehr über die Gelassenheit meiner beiden Chefs. Einer von ihnen grinste und sagte dabei: „Das ist so bei uns in den finnischen Wäldern. Es kommt einfach hin und wieder vor und meine Leute holen das Versäumte schnell wieder auf. Ich kann mich trotzdem auf sie verlassen." Und genauso war es auch.

Von 1974 bis 1977 wohnten wir in Frankfurt. In meinem Elternhaus in Nidda-Ulfa gab es für uns eine kleine Wochenendwohnung, die wir auch regelmäßig nutzten. Nach einem Elternabend kam eine Frau auf mich zu und meinte zögernd, ob sie mich etwas fragen dürfe. Sie wunderte sich sehr, dass wir an jedem Wochenende nach „Nizza" fahren würden und wollte wissen, wie das möglich sei. Schon alleine wegen der Entfernung. Unser siebenjähriger Sohn hatte nämlich in der Schule von unserer Wochenendwohnung erzählt und ein Schulkamerad, der Nidda nicht kannte, hatte daraus Nizza gemacht.

1977 kehrten wir Frankfurt den Rücken und zogen in Ulfa in unser Haus ein. Ein Nachbarjunge sah unser ausgebautes Dachgeschoss und meinte erstaunt: „Ihr woht joo off de Oowerloiwe" („Ihr wohnt ja auf dem Dachboden"). Was aus seiner Sicht wohl etwas Besonderes war.

Wir waren bei Freunden eingeladen. Zeitgleich mit uns war auch ein junges Pärchen aus der Großstadt dabei. Zusammen gingen wir in ein nettes Dorflokal, um etwas zu trinken und ein bisschen zu plaudern. Der Wirt kam und nahm unsere Bestellung auf. Einer wollte Bier, der andere eine Cola. Zuletzt kam die junge Dame aus der Großstadt an die Reihe. Mit einem Blick von oben herab verlangte sie einen „Lufthansa-Cocktail", der damals „in" war. Der Wirt musste nicht lange überlegen und sagte in seinem perfekten oberhessischen Deutsch: „Luft könnese krieje, awwer den Cocktail müsse Se sich dezu denke." Halb laut hörte ich das gemurmelte Wort: „Bauernkaff."

Karin Bach

geboren 1947,

Nidda-Ulfa

Bei der Arbeit an
der Finn elematic

****

Die Langhaarigen aus Berlin

****

Als wär's ein Song von heute. „Die Welt ist durchzogen von Ironie, Hunger und Korruption. Die östliche Welt und auch die Afrikaner werden die Geschichte unserer Kriege wiederholen. Und unsere Industrie versorgt sie mit Waffen", heißt es in der Übersetzung des Hardrock-Titels „Gamma Ray" der legendären Krautrocker „Birth Control". Es ist 45 Jahre her, dass „Gamma Ray" herauskam und auf den Hitlisten unaufhaltsam nach oben stürmte.

Die Gruppe „Birth Control" zählte Anfang der Siebzigerjahre zu den erfolgreichsten und populärsten deutschen Bands der Krautrock-Ära. Die jungen Musiker aus der Mauerstadt Westberlin traten im Fernsehen im „Beat-Club" auf, spielten Auslands-Tourneen und auch auf dem Weltkongress der internationalen Schallplattenindustrie in Cannes.

Darüber hinaus gab es eine ganz besondere Beziehung zu Oberhessen. Und das kam so: Jung waren wir und hatten die Köpfe voller Pläne und Ideen. 1971 gründete ich zusammen mit Karl Joachim Schmelz in Lauterbach die Konzertagentur „Basis". Bis dahin hatte ich in Frankfurt eine Buchhändlerlehre absolviert und in Lauterbach den Laden „Top Shop" eröffnet, in dem es Bücher, Schallplatten und Poster zu kaufen gab. Als „Basis"-Betreiber hatten wir uns vor allem vorgenommen, dem jungen Publikum auf dem Lande neue Bands vorzustellen und deutsche Pop-Gruppen zu fördern, die nach unserer Ansicht ziemlich benachteiligt waren, weil im Radio und im Fernsehen fast nur englische Gruppen zu hören waren. Musik aus Deutschland führte ein Schattendasein. Das wollten wir ändern.

Unser Eröffnungskonzert im Juni 1971 in der Lauterbacher Turnhalle war gleich ein Volltreffer. Uns war es gelungen, „Birth Control" dafür zu gewinnen. Die Band hatte sich fünf Jahre zuvor im Berliner Bezirk Spandau gegründet und von sich reden gemacht. Zu den Mitgliedern der ersten Stunde gehörte unter anderem der später als Moderator, Schauspieler und Kabarettist bekannt gewordene Hugo Egon Balder. 1969 kam der geniale Schlagzeuger Bernd Noske als Balders Nachfolger zu „Birth Control". Zusammen mit Noske traten Bernd „Koschi" Koschmidder, Reinhold „Booboo" Sobotta und der inzwischen leider verstorbene Gitarrist und Songschreiber Bruno Frenzel bei uns in Lauterbach auf.

Birth Control proben in ihrem Quartier in der alten Dampfmolkerei

Mit dem Konzert in der Turnhalle vor 400 begeisterten Zuhörern war der Durchbruch gelungen, und zwar in doppelter Hinsicht: der Durchbruch der Konzertagentur „Basis" und der Durchbruch des Krautrocks in der oberhessischen Provinz. Die heimische Presse gab der allgemeinen Begeisterung in großer Aufmachung Ausdruck und ließ verschiedene Besucher zu Wort kommen. So schilderte eine junge Frau im Lauterbacher Anzeiger: „Für Lauterbacher Verhältnisse war dieses Konzert ein guter Anfang. Dafür, dass sonst nichts los ist, sind noch zu wenige hier. Die Lauterbacher Jugendlichen spinnen, sonst wüssten sie ein solches Angebot besser zu würdigen." Sie kündigte an, auch die nächsten Konzerte der Agentur „Basis" besuchen zu wollen und war sich ziemlich sicher, dass im Saal kein Rauschgift genommen wurde.

Selbst der stadtbekannte Polizeihauptkommissar schaute – wahrscheinlich ganz zufällig – in den Saal hinein und war überrascht, dass die jungen Leute so diszipliniert waren, „wenn auch der Krach für meine Ohren nicht das Richtige wäre." Auch er war sich sicher, „dass hier drin nicht gehascht wird."

Für unsere Konzertagentur ging es in den nächsten Jahren gut weiter und es gelang uns immerhin, so bekannte Musiker wie Alexis Korner, Insterburg & Co., Volker Kriegel, Schnuckenack Reinhardt oder weitere Deutschrocker wie „Guru Guru", „Frumpy" und „Kraan" zu Konzerten in die Provinz zu holen.

„Birth Control" und der Vogelsberg – diese Beziehung wurde im Laufe der Jahre immer enger und entwickelte sich zu einer richtigen Erfolgsgeschichte. So veranstaltete ich mit der Band weitere Konzerte in Fulda, Schotten und abermals in Lauterbach. Doch je mehr Konzerte die Berliner Krautrocker im Westen gaben, desto schwieriger wurde es mit der Logistik. Die Musiker mussten jedes Mal mit ihrem ganzen Tourneekram durch die DDR, und oft wurden sie bei Kontrollen durch die Vopos an- und aufgehalten.

Da zahlte es sich für die Band aus, dass Bernd Koschmidder und Lothar Otto, der Techniker der Gruppe, gute Kontakte zur Vogelsbergregion unterhielten. Daher wurde ich beauftragt, eine Immobilie als dauerhaftes Quartier für die Band zu suchen. Schließlich fand ich die alte Dampfmolkerei zwischen Burkhards und Kaulstoß, die sich für diesen Zweck als geeignet erwies. Die Räume in der alten Molkerei waren riesig; über eine Rampe konnten die Gerätschaften bequem rein und raus transportiert werden. Es wurde viel gearbeitet und viel geprobt. Jeder hatte sein eigenes Zimmer, aber eine Kommune, wie dies die Leute im Dorf zunächst befürchtet hatten, waren die „Langhaarigen aus Berlin" nicht.

Inzwischen waren „Birth Control" europaweit bekannt geworden, und ihr erstes Album gab es sogar in den USA zu kaufen. Nach einiger Zeit hatten sich die Dorfbevölkerung und die Krautrocker aus Berlin aneinander gewöhnt und wahrscheinlich gemerkt, dass auf beiden Seiten ganz normale Menschen waren; zwei Musiker spielten zeitweise sogar für die Burkhardser Fußball. Und als weiterer Dank an die Region und die dort lebenden Fans kam bald darauf die Single „Kaulstoss" heraus.

In der alten Molkerei entstanden übrigens die Songs des legendären „Birth Control"-Albums „Hoodoo Man", das 1972 erschien und heute als Klassiker der deutschen Rockmusik gilt. Der Kreis schließt sich mit dem Open-Air-Konzert von „Birth Control" im August 2007 auf dem Schiffenberg in Gießen. Veranstalter war diesmal der von mir mit ins Leben gerufene Verein „KulTour 2000". Von den Musikern von früher war nur noch Bernd Noske dabei.

Ellen Schaaf

geboren 1950, Lautertal-Eichenrod

Die Alben Hoodoo Man (l.) und Nostalgia, aus letzterem stammt die Single „Kaulstoss"

Bis zum Zipfelchen

Schon als Kind begann das mit dem Fotografieren, als ich mir vom Ersparten eine Agfa kaufte, mit der man Bilder im Format 4x4 fotografieren konnte. Später kaufte ich mir eine Sudokamera 6 x 9 und eine Pentax-Spiegelreflex. Ich fotografierte immer nebenher, gelernt hatte ich den Beruf eines Dekorateurs, arbeitete lange Zeit in Frankfurt. Anfang der Siebziger war ich oft Gast in den Diskotheken „Macabre" in Assenheim und im „Central Studio" in Friedberg. Günter Floch, der dort als Discjockey arbeitete und aufgrund seiner guten Beziehungen bekannte Bands und Interpreten an Land zog, ermutigte mich, doch ab und zu in der Disco zu fotografieren. Auch Peter Susemihl, der illustre Betreiber des „Macabre", fand das gut. So legte ich los. Als Fotograf stand man dabei natürlich immer selbst ein wenig im Mittelpunkt, klar, weil sich viele der Gäste fotografiert sehen wollten.

Es kamen damals sehr viele bekannte Künstler in diese beiden Clubs in der Wetterau, viele davon habe ich fotografiert. Peter Maffay, Marianne Rosenberg, Tremolos, George McCrae, die Rubbetts, die Frauen-Band Love Machine – musikalisch hatten die nicht so viel drauf, sahen aber heiß aus. Oder Jürgen Drews. Der impfte mir ein, ich solle in meinem Artikel unbedingt erwähnen, dass er Sohn eines Arztes sei.

Mittlerweile belieferte ich nämlich die „Wetterauer Zeitung" mit Fotos von den Konzerten. Davor rief ich in der Redaktion an. „Du schon wieder, Laiacker", stöhnte der Knut Cherubim. Aber das waren doch Namen, die hier gastierten, richtige Namen, darüber musste doch berichtet werden. Beim Artikel gab es für die Zeile Fettdruck zwanzig Pfennige, für Dünndruck zehn Pfennige. Bei den Fotos steigerte ich mich pro veröffentlichtes Foto von zehn auf vierzehn Mark.

Das war eine lockere Zeit. An Heiligabend 1976 ließ Peter Susemihl im „Macabre" einen Transvestiten auftreten. Der entblätterte sich tatsächlich, bis hin zu seinem Zipfelchen.

Gerd Laiacker

geboren 1947, Laubach

„Lockere Zeiten": Transvestit im „Macabre" in Assenheim und Love Machine im „Central Studio" in Friedberg.

Silver Convention im „Central Studio"

George McCrae und Marianne Rosenberg waren nur zwei der großen Namen, die im „Central Studio" aufgetreten sind.

Ekstase in der Stadthalle Friedberg

Die gleichen Anzüge, der gleiche Hut

Als ich ein Kind war, gab es eine Spezies von Menschen, die zwar zum Stadtbild gehörten, aber dennoch als nicht ganz zugehörig galten. Sie waren nicht absolut fremd wie die Italiener, Türken oder Rumänen, aber sie wurden eher nur geduldet als akzeptiert – und schon gar nicht als gleichwertige Gesellschaftsglieder angesehen. Einige von ihnen wohnten im „Karl-Wagner-Haus".

Ich rede nicht von den „Seltsamen" bzw. denen, die „anders" waren. Mein Onkel J. etwa war „seltsam" und „anders" (so wurde das damals oft ausgedrückt). Er wurde als Kind verprügelt, hatte abstehende Ohren und kam in der Schule nicht mit. Er hatte eine „Geburtsbehinderung", eine Zange hatte seinen Kopf beschädigt.

Eigenartig, dass mir jetzt mein Onkel einfällt, wollte ich doch über eine Spezies sprechen, die nichts mit körperlichen Benachteiligungen zu tun hat. Aber offenbar wurde diesen Menschen ein ähnlicher Rang in der Friedberger Stadtgesellschaft zugewiesen. Man schleppte sie mit durch, tat ihnen keinen Zwang an, aber sie waren das fünfte Rad am Wagen.

Übrigens verstand ich als Kind noch nicht, warum diese Menschen so eingeordnet wurden. Einiges war auffällig: Sie trugen schlechtere Kleidung, wirkten wie aus der Zeit gefallen, ich verbinde sie im Nachhinein immer mit Sommer, Hitze und Sonnenlicht. Einen sehe ich in einem dieser Siebzigersommer vor mir, die Luft flirrte in der Stadt, und er stand vor unserem Gartenzaun und fragte, ob es Arbeit für ihn gebe. Er trug einen alten Anzug und legte das Sakko trotz Hitze nicht ab (das tat er erst, wenn er an die Arbeit ging). Alle von ihnen tragen in meiner Erinnerung an damals diese Anzüge, grau, manchmal braun, zerbeult, abgetragen. Und sie haben einen Hut auf, immer den gleichen, kleinen, speckigen Herrenhut mit winziger Krempe, wie er heutzutage bei den Hipstern Mode ist, obgleich er damals ein untrügliches Zeichen für Armut war.

Der Mann machte eine Weile Gartenarbeiten bei uns. Aber nach einigen Wochen wollten meine Eltern ihn nicht mehr beschäftigen. Er könne ihm keine Arbeit geben, sagte mein Vater jetzt, wenn der Mann vor dem Gartenzaun stand. Noch eine Weile kam der Mann trotzdem immer wieder und fragte. Obgleich er nahe wohnte, 100 Meter entfernt in einer sogenannten „Siedlung", legte man mir nahe, nicht weiter mit ihm zu sprechen. Später ging das Gerücht, er habe etwas geklaut.

Natürlich war es ein Klischee, mit dem ich aufwuchs. Es war das Flüchtlings- und „Ostaussiedler"-Klischee. Nur wusste ich das nicht, als Kind klärt man sich ja nicht über die Klischees auf, mit denen man aufwächst. Dieses Klischee ist für meine ersten Lebensjahre noch ganz typisch gewesen.

All das stimmte freilich nicht. Es können zum Beispiel unmöglich alle „Ostaussiedler" so ausgesehen haben. Überdies hatten auch einige alte Friedberger, ich meine also: Eingeborene, dieselbe Erscheinung, die gleichen Anzüge, den gleichen Hut. Heute weiß ich natürlich auch, dass es eine Menge Leute aus dem Osten gab, die überhaupt nicht als solche zu erkennen waren und ein ganz „normales" soziales Leben führten. Das Wort „Ostaussiedler" wurde aber stets für jene Klischeegruppe der einsamen Männer verwendet – man tuschelte es hinter vorgehaltener Hand. In dem Klischee war der Übergang vom alleinstehenden Heimatvertriebenen zum Tagelöhner und Bittsteller fließend. Dass wir alle in diesen Menschen ein Stück deutscher Geschichte – unsere eigene Geschichte – vor uns hatten, davon hatte ich überhaupt keine Ahnung, es wurde nicht thematisiert.

Übrigens habe ich ausschließlich Männer vor Augen. An solchermaßen an den Rand gedrängte Frauen kann ich mich nicht erinnern, sie erschienen nicht im Straßenbild oder waren nicht erkennbar. Das heißt, sie hatten für mich kein Erscheinungsbild, keine Spezies. Vermutlich blieben sie meistens zuhause und waren deshalb unsichtbar, oder es gab sie tatsächlich gar nicht.

Andreas Maier

geboren 1967, Hamburg (früher Bad Nauheim)

****

Fernsehprogramm zum Mitschreiben

****

Platsch, erwischt. Triefnass und bereits mit den Tränen und einem unangenehmen Kratzen im Hals kämpfend, stehe ich nun da. Einen Moment nicht aufgepasst und der mit Tränengas versetzte Strahl des Wasserwerfers hat mich nun doch getroffen. Vorher war es mir durch geschicktes Wegducken oder hinter irgendetwas oder irgendwem Verstecken eine Zeitlang gelungen, dem Wasserstrahl, der sehr sprunghaft mal in die eine, dann wieder in die andere Richtung zielte, auszuweichen. Nun werden mir von erfahreneren Kombattanten mit Zitronensaft getränkte Tücher gereicht, mit denen ich mir das Gesicht abwischen und vor allem eine Weile hindurchatmen soll. Diese Mitstreiter sind ohnehin deutlich besser mit Ostfriesennerz und vor Mund und Nase gebundenen Tüchern ausgerüstet als wir Grünschnäbel, die nun in nasser Jeans und Jeansjacke ziemlich blöd aus der Wäsche schauen.

Wir schreiben das Jahr 1975 und ich befinde mich mit einigen Schulkameraden auf meiner ersten Demo. Diese richtet sich gegen Fahrpreiserhöhungen im öffentlichen Nahverkehr, die sogenannten FVV-Demonstrationen. Mit Gründung des Frankfurter Verkehrsverbundes Mitte der Siebziger Jahre sollen die Fahrpreise aus damaliger Sicht unangebracht empfindlich erhöht werden. Wenn ich mich recht erinnere, von 50 auf 65 Pfennige für eine Kinder/Schüler-Einzelfahrt. Da ich zu der Zeit eine Frankfurter Gesamtschule mit einem ziemlich „linken Ruf" besuchte und das Schülerparlament entgegen den strengsten Vorwarnungen des Rektors und der Lehrerschaft ausdrücklich uns Schüler dazu aufgerufen hatte, zahlreich zu der für den Nachmittag geplanten Demonstration zu erscheinen, folgten sowohl ich als auch einige Freunde dem Aufruf, da wir direkt betroffen waren und Hoffnung hatten, durch zahlreiches Erscheinen bei der Demo die Erhöhung wieder rückgängig machen zu können.

Das am Anfang geschilderte Szenario spielt sich mitten auf der Frankfurter Zeil ab, auf der noch einige Straßenbahnlinien fuhren. Durch wiederholtes Blockieren der Gleise und vor allem durch das Entkoppeln eines Wagens, der von uns unter lautem Johlen umringt wurde, sieht sich die Ordnungsmacht nach längerem Katz- und Maus-Spiel zum brachialen Einsatz des Wasserwerfers gezwungen. Nach dieser unfreiwilligen Dusche und da das Vorgehen der Polizei nun doch, gelinde gesagt, zusehends ruppiger wird, machen wir uns auf den Heimweg. Zuhause angekommen, werde ich nach einem prüfenden Blick und leichtem Schnuppern an der Kleidung von meiner Mutter sofort gefragt, ob ich etwa auf dieser Demo gewesen sei (ich frage mich heute noch, woher meine Mutter den

Geruch von Tränengas kannte). In den Abendnachrichten, in denen ausführlich über die nachmittäglichen Geschehnisse berichtet wird, bin ich zu meiner Erleichterung nicht zu sehen, da mein Vater sicherlich deutliche Worte gefunden hätte.

***

Es gab, soweit ich mich erinnere, maximal fünf Fernsehprogramme. ARD, ZDF sowie das hessische und zwei benachbarte Regional-Programme. Spätestens um Mitternacht war Sendeschluss, danach erschien das legendäre Testbild samt Piepton. Wer vor dem Fernseher eingeschlafen war, wurde durch diesen unsanft dazu aufgefordert, sich nun endlich zu Bett zu begeben. Danach kam das „weiße Rauschen."

Ein Höhepunkt der Woche war der Einkauf der Fernsehzeitung, bei uns die wöchentlich erscheinende „HörZu", damals noch „Hör Zu!" Meine Schwester und ich stürzten uns sofort auf den in ihr enthaltenen Comic mit den legendären Protagonisten Mecki, dem Igel, Charly Pinguin und dem Schrat, dessen Markenzeichen ein linierter Pyjama war, den er Tag und Nacht trug.

Natürlich wurde auch aufmerksam das kommende Fernsehprogramm studiert, um bloß keine Folge von „Flipper", „Daktari" oder „Bonanza" zu verpassen; eigentlich unnötig, da diese Serien ja immer einen festen Sendeplatz hatten.

Im ersten Programm wurde samstagvormittags eine komplette Programmvorschau für die kommende Woche in Form langsam ablaufender Schrifttafeln gezeigt. Ich fragte mich, wer so geizig sein könne, um sich nicht eine Fernsehzeitung zu kaufen. Bis ich eines Tages bei einem Verwandtschaftsbesuch in Ostberlin meine Tante Käthe dabei beobachtete, wie sie fein säuberlich per Hand das annähernd komplette Programm mitschrieb. Die Erklärung war, dass man in großen Teilen Ostdeutschlands zwar verbotenerweise „Westfernsehen" empfangen konnte, aber es natürlich keine Programmzeitschrift zu kaufen gab. Somit war wohl diese Programmvorschau eigentlich ein Service für unsere ostdeutschen Mitbürger.

Überhaupt ein Thema für sich, die Reisen zur Verwandtschaft nach Ost- oder Westberlin. Da Fliegen natürlich viel zu teuer war, wurden die Reisen mit dem Zug oder Auto angetreten. Ich werde nie die unbehaglichen und beängstigenden Gefühle vergessen, wenn es an die Grenz- bzw. Transitkontrollen ging. Kein freundliches Gesicht oder Wort, man wurde, bloß weil man reiste, wie ein potentieller Verbrecher von den DDR-Grenzbeamten behandelt. Ausgiebige Pass-, Gepäck und Fahrzeugkontrollen waren die Regel, eigentlich verwunderlich, dass nicht auch generell Leibesvisitationen unternommen wurden.

Um auf den Anfang meiner Erinnerungen zurückzukommen: Eine auch nur annähernd ähnliche Demonstration wäre einem in der DDR teuer zu stehen gekommen.

Jörg Damerow

geboren 1960, Bad Vilbel

****

Der Nasenbeißer

****

1976 buhlten in Lauterbach über 30 Kneipen um die Gunst der Schnapsdrosseln. Es war die Zeit, als Autofahren unter Alkoholeinfluss als gesellschaftliches Kavaliersdelikt angesehen wurde. Das Ganze glich dem „Mensch-ärgere-Dich-nicht-Prinzip". Wen die Gesetzeshüter erwischten, der war raus und musste eine längere Zeit pausieren. Außer dieser Bedrohung störte beinahe nichts die Bierglückseligkeit, wären da nicht die kneipenbekannten Krakeeler und Stänkerer gewesen. Aber hierzu später.

Die Kneipenwirte trugen altdeutsche Vornamen wie: Leopold, Hermann, Helmut, Rudi, Walter, Ludwig oder Albert. Alle? Nein! Ganz am südlichen Rande von Lauterbach hatte eine kleine Pension mit Kneipe eröffnet. Der Wirt, ein Ägypter, fiel deutlich aus dem Rahmen. Nennen wir ihn Farid. Farid war gebildet, sprach mehrere Sprachen und spielte gern den Lehrmeister mit erhobenem Zeigefinger. Da merkte selbst der Laientrinker: Irgendwie passte diese Kneipe nicht in den Kosmos der trinkfreudigen Menschen. Dort roch es anders. Die Düfte des Orients verwirrten den fröhlichen Zecher, der sonst die Luftzusammensetzung aus abgestandenem Bier, Solei, Schnaps, Schweiß, Rauch und Toilettengeruch gewöhnt war. Es roch nach verlorener Hoffnung. Und mitten drin in diesem Kosmos: Farid, der smarte Ägypter, der sanft nach Sandelholz duftete und mit einem IQ von 129 hinter dem Tresen stand. Die meisten seiner Gäste kratzten gerade mal an der Marke von 80. Deren Leben war einfach strukturiert. Tagsüber wurde hart gearbeitet. Der Abend gehörte den kühlen Blonden, den großen Sprüchen und dem Krakeelen.

Es dauerte nicht lange und ein stadtbekannter Stinkstiefel betrat mit Kumpels die kleine Pension, um Ärger zu machen.
„Ich bin Boxer, Du Kameltreiber. Ein Schlag, und Du sitzt auf dem Schoß von Deinem Allah, oder wie der heißt!" Der Kopf des Schlägers wurde rot.
„Ich bitte Sie um mehr Respekt – mir und vor allem Allah gegenüber. Oder verlassen Sie mein Lokal."
„Ich gehe, wenn ich will! Wo bleibt mein Bier, Ali Ben Mufti?"
Um die Boxer-Geschichte zu erklären: Seine Größe und die Größe seiner Hände waren schon furchteinflößend. Boxhandschuhe hatte er zuletzt vor 25 Jahren getragen. Sein aktuelles Training bestand aus Saufen und Maulaufreißen. Er saß auf einem absteigenden Ast. Dennoch, er bot „The best of randale" – von Schimpfwort zu Schimpfwort wurden die Bezeichnungen vulgärer und die Stimme lauter. Stühle trat

er scheppernd durch den Raum. Kaum war von deutscher Seite der Begriff „Hurensohn" ausgesprochen, drehte Farid durch und stürzte sich auf den abendländischen Senioren-Fighter. Der Störenfried packte den Mann aus Alexandria am Schlafittchen und drückte ihm die Luft ab. Das sind die einsamsten Momente eines Gastwirts, wenn ein Schläger ihn würgt, ihm langsam die Luft ausgeht und niemand auch nur einen Finger krümmt, um die Situation zu entschärfen. Wie auch immer: Selbst ist der Mann! Die verzerrten Gesichter waren eng beieinander. Röchelnde Geräusche wurden von einem ohrenbetäubenden Quietschlaut übertönt und es ließ den Gaffern das Herz in die Hose rutschen. Farid hatte sich an die Schlangen in der Wüste erinnert. Blitzschnell biss er mit großen, weißen Zähnen zu und erwischte die Nasenspitze seines Gegenübers. Diese färbte sich rot und Tränen schossen dem Kontrahenten aus den Augen.
„Du Schweiiiinn!"
Das ging ja gar nicht, Farid mit dem verbotenen, unreinen Tier zu vergleichen. Farid hielt sich an die deutsche und ägyptische Kinderstube, die da lautet: „Du sollst nicht mit vollem Mund reden."
Apropos Kinderstube: Farid war in manchen Dingen gläubiger Moslem. Über menschliche Nasenspitzen hatte der Prophet nichts gesagt? Die Wut wich, der Ekel kam und er spukte das kleine Stück Knorpel aus. Er war sich nicht sicher, ob er ein Stück der ungläubigen Nase geschluckt hatte. Hauptsache kein Schweinefleisch, sagte er sich.

Fortan trug der Wirt Farid einen deutschen Vornamen: Nasenbeißer. Böse Menschen nannten ihn hinter seinem Rücken Kannibale. So oder so ähnlich ist es passiert.

Gerhard Otterbein

geboren 1959, Lauterbach

****

Der Spion, der im Bunker saß

****

Meine Bundeswehrzeit verbrachte ich vom 1. Januar 1973 bis 31. März 1974 in Franken-berg an der Eder bei der EloKa, der Elektronischen Kampfabwehr. Mit sechs Kameraden saß ich in einem Bunker etwa 20 Meter unter der Erde, darüber ein über einen Quad-ratkilometer ausgebreitetes Antennenfeld, bestehend aus Empfangsnetzen und Stab-antennen. Es ging darum, die Truppenbewegungen der sowjetischen Armee in der DDR, der GSTD (Gruppe der Sowjetischen Streitkräfte in Deutschland), abzuhören. Eigentlich war diese Tätigkeit für Soldaten, die sich für längere Zeit freiwillig für die Bundeswehr verpflichtet hatten. Aber für diese Funkverkehr-Abhörtätigkeit gab es nicht genug Frei-willige, also griff man auf reine Wehrdienstpflichtige zurück, so wie mich. Nach eigens hierfür erfolgten Tests glaubte man bei mir ein Talent für diese Tätigkeit festgestellt zu haben. So wurde ich nach der Grundausbildung zu einem achtwöchigen Lehrgang an den Starnberger See geschickt, wo ich beinahe das Leben eines Offiziers führte. Ich schaffte die Prüfung, nämlich mindestens 160 Morsezeichen pro Minute zu hören. Außerdem brachten uns deutsche Soldaten, die in russischer Gefangenschaft gewesen waren, ein Basiswissen an Russisch bei, da Ankündigungen der Funker beispielsweise in Leningrad, es folge eine wichtige Meldung für die Einheit X oder Y in Fürstenwalde, in Klartext auf Russisch erfolgte. Morsen lernten wir dort nicht, das machte eine andere Einheit, lustigerweise genannt „Kabel-Bongos".

Zuvor hatte man Erkundigungen über mich in meinem Heimatort Bellersheim eingezo-gen. Diverse Läden im Dorf wurden befragt, ob meine Familie Schulden habe, ob wir öfter mal anschreiben ließen.

Zurück in Frankenberg war ich im Schichtdienst eingeteilt. Eine Stunde vor Schicht-beginn musste man sich melden, weil der Vorgesetzte prüfte, ob man in Ordnung war, vornehmlich, dass man keinen Alkohol getrunken hatte. Eine Schicht dauerte sechs Stunden, mehr ging nicht, wegen der erforderlichen Konzentration. Links und rechts von mir standen zwei große Empfangsgeräte, an denen ich den Drehknopf hin- und herkur-belte, um eine Frequenz zu finden, auf der die Sowjets gerade unterwegs waren. Das heißt: Das eine Gerät war, wenn nichts los war, auf die äußerst populären Radiosender AFN und Radio Luxemburg eingestellt, was eigentlich streng verboten war.

Da die Sowjets wussten, dass wir sie abhörten, wechselten sie wiederholt die Frequenz. Anhand der Lautstärke und des Anschlags beim Morsen merkte ich schnell, dass ich auf der richtigen Spur war. Dann hieß es, rasch die Radarstellungen von Flensburg bis Bayern zu verständigen, die für mich eine Peilung herstellten, um die Richtung des feindlichen Senders festzustellen und auch, um meine Kollegen im Bunker zu alarmieren, um mich beim Notieren des folgenden Spruchs zu unterstützen. Denn das folgte recht flott, ich musste voll bei der Sache sein, wenn der Spruch in Form von Zahlenblöcken übermittelt wurde oder in Form des NATO-Alphabets, also Alpha, Beta, Charly, Delta, Foxtrott ... Kaum hatte ich einen Bogen beschrieben, nahm ihn mir auch schon ein Vorgesetzter vom Tisch und leitete ihn an eine Dienststelle in Daun in der Eifel weiter. Dort saßen, ebenfalls in einem Bunker, Deutsche und andere NATO-Soldaten, um die Meldung zu dechiffrieren und zu sehen, was die Russen vor hatten.

Der Vorteil bei diesem Dienst: Ich trug ein blaues Hemd und Krawatte und musste nicht in der Gegend herumrobben. Was auch meine Mutter freute, der ich am Wochenende meine Wäsche brachte. Da war nie etwas Schlammverdrecktes dabei.

An einem Wochenende gab es Ausgangssperre, weil die Sowjets Panzer an die Grenze zu Jugoslawien verlegten. Es bestand die Furcht, es könne ein Einmarsch erfolgen wie 1968 in die CSSR.

Als ich meinen Dienst beendete, warnten mich die Vorgesetzten davor, in ein Land des Ostblocks zu reisen, auch nicht mit dem Sportverein, zumindest sollte ich das in den nächsten zwölf Monaten nicht tun. Für die dort drüben würde ich wegen meiner Tätigkeit bei der Bundeswehr als Spion gelten. Immer mal wieder war ein großer silberner Wagen der sowjetischen Militärmission verdächtig langsam an der Kaserne vorbeigefahren.

✳✳✳

Nicht in den Ostblock, dafür aber radelten die Jungs meines Sportvereins nach meiner Zeit beim Bund zum Endspiel der Fußball-Weltmeisterschaft in München. Ein Jahr davor, 1973, hatten die Kameraden vom Fußballverein in Bellersheim den „WM-Club" gegründet. Wir wollten mit einem auffälligen Fahrzeug vor dem Olympiastadion aufkreuzen; Karten für das Endspiel waren rechtzeitig besorgt worden. Unser Verein spielte in der Bezirksliga, was für einen Dorfverein nicht ohne war. Mit Hilfe eines Mäzens, der eine Werkstatt besaß, und eines Schlossers bauten wir ein Tandem für zehn Personen – mit Viergang-Getriebe, Beleuchtung und hinten einer Anbringung für ein Fass Bier. Getauft wurde das Gefährt auf den Namen „Pedalix". Das war damals einmalig in Deutschland, die „Bild" und andere Zeitungen berichteten über unsere außergewöhnliche Fahrt.

Eine Woche brauchten meine Kameraden von Nürnberg nach München, wo den ungewöhnlichen Tross eine Menge Fotografen in Empfang nahmen. Unsere Jungs sahen das Spiel um den dritten Platz zwischen Brasilien und Polen und das Endspiel, das die Deutschen 2:1 gegen Holland gewannen. Vor dem Stadion wurden Endspielkarten auf dem Schwarzmarkt für bis zu 600 Mark angeboten. Ich hätte auch dabei sein sollen – verletzte mich aber zu meinem großen Ärger kurz vor der Fahrt beim Fußballspiel, sodass ich zu Hause bleiben musste.

Dafür aber war ich mit diesem Gefährt und den anderen Kameraden seitdem bei zahlreichen internationalen Fußball-Turnieren. Auf der Champs Elysees in Paris liefen uns begeisterte Brasilianerinnen hinterher. Mindestens alle zwei Jahre unternehmen wir mit „Pedalix" auch heute noch eine Tour.

Gerhard Scheld

geboren 1953 , Hungen-Bellersheim

Die Lichtanlage wird angeschlossen.

Erster Ausflug am Vatertag 1974

Los geht's auf große Fahrt nach München

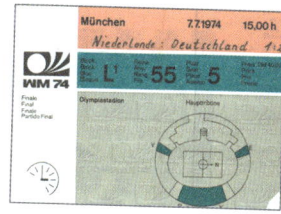

München 7.7.1974 15.00 h
Niederlande : Deutschland 1:2
WM 74
L¹ 55 5
Finale
Final
Finale
Partido Final
Olympiastadion
Haupttribüne

Mit dem Riesenrad zum Finale

Von PAUL PALMERT

Bellersheim bei Gießen, 21. Juni

„Ja, wir san mi'm Radl do!" können zehn aktive Fußballer des TSV Bellersheim singen, wenn am 7. Juli in München das WM-Endspiel angepfiffen wird.

Das Radl der A-Klassen-Fußballer aus Bellersheim bei Gießen wird allerdings Aufsehen erregen. Das Zehner-Rad mit dem Namen „Pedalix" ist eine Spezialkonstruktion, Marke Eigenbau, mit dem die zehn austrainierten Sportler die rund 500 Kilometer in die Endspiel-Stadt in fünf bis sechs Tagen zurücklegen können.

Pedalix entstand in rund drei Monaten und 300 Arbeitsstunden. Konstrukteure des Riesen-Rades waren Klaus Schmitt, der 1. Vorsitzende des Vereins, sein Stellvertreter Artur Bopp und Ehrenmitglied Hans Eigenbrod, der in seiner Schlosse-

rei das 4,20 m lange, 1,20 m breite und sechs Zentner schwere Gefährt zusammenschweißte. Kostenpunkt: rund 2000 Mark.

Dafür entstand ein kleines Meisterwerk. Pedalix hat ein Getriebe von einem Fiat-Wagen, vier Vorwärtsgänge und einen Rückwärtsgang. Die Spurstangenlenkung ist von Opel, die Räder von einem Lloyd. Es fehlen weder Öldruckbremse noch Beleuchtung. Trotzdem muß der TÜV für die Endspiel-Tour nach München eine Sondergenehmigung ausstellen.

Die 10 Fahrer, alles Spieler der ersten Mannschaft, erreichen Spitzengeschwindigkeiten bis zu 40 km/st. Sie haben alle Sitzplätze für das Endspiel. Steuermann Klaus Angermüller: „Die können wir nach unserer Fahrt in Stehplätze umtauschen." Denn die ersten Sitzbeschwerden holten sich die Radler schon bei ihrem Training (dreimal wöchentlich).

Sogar in die BILD geschafft!

Die Fans aus Bellersheim: mit dem Riesenrad zum WM-Finale.

Foto: Harder

Ankunft in München und schließlich im Stadion beim Endspiel

****

Gänsehaut in Bad Mergentheim

****

Im Spätsommer 1975 las ich in der lokalen Zeitung eine Notiz, dass junge Sportler für die Teilnahme an der Fernsehsendung „Spiel ohne Grenzen" gesucht werden. Alsfeld war nämlich nach einer Bewerbung für das folgende Jahr für den nationalen Wettbewerb ausgesucht worden. Diese Show, bei der es vor allem um sportliches Geschick ging, war ein großes Ding. Zunächst traten zwei deutsche Mannschaften gegeneinander an, in Schwimmbädern oder auf Marktplätzen. Die Gewinner dieser sieben Wettkämpfe qualifizierten sich jeweils für die internationalen Wettbewerbe. Da ich sportlich auf allen möglichen Feldern unterwegs war, auch Mitglied der Freiwilligen Feuerwehr von Eifa, dachte ich mir: Das ist genau das Richtige für dich.

Zu dem vereinbarten Zeitpunkt kamen rund 80 Männer und Frauen in die Sporthalle am Grund, wo das Sportlerehepaar Schüssler eine Art Sichtung vornahm. Die Hälfte konnte gleich wieder gehen, weil sie nicht die sportlichen Voraussetzungen mitbrachte. Es war eben nicht damit getan, mal ins Fernsehen zu wollen, da wurde schon etwas verlangt. Es gab noch weitere Sichtungen und am Ende blieben acht Männer und zwei Frauen übrig. Darunter ich.

Es wurde dreimal die Woche trainiert, ein vielseitiges Training, denn man wusste ja nicht, welche Spiele es geben würde. Ich war damals im Beruf, Autoelektriker, außerdem war ich mit 23 Jahren der Älteste der Alsfelder Mannschaft und somit unser Team-Kapitän.

Im Mai 1976 war es dann soweit, der Wettkampf fand auf dem Marktplatz in Alsfeld statt gegen Bad Mergentheim aus Baden-Württemberg. Donnerstags wurden die Spiele mitgeteilt und wir konnten üben, freitags war Generalprobe. Die Sache aber war: Wir konnten uns nicht auf bestimmte Spiele festlegen, denn die einzelnen Teammitglieder wurden den Spielen erst kurz vor Beginn zugelost. Jeder war dann bei drei Spielen dabei.

Samstagnachmittag war die Live-Sendung des Westdeutschen Rundfunks, ausgestrahlt in der ARD, der Marktplatz, wo die Spielstationen aufgebaut waren, proppevoll, riesige Begeisterung. In den Jahren zuvor war viel Schmierseife eingesetzt worden, um die Bewältigung der Spiele zu erschweren; bei uns wurde hingegen viel Wasser benutzt. Bei einem Spiel, bei dem man sich besonders große Hoffnungen machte, konnte man den Joker einsetzen, den ich dem Spielleiter, dem zweimaligen Olympiasieger im Eisschnelllauf, Erhard Keller, übergab, als es soweit war. Wir lagen richtig und bekamen doppelte

Hüpfball auf dem Alsfelder Marktplatz

Punktzahl, weil wir dieses Spiel gewannen. Wir waren schon ein wenig nervös. Aber am Ende gewannen wir mit 12:10 Punkten.

Damit waren wir für den internationalen Wettbewerb am 25. August qualifiziert. Leider fand der in dieser Runde in Deutschland statt – nämlich in Bad Mergentheim. Wahrscheinlich hatten die Organisatoren damit gerechnet, dass Bad Mergentheim die nationale Ausscheidung gewinnen würde ... Viel lieber wären wir natürlich in eine Stadt gefahren, aus der die restlichen Teilnehmer kamen: Redcar in England, Geel in Belgien, Douai in Frankreich, Brissago in der Schweiz, Volkenisse in Holland oder am liebsten nach Milazo auf Sizilien.

Aber auch so war die Begeisterung groß. Mehrere Busse kamen mit Schlachtenbummlern aus Alsfeld, an deren Spitze Bürgermeister Hans-Ulrich Lipphardt. Sonntags gab es eine Willkommens-Party, dann die Proben und mittwochs der Wettkampf im Burghof.

21.05 Uhr war es soweit, wieder live. Die Eurovisions-Hymne, als seien es Olympische Spiele, da kam Gänsehaut auf, die eingängige Erkennungsmelodie von „Spiel ohne Grenzen" mit den Logos der zugeschalteten Sender wie BBC, RAI und so weiter. Das hatte schon was, man spürte irgendwie auch den Gedanken der europäischen Verständigung. Das war wohl ein Grund gewesen, warum die Show 1965 erstmals ausgestrahlt wurde. Unter dem Jubel der Zuschauer liefen wir – ich als Kapitän mit dem Joker in der Hand vorweg – ein. Wir wurden Zweiter mit 46 Punkten. Genauso wichtig war danach die Feier mit den Teilnehmern aus anderen Ländern. Die blieb unvergesslich.

In Alsfeld gab es einen Riesenempfang, der Marktplatz war voller Menschen, der Spielmannszug spielte. So als hätten wir eine Weltmeisterschaft, zumindest aber eine Deutsche Meisterschaft gewonnen.

Bis zur letzten Staffel waren wir in diesem Jahr die deutsche Mannschaft mit den meisten Punkten. Somit wären wir für das Finale der Besten in Blackpool qualifiziert gewesen. Aber in der letzten Runde gewann eine deutsche Mannschaft den Wettbewerb und durfte somit nach Blackpool fahren, obwohl wir mehr Punkte hatten. Aber als ein Sieger erhielten sie den Vorzug. Das enttäuschte uns schon ein wenig, denn wir waren sicher gewesen, nach Blackpool zu dürfen. Aber noch heute denke ich gerne an diese Zeit. Erst kürzlich habe ich die meisten, die damals dabei waren, zu einem Treffen in Alsfeld zusammentrommeln können.

Bernd Muhl

geboren 1953, Alsfeld-Eifa

Jubel beim Empfang der erfolgreichen Mannschaft in Alsfeld

****

Aus dem Häuschen

****

Es war die Zeit eines großen politischen Umbruchs in der Ost-West-Politik unter der Regierung von Willy Brandt, infolgedessen auch die Weichen gestellt wurden für den Besuch meines Bruders. Er lebte in Leipzig und hatte seit dem Bau der Mauer nur einen Wunsch: Die Familie im Westen besuchen zu dürfen.

Für mich, die 16 Jahre jüngere Schwester, die gerade die wilde Zeit der Flower-Power und Hippie-Bewegung und der neuen Rockmusik auskostete, war die DDR der Inbegriff des totalen Zwangs. Zwei unterschiedliche Welten, die nun in einer Familie aufeinandertreffen sollten. Ich war furchtbar aufgeregt, denn nun sollte uns mein Bruder besuchen.

Nun, so einfach war es aber nicht, es waren vorher noch hohe Hürden zu überwinden. Mein Bruder musste zunächst einmal herausbekommen, was man an Papieren, Dokumenten und Bescheinigungen benötigte, um die Reise in den Westen genehmigt zu bekommen. Zum Glück hatte er kürzlich in der Nachbarschaft einen Trabant repariert, also Autoteile auf dem Ladentisch bzw. auf dem Schwarzmarkt besorgt und damit die nötigen Reparaturen vorgenommen. Die Dame war sehr dankbar dafür, denn in der DDR herrschte Mangelwirtschaft. Es fehlte an vielem, beispielsweise sämtliche Reparaturteile oder gar eine geeignete Werkstatt zu finden. Mein Bruder hatte also etwas gut bei ihr. Es war ein prima Zufall, dass die Dame in Leipzig bei der Volkspolizei in der Abteilung Reisegenehmigungen arbeitete und somit wusste, welche Dokumente benötigt wurden und welchen Wortlaut die Papiere aufweisen mussten, um die Chance auf eine positive Bearbeitung zu haben.

Da es in der DDR kaum private Telefone gab, musste der folgende Informationsaustausch der Familien im Briefwechsel hin und her erfolgen. Natürlich mussten wir darauf achten, dass in den Briefen nur das stand, was die Volkspolizei lesen durfte, denn Post aus dem Westen wurde grundsätzlich geöffnet und gelesen. Dann mussten noch die Ehefrau, ein Freund und ein Arbeitskollege des Reisewilligen bürgen, dass der wieder zurückkomme und nicht in den Westen fliehen wollte. Eine Flucht hätte schlimme Folgen für die Bürgen bedeutet, Inhaftierung und Enteignung des Privatvermögens zum Beispiel. Als diese Hürden überwunden waren, stand dem langersehnten Besuch nichts mehr im Wege.

Das erste Mal seit dem Mauerbau 1962 sollte sich die Familie wiedersehen und alle waren entsprechend aus dem Häuschen. Mein Vater weinte schon bei dem Gedanken

Heidis Bruder Wilfried auf der begehrten Münch-Mammut bei seinem Besuch aus der Ostzone

vor Freude, seinen Sohn wieder in die Arme schließen zu dürfen. Meine Mutter lebte ihre Wiedersehensfreude aus, indem sie Ölsardinen, Dosenananas und Bananen hortete. Auch mein Herz klopfte vor Aufregung bis zum Hals. Wie würde er wohl aussehen, wie wäre er gekleidet? Denn das war ja in der Ostzone anders. Wie würden wir uns verstehen nach der langen Trennung? Dann kam die Nachricht per Telegramm, dass wir ihn am 3. August 1973 in Fulda am Bahnhof abholen sollten, denn dann käme er mit einem Interzonenzug.

Ich erkannte Wilfried sofort wieder. Einem herzlichen Willkommen am Bahnhof folgte ein Wiedersehensfest bei uns zu Hause mit einer Brotzeit mitten in der Nacht, denn der Zug aus dem DDR-Gebiet kam nur sehr langsam voran. Die vielen Grenzkontrollen taten ihr Übriges und dauerten Stunden. Es gab natürlich auch die von Wilfried heißgeliebten Ölsardinen, die es in der DDR nicht zu kaufen gab. Ich musste ihn an diesem Abend die ganze Zeit ansehen, wir verstanden uns auf Anhieb. Es gab viel zu erzählen und die Zeit seines Aufenthaltes war knapp bemessen.

Natürlich hatten wir auch eine Überraschung auf Lager. Mein Bruder war ein absoluter Motorrad-Fan und nahm in der DDR an Rennen teil. So boten wir ihm einen „Knaller" – einen Besuch bei Münch-Motorrad in Altenstadt. Der in Fachkreisen sehr bekannte und geachtete Friedel Münch, ein begnadeter Motorradbauer, hatte in Altenstadt gerade seine neue Werkstatt bezogen. Erst wenige Tage vor Wilfrieds Besuch hatte der Playboy und Lebemann Gunter Sachs sich eine Münch-Mammut in Altenstadt gekauft und sie nach Saint Tropez in die Villa von Brigitte Bardot liefern lassen. Wilfried machte eine Werkstattbesichtigung, drehte eine Runde auf einer neuen Münch-Mammut, fachsimpelte mit Friedel und machte natürlich ein Erinnerungsfoto mit Motorrad, dessen Erbauer und einer Signierung.

Nach ein paar Tagen schon war die Aufenthaltsgenehmigung zu Ende. Bepackt mit mehreren Pappkisten voller begehrter Waren für die Lieben daheim, inklusive zweier Trabant-Ersatzreifen für den bürgenden Arbeitskollegen, stieg mein Bruder in Fulda in den Interzonenzug. Die letzten Kisten reichten wir ihm eilig von außen durch das Zugfenster ins Abteil. Das tränenreiche Abschiednehmen hatte vorher schon in Nidda stattgefunden. Unsere Familie hatte nicht die Hoffnung, dass ein Wiedersehen in diesem Jahrhundert geschehen würde ...

Heidi Vinson-Fischer

geboren 1953, Ranstadt

Pfarrer mit Alfa

Blutwurst, Leberwurst und Schwartenmagen lagen eingepackt in Butterbrotpapier auf meinem Schreibtisch. Was war das denn und wie kam ich dazu? Ein Schüler klärte mich auf: „Ei, mir hawwe geschlacht!" Artig bedankte ich mich für das ungewohnte Mitbringsel, trug es in das Lehrerzimmer, wo ich weitere ähnlich aussehende Päckchen auf den Plätzen der Kollegen liegen sah. Von diesen erfuhr ich, dass das üblich sei: Nach der Hausschlachtung erhielten Pfarrer und Lehrer ein Deputat. Wohl eine Reminiszenz an frühere Zeiten, in denen die Lehrer noch von der Gemeinde unterhalten wurden. Ein älterer Kollege erzählte, der Lehrer des Dorfes habe früher eine Liste erhalten mit den Namen derjenigen Bauern, bei denen er an bestimmten Tagen zu Mittag essen durfte. Das Lehrergehalt war recht gering, und so nahm man das Angebot gerne an. Auf meinem Lehrertisch fanden sich im Laufe der Herbstzeit noch ab und zu mal kleinere oder auch etwas größere Päckchen mit richtig guter Hausmacherwurst.

Meine erste Lehrerstelle trat ich nach den Sommerferien 1971 in Oppershofen an. Wenige Wochen vorher hatte ich das erste Staatsexamen für das Lehramt an Grund-, Haupt- und Realschulen an der Uni Gießen abgelegt. Normalerweise hätte sich eine Referendarzeit angeschlossen. Da aber aufgrund der hohen Schülerzahlen ein akuter Lehrermangel herrschte, wurde ich mit vielen anderen als „Außerplanmäßige Lehrerin" (APL) eingesetzt.

In Oppershofen unterrichtete man damals noch Grund- und Hauptschüler. Ich wurde sofort als Klassenlehrerin eingesetzt, wir hatten eine Sechs-Tage-Woche zu bewältigen, am Dienstag gab es ein ganztägiges Seminar. In der siebten und achten Klasse wurde ich für den Englisch- und Aufklärungsunterricht verpflichtet. Letzterer stellte sich für eine 22-jährige Berufsanfängerin als größere Herausforderung dar. Eine 15-jährige Schülerin erklärte mir rundweg, ich könnte ihr nichts mehr darüber erzählen, sie wüsste schon alles und das vielleicht sogar noch besser als ich.

In der Schulgemeinde Oppershofen war die Welt weitgehend „noch in Ordnung.". Probleme der Schüler wurden mit den Eltern besprochen. Feiertage wurden gemeinsam zelebriert. Am Aschermittwoch besuchte man gemeinsam die Kirche, im Ort waren 80 Prozent der Einwohner katholisch. Am 11. Juni wurde traditionell mit einer Feier und Prozession des Ortspatrons, des Heiligen Bardo, gedacht.

Wenn Bürgermeister Hofmann Geburtstag feierte, musste ihm eine Abordnung der Schule einen Blumenstrauß überreichen. Dies war nicht nur eine Ehre, sondern auch ein Vergnügen, hatte das Geburtstagskind doch ein Gasthaus, in dem man gut essen konnte. Der Geschmack und Duft des geräucherten Hirschschinkens, der zu diesem Anlass serviert wurde: Ah, einfach lecker!

Alle zwei Wochen trafen sich die Kollegen der Rockenberger und der Oppershofener Schulen zum Kegeln im Gasthaus Groß in Rockenberg. Ein Erscheinen war obligatorisch, war dies doch dem guten Betriebsklima zuträglich. Anschließend gab es ein Abendessen. Der Pfarrer aus Rockenberg nahm mit seiner Haushälterin teil. Der Oppershofener Pfarrer hatte keine Haushälterin, dafür fuhr er einen italienischen Sportwagen, einen Alfa Romeo.

Am 31. Dezember 1971 begingen die beiden nebeneinander liegenden Gemeinden Rockenberg und Oppershofen ihre Städteverschwisterung, was einherging mit einer großen Feierlichkeit im Gasthaus Hofmann. Natürlich war das gesamte Lehrerkollegium eingeladen, für mich als Junglehrerin bedeutete dies eine große Ehre. Rockenberg und Oppershofen waren vereint. Beide Schulen waren zu diesem Zeitpunkt bereits unter einer Leitung zusammengeschlossen.

Inge Ranner-Gensrich

geboren 1949, Bad Nauheim

****

Warum denn mischen?

****

Das war für mich irritierend, zumindest neu: Die Schule, in die ich als 14-Jähriger kam, galt als „links". Lehrer ließen sich duzen, an den Wänden des Schulgebäudes fanden sich mit Pinsel und Farbe aufgetragene Anarcho-Parolen, Schüler kamen und gingen während des Unterrichts ... Die Politik, das Schreiben und das Sprechen hatten einen weitaus größeren Stellenwert als naturwissenschaftliche Fächer oder der von mir geliebte Sportunterricht. Die dadurch entstandenen Defizite sollte ich erst viele Jahre später massiv zu spüren bekommen.

Einige Jahre später stand an einem Morgen in fetten roten Buchstaben „RAF" über dem Eingang der Schule an der Wand, die gerade frisch gestrichen worden war. Das LKA aus Wiesbaden rückte an, stellte Untersuchungen an und die Schule blieb für einen Tag geschlossen.

Noch mal zwei oder auch drei Jahre später: Mit Freunden besuchte ich das Led Zeppelin-Konzert in der Frankfurter Festhalle – ein gigantisches Hard-Rock-Erlebnis. An den Eingangstüren standen böse dreinblickende Einlasskontrolleure stadtbekannter Motorradgruppen mit tätowierten Oberarmen, die wie Oberschenkel von Gewichthebern aussahen. Keiner von uns hatte eine Eintrittskarte. Aber um die Festhalle gab es keine Sicherheitsabsperrungen, ein seitliches Toilettenfenster stand offen und mit zwei, drei mutigen akrobatischen Sprüngen gelangten wir in die Konzerthalle. Das ging dann schon vor dem Konzert lustig los. Junge amerikanische GIs, die neben uns im Innenraum standen, boten uns Jack Daniels-Whiskey an, den sie nach Cowboy-Manier in Lederschläuchen gefüllt um ihren Bauch gebunden hatten. Ungeniert drehten sich einige Deutsche ihre Joints. Das amüsierte die GIs ziemlich. Warum sie denn Zigaretten-Tabak unter das Marihuana mischten? Das konnten sie überhaupt nicht verstehen.

Ulrich Wendlandt

geboren 1961, Bad Vilbel

Weltgeschehen nach dem Ortsgeschehen

Aufgewachsen bin ich in dem Örtchen Bieben, 250 Einwohner, ein Spritzenhaus, ein Friedhof und eine Raiffeisenkasse. Dort gab es viele Menschen, die selbstständig waren. Einen Schuster, einen Schmied, eine Schreinerei, einen Kaufladen und natürlich viele Landwirte. Mein Vater war Kaufmännischer Angestellter und nebenbei Bürgermeister von Bieben. Sonntags vormittags hielt er im Wohnzimmer Sprechstunde, dort wurde das gesamte Ortsgeschehen verhandelt und wir Kinder fanden dies hoch spannend. Sobald die Besucher weg waren, wurde das Fernsehen eingeschaltet und Vater verfolgte die Diskussionen des „Internationalen Frühschoppens" mit Werner Höfer. Passend nach Ende der Sendung hatte meine Mutter das Essen auf dem Tisch bereit, sonntags gab es ein Stück Fleisch, einen Sonntagsbraten, auf den sich alle freuten.

Mein Vater hatte Brieftauben, war Züchter und unsere Tauben beteiligten sich an den Wettkämpfen. Wir Kinder hatten die Aufgabe, bei Eintreffen der ersten Taube Meldung zu machen. Das bedeutete, sonntags stundenlang in den Himmel zu starren und Ausschau nach der ersten Taube zu halten. Und wehe, man hatte sie verpasst. Es gab zwar später auch einen Alarm an dem Einflugsloch, aber man hätte ja Sekunden verschenkt bei diesem Wettkampf. Wenn sich die Tauben beeilt hatten, machten wir so manches Mal einen Spaziergang auf die nahegelegene Burg Herzberg.

Meine Mutter bemühte sich zusammen mit ihrem Vater um die kleine Landwirtschaft. Sie war bei den meisten Landwirten hoch angesehen, weil sie eine der wenigen Frauen war, die mit dem alten Lanz gut umgehen konnten und auch sonst schwer arbeitete. Außerdem fuhr sie mit einem Zündapp-Moped zum Einkaufen und brachte mich damit zur Schule, wenn ich mal den Bus verpasst hatte.

Die Lehrerin wohnte über der ehemaligen Schule, dieses Gebäude war an die Kirche angebaut. Mein Jahrgang war der erste, der 1970 in Grebenau eingeschult wurde und mit dem Bus fahren musste. An meinem ersten Schultag war ich allerdings krank und musste das Bett hüten, deshalb brachte mir die Lehrerin Ganske die Brezel am Nachmittag an mein Krankenbett.

Nachmittags mussten wir nur auf die Straße gehen, um eine Freundin zu treffen. Irgendjemand war immer da, um irgendwas zu spielen, wie das angesagte Gummihüpfen, Rad fahren oder einfach im Wald ein Büdchen zu bauen. Oft spielten wir in einer herunter-

Einschulung 1970

gekommenen Scheune, in die heute kein Mensch mehr seine Kinder lassen würde, weil sie jederzeit zusammenstürzen könnte. Dort spielten wir fast immer Vater-Mutter-Kind, wohl um uns auf unsere spätere Rolle im Erwachsenenleben vorzubereiten.

Sonntags sind wir manchmal, heimlich allerdings, nach Merlos in den nächsten Ort gegangen. Dort gab es einen Mann, der Tiere präparierte. Überall hingen ausgestopfte Vögel, Marder und andere Kleintiere an den Wänden. Das war unheimlich, aber auch spannend. Natürlich merkten unsere Eltern sofort, wo wir gewesen waren, unsere Kleidung roch immer stark nach den Konservierungsstoffen.

Die Eltern meines Vaters hatten ein kleines Haus am Waldrand von Bieben. Dieses hatten sie sich nach dem Krieg selbst gebaut und immer ein wenig angebaut. Das Haus hatte einen wunderschönen Garten, den mein Großvater selbst angelegt hatte. Die zweite Frau meines Großvaters war während des Krieges in England gewesen und hat uns die ersten englischen Vokabeln beigebracht. Das war zu dieser Zeit sehr selten, aber hilfreich bei der Verständigung mit den amerikanischen Soldaten, die zu dieser Zeit oft zu Übungen in die Gegend kamen. Sie schenkten mir dann ein Päckchen Kaugummi oder Kekse, wenn ein Wort in schlechtem Englisch über meine Lippen kam.

Meine beiden Brüder, sechs und neun Jahre älter als ich, hörten die Beatles und wurden regelmäßig von unserem Vater mit Weidenruten verdroschen, die sie sich selbst schneiden mussten. Sie haben in dieser Zeit eine Menge angestellt und oft Streitigkeiten ausgelöst. Einmal haben sie den beiden Nachbarjungen, die auf dem Weg zur Schule waren, einen Eimer mit Wasser auf die Köpfe geschüttet. Die Eltern der Jungs fanden das überhaupt nicht lustig und es gab einen Riesenkrach mit den Nachbarn.

Meine beiden Brüder waren schon ausgesprochen kreativ. Oberhalb der Garage gab es einen Dachraum mit einer Gaube, darin bauten sie nach dem Vorbild von Raumschiff Enterprise ihr eigenes Raumschiff und drangen in die unendlichen Weiten des Weltraums vor. Leider durfte ich als kleine Schwester nicht mitfliegen, das war ausschließlich Männersache.

Ich habe in dieser Zeit schon gerne gelesen, das war in Bieben nicht unbedingt üblich. Mein Großvater meinte immer, ich solle lieber Kochen lernen statt lesen, das würde ich brauchen, wenn ich mal verheiratet wäre. Allerdings waren die Frauen meiner Familie keine großen Köchinnen. Es gab im Sommer nur Kartoffeln, Salat und Eier oder Eier, Salat und Kartoffeln oder Salat, Kartoffeln und Eier. Backen konnte meine Mutter aber großartig, jeden Samstag gab es einen Kuchen und ihre Schwarzwälder Torte war berühmt und sehr schmackhaft.

Mein Vater sorgte für die Bildung im Haus. Er war in Schlesien aufgewachsen und in einer Lehrerbildungsanstalt gewesen. Er wollte Geschichtslehrer werden und hat uns spannende Geschichtsstunden gehalten. Ich hing immer an seinen Lippen, wenn er erstmal erzählte. Er hat mich auch mit Büchern versorgt, zum Geburtstag und an Weihnachten war das immer mein Geschenk. Auch mein Großvater väterlicherseits hat mir Bücher geschenkt, „Goldköpfchen" hat mich jahrelang begleitet.

Gerlinde Becker
geboren 1964,
Grebenau

Die Familie mit Patenkind Peter (ganz vorne)

Ab-tei-luung Halt!

Ich wurde als fünftes und vorletztes Kind einer Pfarrersfamilie geboren. Mein Vater war seinerzeit zum Militärdienst eingezogen worden, wo er es schaffte, alle Beförderungen zu umgehen und so bei Kriegsende als Gefreiter in Gefangenschaft geriet. Seiner Zivilcourage ist es zu verdanken, dass meine beiden ältesten Brüder nicht bei der Hitlerjugend waren, obwohl sie so gerne dazu gehört hätten.

Mit dem Auftauchen der Beatles und der Rolling Stones in unserem Radio änderte sich mein Leben total. In dem Spannungsfeld zwischen Religion und Rock'n'Roll begann meine Individualisierung. In den Siebzigern galt noch die Wehrpflicht. Für mich stand längst fest, dass ich den Kriegsdienst verweigern würde. Es genügte zu jener Zeit jedoch nicht, eine einfache Erklärung etwa per Postkarte mit dem Verweis auf §4, Absatz 3 unseres Grundgesetzes zu schicken. Man hatte diese Entscheidung zunächst ausführlich schriftlich zu begründen und dann unter Umständen in bis zu drei Instanzen mündlich zu vertreten. Es gab zu jener Zeit auch sogenannte Beratungsstellen für Kriegsdienstverweigerer, die eine Art Bewerbungstraining anboten, was für mich jedoch nicht infrage kam. Ich wollte mit meiner eigenen und nicht einer mehrfach bewährten und erprobten Begründung nicht zum Militär. Der Antrag war also gestellt, schließlich musste ich nach Gießen in den Flutgraben, wo die Anhörung stattfand. Das war der gleiche Ort, an dem ich einige Zeit vorher gemustert worden war. Dem Gremium, dem ich mich gegenüber sah, saß ein offensichtlich kriegsversehrter Beamter vor, der mich ausführlich zur Person und meinen Einstellungen befragte. Irgendwann wollte er von mir wissen, wie ich mich verhielte, wenn ich mit meiner Freundin im Park spazieren ginge, und ein Bösewicht aus dem Gebüsch käme, um diese zu vergewaltigen. Ich sagte ihm wahrheitsgemäß, dass ich froh wäre, in diesem Moment bei meiner Freundin im Park zu sein und nicht irgendwo in einer Kaserne. So könnte ich mich also spontan entscheiden. Was immer ich täte, sei das Ergebnis meiner Entscheidung, und dieses hätte ich dann selbst zu verantworten. Eine Situation, in der mir ein Fremder befehlen könnte, einen anderen Fremden zu töten, sei jedoch monströs und für mich undenkbar. Ergebnis: Mein Antrag wurde abgelehnt. Stattdessen gab es neuen Schriftverkehr, neue Anhörungen.

Das Verfahren zog sich so lange hin, bis wegen meines inzwischen fortgeschrittenen Studiums eine Unterbrechung durch eine Einberufung zur Bundeswehr nicht mehr möglich war. Ich dachte damals, ich hätte es geschafft, doch pünktlich nach dem erfolgten

Staatsexamen kam meine Einberufung zur Luftwaffe in Hamburg. Ich war inzwischen verheiratet. Einspruch. Antwort: Luftwaffe Goslar. Einspruch. Antwort: Panzer Wolfhagen. Kein Einspruch mehr möglich. Ich war fix und fertig, doch zugleich wusste ich, dass ich mich deswegen nicht aufgeben würde.

Mit der Einberufung kam eine bunte Broschüre, betitelt: *Gebrauchsanweisung für die Bundeswehr.* In diesem Heft standen viele interessante Dinge, von denen ich mir einige sofort einprägte. Das Bemerkenswerteste war der Satz: „Jeder Soldat hat die Pflicht, sich Einsicht in die Notwendigkeit seiner Tätigkeit zu verschaffen." Dies empfand ich einerseits als Zumutung, andererseits als Chance. Ich brauchte diese Zeile nur ein einziges Mal zu lesen, um sie in ihrer Absurdität nie mehr zu vergessen. Ferner las ich, dass man bei der Bundeswehr durchaus Wert auf Bildung lege, und ein Soldat eifrig lesen solle. Auch Musikinstrumente seien erwünscht. „Schon manch ein musikbegabter Soldat hat im Kreis der Kameraden für unvergessliche Abende gesorgt."

Ich fuhr damals die lange Bus-Version eines zwillingsbereiften Opel Blitz, ein ehemaliges Polizeifahrzeug, das, obwohl mittlerweile zum Wohnmobil umgebaut, noch reichlich Platz bot für allerlei Musikinstrumente und viele, viele Bücher. Mit dieser meiner vollgepackten grünen Minna machte ich mich auf nach Wolfhagen, in die Pommern Kaserne. Die Herrschaften vor Ort wirkten etwas verwirrt, als ich sie nach meiner Bleibe fragte und wissen wollte, wo ich meine Instrumente und Bücher unterbringen könne. Nach einigem Hin und Her bekam ich schließlich einen zweiten Spind.

Bald hatte ich die Gelegenheit, mit unserem Kompaniechef zu sprechen, einem Hauptmann. „Sie wissen sicher aus meiner Akte, dass ich ein nicht anerkannter Kriegsdienstverweigerer bin. Nun habe ich jedoch die Pflicht, mir Einsicht in die Notwendigkeit meiner Tätigkeit als Soldat zu verschaffen. Das kann ich ganz sicher nicht aus eigener Kraft. Ich bin also sehr auf Ihre Hilfe angewiesen. Wenn Sie als ein diese Einsicht Habender mir zu der Einsicht verhelfen, will ich versuchen, ein guter Soldat zu werden, doch wenn ich zu der Einsicht komme, dass es mit jener Einsicht nichts wird, werde ich gehen." Das hatte ich nicht nur so dahin gesagt, das war meine aufrichtige Überzeugung. Er wollte wissen, wie ich mir das vorstelle. Das wusste ich selbst nicht, konnte ihm also nur sagen, dass wir das dann sehen würden.

Es folgte für mich eine Zeit großer Angst und großen Trotzes. Die Angst: Es war die Zeit des Kalten Krieges. Ich wusste, dass in Ockstadt und an anderen Orten in der Wetterau ständig irgendwelche Generatoren liefen, die die Startvorrichtungen der amerikanischen Patriot Raketen mit Strom zu versorgen hatten. In meinen Albträumen saß da immer ein kaugummikauender GI mit dem Daumen am Knopf und wartete auf einen entsprechenden Befehl.

Es gab für uns keine Zeitung. Radios waren nicht erlaubt. Brief- und sonstige Post bekam man nicht in die „Stube", sondern von der Schreibstube. Man erlebte täglich, stündlich eine unsagbare Anschreierei, Dummlautes, Alarme in der Nacht, dazu ständig die Ungewissheit: Ist das eine Übung oder der Ernstfall?

Ein Gespräch mit dem Hauptmann: „Herr Schnur, Sie haben doch studiert, Sie wissen doch, um was es geht. Wir haben Industrie, und die müssen wir auch verteidigen."
„Herr Hauptmann, Sie haben keine Industrie, sonst wären Sie hier nicht ein Hauptmann und ich habe keine Industrie, sonst wäre ich hier nicht ein Panzerschütze. Wenn jemand eine Industrie hat, kann er sich meinetwegen gerne einen Panzer kaufen und damit um seine Industrie herum fahren, um sie zu beschützen. Er kann auch seine Kinder mit dem Panzer von der Schule abholen, wenn er will, aber ich fahre den Panzer nicht für ihn. Wenn ich etwas will von der Industrie, muss ich es bezahlen, und ich bekomme keinen Pfennig Rabatt, weil ich bei der Bundeswehr war. Ein Russe kann ebenfalls bei unserer Industrie einkaufen und zahlt dann aber nicht einmal Mehrwertsteuer. In meiner Stube sind drei Soldaten, die arbeitslos waren, als sie ihre Einberufung bekamen. Erzählen Sie doch einmal diesen drei Soldaten, dass sie hier sind, um die Industrie zu verteidigen."

Der Trotz: Ich war natürlich nach meinem abgeschlossenen Studium nicht mehr 18 wie die meisten der Kameraden und war einigermaßen selbstbewusst. Als Stubenältester musste ich stets Meldung machen. Das hörte sich dann etwa so an: „Wir waren drauß' in der Natur, ich bin der Panzerschütze Schnur, man hat uns heute sehr gepeinigt, doch uns're Stube ist gereinigt. Die Zahl der Betten mag's verraten, wir sind hier drin mit sechs Soldaten." Stegreif-Lyrik war mir schon immer leicht gefallen. Es machte mir Spaß, dabei genau die formalen Vorschriften zu beachten, es sollte immer witzig und trotzdem nicht ahndbar sein.

Lücken in Vorschriften wurden so für mich mehr und mehr zur Spielwiese des Widerstandes gegen Dumpfes. Wir wurden beispielsweise mit zig Fahrzeugen auf die Straße geschickt, um kontingentiertes Benzin zu verfahren, nur damit die Tanks leer wurden. Außerdem mussten wir täglich mit schweren Bohnern die Flure „blockern", wie man das nannte, weil wir stets mit verdreckten Kampfstiefeln die Böden versauten. Ich erinnerte mich dabei an die praktischen Filz-Überschuhe, die man aus Museen kennt. Bei einem Schuhgeschäft in Arolsen habe ich also dann solche bestellt und schlitterte fortan darin stets lustig durch die Flure, was nicht verboten war, aber in vielen Situationen, zum Beispiel beim „Grüßen", durchaus Farbe in das Grau dieser Realsatire brachte. Ich hatte dabei, natürlich vergeblich, die leise Hoffnung, das könnte als Anregung verstanden werden. Im Unterricht lehrte man uns in einer Lektion, wir müssten im Krieg keine Angst haben. Die Soldaten seien viel besser geschützt als die Zivilisten. Das gehe aus neuesten Statistiken vom Vietnamkrieg hervor. Die Opfer unter den Zivilisten seien drastisch höher als die der Soldaten. Begründet wurde das damit: Ein Soldat hat eine Ausbildung und eine Ausrüstung, als da sind, ABC-Schutzmaske, -plane, ein Helm etc. Er benutzt gepanzerte Fahrzeuge und ausgebaute Stellungen. Nach dieser Unterrichtseinheit ging ich zur Waffenkammer, sagte dem diensthabenden Unteroffizier, er solle mir 200 ABC-Schutzmasken fertig machen, ich würde sie nach Dienstschluss abholen. Er wollte wissen, ob ich einen Befehl dazu hätte. Nein, antwortete ich, ich wolle die am Wochenende mit nach Hause nehmen, für meine Leute. Er meinte, ich habe sie nicht alle und schickte mich zum Spieß. Unser Spieß war einer der wenigen vernünftigen Soldaten, mit denen ich während meiner Militärzeit zu tun hatte. Ihm erklärte ich, dass ich eben gelernt habe, wie schlecht die Zivilisten, die ich ja hier beschützen solle, ausgerüstet seien. Und weil ich ja immer noch auf der Suche nach der Einsicht in die Notwendigkeit meiner Tätigkeit als Soldat war, fügte ich hinzu, dass ich nach und nach meine Lieblingsmenschen mit all den Dingen versorgen würde, die die Überlebenschancen erhöhen könnten, das würde die Entwicklung jener Einsicht doch begünstigen. Ich fragte ihn auch direkt, ob er für seine Leute noch nicht in dieser Weise vorgesorgt hätte. Er sagte, offensichtlich einigermaßen überrascht, darüber habe er noch nie nachgedacht, doch das ginge nicht. Es sei nicht erlaubt, die Liebsten in der Heimat mit Gasmasken etc. zu versorgen. Meine leise Hoffnung, die erlösende Einsicht zu gewinnen, schrumpfte.

Ortswechsel: Über den Kasernenhof marschierte eine andere Ausbildungskompanie. „Links, zwo, drei, vier, links, zwo, drei, vier, Ab-tei-luuung Halt!" Ich kam aus einer anderen Richtung, hatte schon Feierabend und exerzierte mit den Marschierenden, das heißt, ich machte die Übungen, natürlich etwas übertrieben oder chaplinesk, mit. Die Soldaten konnten mich sehen und mussten lachen, ihr Ausbilder sah mich auch und befahl mich zu sich. Er wollte wissen, was das solle. Ich sagte ihm, dass ich schon Dienstschluss habe und freiwillig ein wenig mitübe, um meine mangelhaften Fähigkeiten darin zu verbessern. Das hörte sich dann etwa so an: „Ich sah, Sie üben tüchtig, und ich kann's noch nicht richtig, im gleichen Schritt und Tritt, da dacht' ich, ich mach mit. Bei diesem lust'gen Brauch steh ich sonst auf dem Schlauch."
Er schrie: „Wie lange sind Sie schon Soldat?"
„Meine Ausbilder sagen, aus Ihnen wird nie ein Soldat. Und die müssen das doch wissen."

Ortswechsel, eine Waldlichtung: Der Stuffz (Stabsunteroffizier) feuerte eine gelbe Leuchtkugel aus seiner Leuchtpistole – das Zeichen für ABC-Alarm. Wir rissen den Verschluss der tarngrün gummierten Tasche auf, die rechts auf unserem Oberschenkel hing, und entnahmen ihr die Requisiten, die unser Überleben sichern sollten, die Schutzmaske, die sofort aufzusetzen war und die ABC-Schutzplane, unter die wir so schnell wie möglich zu kriechen hatten. Zum Glück hatte ich bemerkt, dass mein Stuffz derlei wichtige Dinge nicht mit sich führt. Deshalb riss ich die Klamotten aus meiner Tasche, rief „Hepp" und warf ihm die Sachen zu. Er unterbrach sofort die Übung und wollte mich deswegen zur Rede stellen. Ich sagte ihm wahrheitsgemäß, dass ich bemerkt habe, dass er ohne entsprechenden Schutz, in dieser Situation jedoch ungleich wichtiger sei als ich. Ich sagte, ich glaubte sowieso nicht an die Effektivität dieser Maßnahmen, zumal meine Leute in der Heimat ebenfalls ohne Maske wären, er jedoch die Verantwortung für seine Soldaten jetzt in besonderem Maße habe und jede Unterstützung annehmen sollte. Allenthalben Fassungslosigkeit ...

Ortswechsel, ein Unterrichtsraum: Die Grundausbildung war fast zu Ende, alle Soldaten-Azubis saßen in Reih und Glied in einem Unterrichtsraum. Vorne agierte ein Feldwebel. Er sei kein gewöhnlicher Feldwebel, sondern bei den Feldjägern. Er sollte Werbung machen für die Feldjägerei. Zu diesem Militär-Polizeidienst musste man sich freiwillig melden. Auf dem Kopf trug er eine Schirmmütze, ein Schulterriemen spannte sich quer über der taillierten Uniformjacke, seine Reithosen steckten in Reitstiefeln. In der Hand hielt er einen dünnen, beknauften Stock, mit dem er während seines Vortrags immer wieder gegen den rechten Schaft seines Stiefels schlug. Er zeigte uns einen etwa halbstündigen Film über die Feldjägerei. Eine Szene darin fiel mir besonders auf: Ein junges Paar flanierte Arm in Arm durch die Straßen eines Garnisonsstädtchens. Es war Sommer und sehr heiß. Die zwei waren verliebt und fröhlich. Der junge Mann, ein Soldat in Ausgeh-Uniform, hatte den obersten Knopf seines Hemdes geöffnet, die Krawatte gelockert, die Jacke offen. Eine Feldjägerstreife hielt den Soldaten an, verlangte seinen Ausweis und machte ihn auf die Kleiderordnung aufmerksam. Der Soldat, der keineswegs betrunken wirkte, erklärte den Feldjägern, er müsse sowieso gleich wieder in der Kaserne sein und wolle lediglich noch ein wenig mit seiner Freundin den herrlichen Sommertag genießen. Es gab einen Wortwechsel, der damit endete, dass der Soldat festgenommen und abgeführt wurde. Nachdem der Projektor ab- und das Licht wieder eingeschaltet war, wollte der Feldwebeljäger wissen, ob wir Fragen hätten. Er blickte uns ermutigend an. Ich war der Einzige, der sich meldete. Ich beschrieb kurz jene Szene aus dem Film und bat ihn, die Einstellung zu beschreiben, die ein Mensch haben müsse, der freiwillig ihm wildfremde Menschen dazu auffordert, einen Jackenknopf zu schließen und eine Krawatte eng zu tragen. Der Feldwebeljäger schaute unwirsch.
Er ging seinen Stiefel schlagend hin und her, um dann zu verkünden: „Hier geht es nicht um Einstellungen und Ansichten. Hier geht es um Vorschriften und Gesetze. Hat noch jemand eine Frage?"
Wieder meldete nur ich mich. „Ich habe gelernt, dass Vorschriften und Gesetze sich mitunter rasch ändern können, sodass es doch auch auf Ansichten und Einstellungen ankommt."
Er schlug energischer auf seinen Stiefel, blieb stehen und sagt abfällig in den Raum hinein: „Geht der Ihnen nicht auf die Nerven, mit seinem dummen Geschwätz?"
Aus dem Raum kam ihm ein Grummeln entgegen: „Nö."
Die Soldaten mochten mich gut leiden, ich hatte manchmal Musik gemacht und unvergessliche Abende im Kreise der Kameraden gestaltet, so, wie es in der Gebrauchsanweisung für die Bundeswehr als gewünscht stand. Jetzt bedankten sie sich bei mir mit einem gemeinsamen, wenn auch leisen „Nö."

Dem Feldjägerwebel gefiel das überhaupt nicht. Er ging jetzt schnellen Schrittes hin und her. Sein Gesicht verriet ein gefährliches Lauern. Er ahnte, dass er hier keine Beute machen würde. Plötzlich änderte er jedoch die Richtung, kam mit leisen, schnellen Schritten durch den Mittelgang fast bis zu der Reihe, in der ich saß. Dort blieb er stehen und brüllte, dass man um den Fensterkitt fürchten musste: „Sie, wecken Sie mal Ihren Nebenmann!"

Tatsächlich – auf der anderen Seite des Mittelganges schaute ein Soldat besonders erschrocken und rieb sich die Augen. „Sie, was fällt Ihnen ein, hier zu schlafen, erst der da mit seinem dummen Geschwätz und jetzt Sie, was ist das für ein Sauhaufen? Sie stellen sich jetzt in Grundstellung vor Ihren Stuhl und so bleiben Sie stehen. Ich werde Ihnen zeigen, was das heißt, hier zu schlafen!"

Der arme Angebrüllte stand mit geballten Händen an der Hosennaht, die Augen geradeaus vor seinem Stuhl, während in mir das Gefühl hoch kam, ich müsse jetzt etwas machen, sonst würde ich platzen. Langsam erhob ich mich von meinem Stuhl und stellte mich hin, ganz locker, wenn auch voller böser Ahnungen. Ich sah, wie der Feldwebeljäger mich fixierte: „Warum haben Sie sich hingestellt, warum haben Sie sich hingestellt?"

Er hatte diese beiden identischen Sätze fast geflüstert, aber es kam mir vor wie das Zischen einer Klapperschlange. Ich versuchte, meine Angst zu verbergen.

„Nun ja, ich muss gestehen, dass ich auch etwas müde bin, und bevor ich mich so von Ihnen anschreien lasse, stelle ich mich lieber ein wenig, und wenn ich nicht mehr müde bin, setze ich mich wieder."

„Das ist Revolution", brachte er hervor. Er würgte das fast. „Sie bringe ich in den Knast. Ich werde Sie heute noch persönlich in den Knast bringen. Ich schmeiße Sie jetzt raus, Sie melden sich beim Spieß und nachher komme ich und bringe Sie in den Knast."

Mir wurde mulmig, in den Knast wollte ich zwar nicht, aber tatenlos sein Wirken ertragen erst recht nicht. Ich ging also zur Tür, winkte nochmal den Kameraden und wollte den Raum verlassen. Der Feldwebeljäger schrie mir hinterher, ich solle gefälligst grüßen. „Ach so", sagte ich. „Also dann, macht's gut." Und zu ihm gewandt: „Und wir sehen uns ja gleich."

Jetzt war er dabei zu platzen. „Sie sol-len grü-ssen!"

Nun ergriff ich die Gelegenheit, ihm darzulegen, dass dies eine Werbe- und keine Ausbildungsveranstaltung sei, und ich bis zur erfolgten Abnahme meines Grußes nur zu Ausbildungszwecken grüßen dürfte, und er deshalb auch jetzt noch einmal mit einem informellen, improvisierten Gruß zufrieden sein müsste. Ihn verabschiedete ich danach mit einer Art Hofknicks, den Kameraden, die das halb starr vor Schreck und halb grinsend miterlebten, winkte ich noch einmal zu und ging. Dem Spieß, der wie schon gesagt ein vernünftiger Mann war, sagte ich, dass meiner Meinung nach dieser Feldwebel als Werber für eine Bundeswehreinheit die ideale Fehlbesetzung sei, aber mir könne das schließlich egal sein. Der Feldwebeljäger kam tatsächlich, um mich in den Knast zu bringen, jedoch hielt der Spieß dagegen, sodass ich nicht in den Bau musste. Nach einigen Diskussionen mit dem Hauptmann, dem Bataillonskommandeur, einem Bundestags-abgeordneten, der ehemals ein hochrangiger Soldat war und extra aus Bonn angereist kam, um mit mir zu reden, zeichnete sich wieder ein Ortswechsel ab. Ich wurde der erste Zivildienstleistende der Friedberger Sonderschule für Praktisch Bildbare, der heutigen Wartbergschule, in der ich sehr gerne gearbeitet habe. Getragen von der Gewissheit, dass die Arbeit absolut sinnvoll, wichtig, befriedigend und für alle Beteiligten freude-bringend ist, erlangte ich plötzlich wie von selbst eine tiefe Einsicht in die Notwendigkeit meiner Tätigkeit.

Martin Schnur

geboren 1948, Friedberg

Zigaretten im Flugzeug

Nachdem ich 1969 meine Ausbildung begonnen hatte, begann der Ernst des Lebens. Die Ausbildung zur Stenokontoristin in einem großen Frankfurter Unternehmen war nicht immer einfach. In den betrieblichen Schulungen – zweimal in der Woche – lernten wir Deutsch, Stenografie und das Schreiben auf der Maschine. Keine elektrische, sondern noch die mechanische. Selbst die Zeilenschaltung musste per Hand getätigt werden. Außerdem lernten wir in der Berufsschule all das, was wir für unseren Beruf benötigten. Dort war man schon fortschrittlicher und wir lernten auf elektrischen Schreibmaschinen. Im Fach „Kurzschrift" tat ich mich anfangs sehr schwer. Es war aber auch verflixt: Der Buchstabe „a" wird verstärkt, das „o" langgezogen. Warum das „u" nach unten und das „i" nach oben gezogen wird, auch das war mir lange nicht klar. Erst nach etwa zwei Monaten fiel bei mir endlich der Groschen und es macht mir heute noch Spaß, Notizen, die keiner außer mir lesen soll, in Steno aufzuschreiben.

Der erste Tag in der Berufsschule begann mit einem Fiasko. Die meisten von uns Lehrlingen kamen „vom Ort." So, jetzt mussten die Bäuerchen vom Land (wir waren gerade mal 14 Jahre alt) alleine in der Stadt zurechtkommen. Wir fuhren vom Betrieb aus mit der Straßenbahn und mussten am Ostbahnhof in den Bus umsteigen. Dass man für den Bus ein neues Ticket benötigte, hatte uns keiner gesagt. Plötzlich stand ein Kontrolleur im Bus und wir Dorfpflänzchen hatten keinen gültigen Fahrschein. So schnell wird man zum Schwarzfahrer.

Nach bestandener Abschlussprüfung mussten wir fast alle noch ein Jahr lang in die Berufsschule, damit wir auch das vorgeschriebene 12. Schuljahr absolvierten. In diesem letzten Jahr hatten wir überwiegend Wahlfächer, die uns Spaß gemacht haben. Trotzdem ritt uns an einem Berufsschultag kurz vor den letzten Sommerferien der Teufel. Es war herrliches Wetter, zwei Kolleginnen und ich kamen auf die glorreiche Idee: Heute schwänzen wir mal die Schule. Wir fuhren mit der U-Bahn (mittlerweile kannten wir uns im Frankfurter Nahverkehr aus) in die Nordweststadt. Unterwegs kauften wir Brötchen und alles, was zu einem guten Frühstück gehört. Dann gingen wir zu einer Tante von mir und frühstückten in aller Ruhe. Zur gewohnten Zeit fuhren wir zurück in unseren Betrieb, ganz so, als würden wir gerade aus der Schule kommen. Am Nachmittag klingelte das Telefon bei meinem Abteilungsleiter: „Fräulein Kirchberg, bitte zu Herrn Kaupp."
Oje! Der Weg zu dessen Büro wurde immer länger, die Füße immer schwerer. Der Lehrlingsvater fragte uns, was wir uns dabei gedacht hätten und wir antworteten ehrlich:

Marion (links) mit zwei Freundinnen vor der Jugendherberge in Berlin und das Gruppenbild nach bestandener Prüfung der Stenokontoristinnen und Kaufleute (Marion erste Reihe, 3. von links)

„Bei diesem schönen Wetter hatten wir keine Lust." Herr Kaupp konnte sich ein Grinsen nicht verkneifen, ermahnte uns aber, an den letzten Schultagen doch gefälligst nicht mehr zu schwänzen. Eigentlich war es logisch, dass die Schule im Betrieb anrief. Schließlich waren drei Schülerinnen aus derselben Firma nicht zum Unterricht erschienen.

Nachdem die Schulpflicht 1972 erfüllt war, wechselte ich in einen anderen Betrieb, mitten in der Stadt. Konnte ich zu meinem Ausbildungsbetrieb noch mit den Werksbussen fahren, musste ich nun morgens um 5:50 Uhr mit der Bahn nach Frankfurt fahren. Dort angekommen, schnell zur Straßenbahn, damit man pünktlich bei der Arbeit war. Abends um 18:45 Uhr war ich endlich wieder in Altenstadt. Man hatte in der Bahn irgendwie seinen „Stammplatz" und saß fast immer mit den gleichen Leuten zusammen. Morgens wurde meistens noch ein wenig geschlafen, abends auf der Rückfahrt unterhielt man sich oder las ein Romanheftchen aus der Reihe „John Sinclair, der Geisterjäger", die dann untereinander getauscht wurden. Im Sommer klebte man an den Plastiküberzügen der Sitze fest und im Winter kochten uns die Füße, weil die Heizung im Zug volle Kanne warme Luft aus den Ritzen blies.

Mein neuer Arbeitgeber war eine Bauträgergesellschaft, die im Rhein-Main-Gebiet Reihenhäuser und Bungalows errichtete und verkaufte. Sobald neue Baugebiete erschlossen waren, gab es von jedem Haustyp ein Musterhaus. Diese wurden offiziell als Ausstellung eröffnet, mit kaltem Büffet und dem ganzen Schnick-Schnack. Elegante Kleidung war ein Muss. In diesem Betrieb war ich bis zur Geburt unserer ersten Tochter.

***

Durch meine Mitgliedschaft im Fanfaren- und Spielmannszug erlebte ich im März 1971 meinen ersten Flug. War das eine Aufregung. Mit der Bahn ging es über Frankfurt nach Hannover. Ein Bus brachte uns zum Flughafen und dann ging es in den Flieger nach Berlin. Zu dieser Zeit bekam man noch kleine Päckchen Zigaretten im Flugzeug geschenkt. In

Mittagspause
im Büro

Die Töchter
Nicole und
Tanja

einer Jugendherberge wurden wir untergebracht und spielten am nächsten Tag vor und im Rathaus Schöneberg. Und das Ganze auch noch vor dem damaligen Bundeskanzler Willy Brandt, der uns in seiner Rede als „meine Freunde aus Altenstadt" begrüßte. Neben einer Rundfahrt durch Berlin fuhren wir auch zur Gedenkstätte Plötzensee, in der zur Zeit des Nationalsozialismus viele Menschen den Tod fanden, eine Führung, die uns alle sehr berührte.

1973 wurde ich 18 und machte meinen Führerschein. Wegen der weltweiten Ölkrise wurde im Herbst in Deutschland ein Fahrverbot für vier Sonntage ausgesprochen. Das betraf mich nun eher nicht, da ich mir erst ein Jahr später mein erstes Auto, einen gebrauchten weinroten Renault 4, kaufen konnte.

Bevor ich ein eigenes Auto hatte, durfte ich oft mit dem VW-Käfer meines Vaters fahren. Das hatte allerdings nicht nur Vorteile, denn nun musste ich mit meiner Mutter auch zum Einkaufen fahren. Meistens nach Büdingen zum „Aldi". Sie konnte es nicht lassen, mir immer reinzureden (obwohl sie nie selbst ein Auto gefahren ist). Bei jedem Bus oder LKW, der uns entgegen kam, musste ich mir anhören: „Fahre rechts ran, bis der an uns vorbei ist." Irgendwann war es mir zu blöd. Ich hielt an und stellte sie vor die Wahl: Entweder sie halte den Mund oder sie könne aussteigen. Seitdem hat sie mir nie mehr reingeredet.

Mit dem Renault fuhr ich an fast jedem Wochenende nach Lorbach in ein Tanzlokal. Die Schuhe mit den hohen Absätzen und Plateausohlen immer griffbereit hinter dem Fahrersitz. Bevor es ins Lokal ging, schnell noch die Schuhe gewechselt und dann ab ins Vergnügen. Wenn dann die „Blue Boys" zum Tanzen spielten, hielt uns nichts mehr auf den Stühlen.

1975, als ich 20 Jahre alt wurde, zog ich von zu Hause aus. Eine möblierte Einein-halb-Zimmer-Wohnung war nun mein ganzer Stolz. Ich weiß noch, wie geschockt mein Vater damals war, als ich auszog. Da ich mit ihm oft nicht einer Meinung war, freute ich mich umso mehr darüber, dass er mir versprach, mein Zimmer wäre jederzeit für mich frei, falls ich doch wieder nach Hause kommen möchte. An Heiligabend des gleichen Jahres stand er morgens mit einem kleinen Tannenbaum und Christbaumschmuck vor meiner Tür. Das hätte ich nie von meinem Vater erwartet.

Im gleichen Jahr lernte ich meinen Mann kennen und im März 1976 verlobten wir uns. Da wir zum Ringe kaufen nicht alleine fahren wollten, begleitete uns seine Tante zum Juwelier. Und als wir uns dann an meinem Geburtstag die Ringe anstecken wollten, waren wir so aufgeregt, dass wir mehrere Anläufe nehmen mussten. Immer, wenn wir die Ringe in der Hand hatten, sagte einer von uns beiden: „Lass uns erst noch etwas trinken." Nächster Anlauf: „Wollen wir nicht erst noch eine Zigarette rauchen?" So ging das hin und her, bis wir endlich die Ringe an den Fingern hatten. Zum Glück hat das niemand mitbekommen. Da wir auch bald heiraten wollten, suchten und fanden wir im Herbst ein kleines Haus in Oberau. Das wurde gemütlich eingerichtet. Die Tapeten hatten große Muster und kräftige Farben. Und im Wohnzimmer durfte die Fototapete mit einem Palmenstrand nicht fehlen. Im Mai 1977 wagten wir den Schritt vor den Traualtar. Mit einer vom Papa organisierten Kutsche ging es in die Kirche. Gefeiert wurde bis zum Morgengrauen.

Nach dem Kaffee fuhren wir zum Fotografen und ließen die Hochzeitsbilder machen. Abends gab es Kartoffeln und Klöße mit Braten und Salaten. Mein Brautkleid ist ein absolutes Unikat: Es wurde von meinem Onkel nach meinen Vorstellungen genäht. Es hängt noch immer in meinem Schrank.

Marion Traud

geboren 1955, Altenstadt

Marion neben ihrem Renault 4 und das Hochzeitsfoto

Heiratsmarkt: Rock your Baby

Zu meiner Jugendzeit war die Gaststätte Roth in Engelrod Treffpunkt der Jugend aus der Umgebung. Wir Lanzenhainer Mädels waren so oft wie möglich dort. Ich war knapp 15 Jahre alt und verliebte mich in den Gastwirtssohn Karl, „Charlie". Die Eltern von Karl betrieben neben der Gaststätte auch noch eine kleine Landwirtschaft.

In der Gaststätte war immer die Hölle los und so blieb es nicht aus, dass wir, Karl und ich, jedes Wochenende die Eltern unterstützten. Karl arbeitete zu der Zeit bei der Firma Keutzer (Gartengestaltung) und ich nach Abschluss der Handelsschule bei der Firma Balzer in Lauterbach. An Landwirtschaft hatten wir beide keinerlei Interesse. So kam 1972 der Tag, an dem die Kühe das letzte Mal aus dem Stall getrieben und verkauft wurden. Man konnte damals die Landabgaberente beantragen, so fiel den Eltern die Entscheidung ein wenig leichter. Jetzt war der Moment gekommen, wo Stall und Scheune nicht mehr gebraucht wurden.

Der Betrieb in der seit 1787 bestehenden Gaststätte wurde immer größer, so entstand die Idee, im ersten Stock des Wohnhauses über der Gaststätte Roth die früheren Gästezimmer schon mal umzugestalten. Frisch tapeziert, Schwarzlicht an die Decke, eine Musikbox und im kleinen Flur eine Theke zum Verkauf von Flaschenbier. Das reichte aus und die Jugend strömte Wochenende für Wochenende in die Minidisco.

Ich war gerade 17 und Karl 22 Jahre alt, als die Vision entstand: Stall und Scheune werden zu einer großen Tanzbar umgebaut. Karls Vater Willi war strikt dagegen, jedoch die weltoffene Mutter Elfriede konnte begeistert werden und war bereit, die Idee zu unterstützen. Mit Nachbarschaftshilfe, Freunden und in viel Eigenleistung war nach einer zweijährigen Bauzeit die Fertigstellung geschafft. In dieser Zeit wurde unserer Beziehung natürlich einiges abverlangt und es blieben eigentlich kaum Momente für das ganz normale jugendliche Vergnügen. Tagsüber gingen wir unserem Job nach, abends ging's am Bau weiter und am Wochenende die Gastwirtschaft. An Silvester 1973/74 hatte ich die Nase gestrichen voll! Das kann's doch nicht gewesen sein! Weg aus dem ganzen Trubel und wieder zurück ins elterliche Nest. Ich versuchte in den nächsten Monaten mal wieder, die Jugend zu genießen, fuhr nach Paris sowie zum Badeurlaub nach Rimini und konnte einfach tun und lassen, was ich wollte.

Das Personal im „Hazienda" war auch privat eng befreundet und Fasching wurde auch gemeinsam gefeiert.

Dann aber kam der 20. September 1974. In Engelrod öffnete die „Tanzbar Hazienda" ihre Pforten und bot Platz für rund 600 Gäste. Ich wollte und durfte natürlich nicht fehlen, ich wusste ja, wie es da aussehen wird. Die Liebe entfachte erneut und Karl machte mir in der gleichen Nacht noch einen Heiratsantrag – am 23. Dezember dieses Jahres gaben wir uns das Jawort.

Vom ersten Abend an war die Disco voll und so blieb es über viele Jahre. Die Besucher pilgerten Woche für Woche in das kleine Vogelsbergdorf zur „Hazienda". Das Einzugsgebiet erstreckte sich bald weit über den Vogelsbergkreis hinaus bis ins Rhein-Main-Gebiet und in die Kreise Fulda, Hersfeld, Gießen und Marburg.

In Frankfurt marschierten wir auf der Einkaufsmeile „Zeil" auf und ab, in der Hoffnung, irgendwo eine Künstleragentur aufzutun. Wir sprachen Menschen an, fragten in Läden nach, ob denn irgendjemand wisse, wo so eine Agentur zu finden sei. Und tatsächlich fanden wir einen Menschen, der uns den Namen einer Agentur in Bad Homburg nannte. Wir hatten einen Namen, mehr nicht. Also ab in die nächste Telefonzelle und im Telefonbuch die Adresse ausfindig gemacht. Wir nach Bad Homburg gefahren und am gleichen Tag verpflichteten wir George McCrae, der auf Deutschlandtournee war. Es hat erst mal keiner so recht glauben wollen, dass George mit seinem Nummer-1-Hit „Rock your Baby" am 17. März 1975 – zwei Tage nach unserer kirchlichen Hochzeit – in der „Hazienda" singen würde. Der Laden brach aus allen Nähten.

Charlies Eltern waren natürlich ab der ersten Stunde im Disco-Einsatz. Elfriede als ehrgeizige Kellnerin und Willi kümmerte sich darum, dass das Leergut unbeschadet den Weg zur Theke fand. Die zwei waren in den ersten Jahren nicht wegzudenken und mit den Gästen freundschaftlich verbunden und bei allen beliebt.

Im „Backstage"-Bereich (= in Oma Elfriedes Küche) mit George McCrae. Oben Irmi, die immer an der Theke bediente.

Wir lebten unter einem Dach und nahmen die Mahlzeiten in einer gemeinsamen Küche ein, in der Regel gekocht von Oma Elfriede. Unsere gemeinsame Küche wurde immer, wenn ein Stargast in der Hazienda auftrat, zum „Backstagebereich" (Künstlergarderobe) umfunktioniert.

Schon bald waren die Räumlichkeiten zu klein, und die noch brach liegende Scheune wurde ebenfalls umgebaut und der Obstgarten zum Parkplatz umgestaltet. Jetzt war Platz für 1.000 Gäste. Der Zuspruch war ungebrochen, das Einzugsgebiet wuchs immer weiter. Ursprünglich war in den Planungen bei der Erweiterung der Räumlichkeiten eine Kegelbahn vorgesehen, kegeln war zu dieser Zeit eigentlich angesagt. Doch während der Bauphase entstand dann doch eine ganz andere Idee und die Kegelbahn wurde gestrichen, dafür entstand die längste Altbiertheke Oberhessens.

Abends um sieben Uhr wurde geöffnet. Spätestens um acht Uhr waren die Gäste da. Wer das nicht schaffte, für den war der Abend schon „verdorben", denn er konnte sicher sein, dass sein Lieblingsplatz schon besetzt war. Wenn man später kam, hatte man das Gefühl, schon was verpasst zu haben. Pünktlich um acht startete DJ „Sir Amos" den Abend offiziell und ließ keinen Schlager oder Hit aus. Plattenwünsche wurden selbstverständlich erfüllt.

Mit George McCrae war der Weg geebnet für weitere Topstars: Marianne Rosenberg, Howard Carpendale, Jürgen Drews, Frank Zander, Costa Cordalis, Dennie Christian, Martin + Thorsten, die Puhdys (damals noch DDR), Rodgau Monotones, Saragossa Band, Boney M., Eruption, Soulful Dynamics, Ebony, Mooskirchner, Hias, Flippers, Tony Marshall, Luisa Fernandez. Als Boney M. im Sommer 1978 kamen, wurde erstmals auf dem Parkplatz ein Zelt aufgestellt. Über 2.000 Gäste kamen, um ihren und den Auftritt der Vorgruppe Eruption zu erleben.

Es entwickelte sich eine „große Familie", ja, familiär ging es zu bei uns in der „Hazienda", man kannte sich oder lernte sich kennen. Viele Pärchen von damals gaben sich das Ja-Wort, sind heute noch glücklich verheiratet. Es wird behauptet, die „Hazienda" sei der „Vogelsberger Heiratsmarkt" gewesen. Die Eltern der damaligen Gäste verspürten zwar eine gewisse Neugierde und hätten gerne gewusst, wie es in der Hazienda zuging, trauten sich aber nicht, einfach mal aufzutauchen. Vielleicht wollten es auch teilweise die Kinder nicht; es war vielleicht damals schon peinlich, wenn Mama und Papa zum „Beobachten" gekommen wären.

Einmal im Monat, an einem Dienstagabend, riefen wir eine Seniorendisco ins Leben. Jetzt war der Bann endgültig gebrochen und auch die ältere Generation ließ keinen dieser Abende aus.

So gingen die Jahre dahin. Eigentlich hatte mir Karl (Charlie) schon bei der Hochzeit versprochen, dass wir die „Hazienda" mal zehn Jahre betreiben und danach wieder umsteigen in das „normale Arbeitsleben" tagsüber. Das hat nicht ganz geklappt, es wurden 16 Jahre, und nachdem wir in 1990 einen Käufer gefunden hatten, gab es nichts mehr zu überlegen.

Zum Schluss noch:

Eines Nachts, wir lagen gerade im ersten Tiefschlaf, gab die Alarmanlage Innenalarm. Karl machte sich sofort auf Verbrecherjagd, ich bekam den Auftrag, die Polizei zu verständigen. Der Einbrecher war durch unsere schnelle Reaktion dann wohl doch wieder abgeschreckt worden und konnte die Flucht ergreifen. Als die Polizei eintraf, wurde gemeinsam die Lage gepeilt und festgestellt, dass sich jemand durch das geöffnete Glasbau-Fenster in der Toilette Zugang verschafft hatte. Er hatte es auf der Suche nach „Barem" wohl auf die in der Theke deponierten Kellner-Geldbeutel abgesehen. Von dem Täter war außer den Fußspuren im Schnee und dem zurückgelassenen Moped nichts mehr zu sehen. Das Moped wurde in der Disco sichergestellt und die Polizei wollte am nächsten Tag den Halter feststellen. Wir hatten uns gerade wieder ins Bett gelegt, da klingelte es an der Haustür. Vor der Tür stand ein uns bekannter junger Mann, ein Stammgast und fragte, ob wir zufällig sein Moped gefunden hätten. „Haben wir", sagte Karl „warte. ich komme runter." Karl öffnete dem Einbrecher die Eingangstür der Hazienda. Ehe der dumme Kerl reagieren konnte, hatte Karl ihm die Handschellen angelegt und an einem Holzbalken festgebunden. Hier jammerte er, bis die Polizei erneut vor Ort war und ihn mit zur Polizeistation nahm. Es war für den Einbrecher dumm gelaufen!

Irmi Roth

geboren 1955,

Lautertal

Auch die Hochzeit von
Irmi und Charlie wurde im
„Hazienda" gefeiert.

Die Stars gaben sich im Hazienda die Klinke in die Hand (im Uhrzeigersinn): Howard Carpendale, George McCrae, Boney M, Costa Cordalis, Marianne Rosenberg im Publikum und mit Charlie als Techniker

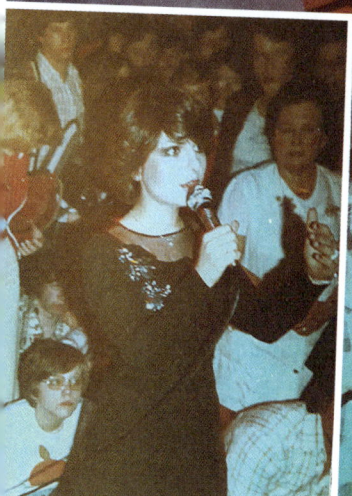

Genossen-Schikane

Jung, dynamisch und erfolglos. So fühlte ich mich Anfang der Siebziger als Jungbanker bei der Sparkasse. Jung war ich noch, gerade mal 20 Jahre als, dynamisch fühlte ich mich schon – also auch einem Banküberfall gewappnet. Na ja, und dann erfolglos. Das war allerdings die Meinung meines damaligen Chefs, des Herrn Direktor (wehe, man ließ bei der Anrede den Titel Direktor weg). Der Herr Direktor hatte nämlich rausbekommen, dass ich bei den Jusos (Jungsozialisten) war. Und demnach war ich für ihn zur Erfolglosigkeit verbannt, denn ein Sozi konnte doch nie was Gescheites werden in der Sparkasse.

Gewehrt habe ich mich aber dennoch. Als er mich wieder mal furchtbar niedermachen wollte wegen der Parteizugehörigkeit zur SPD, fragte ich ihn kurzerhand, ob er denn auch den § 1 des Deutschen Grundgesetzes kenne. Auf diese Frage war er wohl nicht gefasst. Nach einem kurzen Augenblick der Sprachlosigkeit bebte die Homberger Sparkasse. Ich dachte schon, der ginge direkt durch die Decke. Die Decke blieb heil, aber die Strafe folgte auf dem Fuß. Denn immer mittwochs, wenn der Herr Direktor die Hauptzweigstelle Homberg inspizierte, hieß es dann: „Herr Kraus, bitte sofort zu mir. Schreiben Sie einen Aufsatz über Thema soundso. Sie haben eine halbe Stunde Zeit." Mein Glück war, dass ich schon in der Schule gelernt hatte, ohne lange nachzudenken flott und fehlerlos Aufsätze zu schreiben. So ging es über zwei oder drei Monate, bis mein Chef merkte, dass diese Strafe bei mir nicht fruchtete.

Und bei den Jusos war ich immer noch. Mit den Juso-ArGe's des Altkreises Alsfeld verbrachten wir einige Tage im geteilten Berlin. Schon die Busfahrt dorthin war der Horror. An der Transitstelle wurden wir durch DDR-Volkspolizisten über fünf Stunden lang festgehalten, weil zwei oder drei unserer Teilnehmer inzwischen längere Haare hatten als auf ihrem Passfoto. Einem wurde sogar bei der Buskontrolle der Kopf nach hinten gerissen. Und inzwischen – es regnete stark – zerstreute eine DDR-Kommissarin den kompletten Inhalt der Koffer unserer Mitfahrerinnen – allerdings nur der damals modernen Knautsch-Lackkoffer – auf dem regendurchtränkten Parkplatz. An der Kontrollstelle nach Ost-Berlin musste sich sogar einer unserer Mitfahrer splitternackt ausziehen. So verfuhren damals die Ost-Genossen mit den West-Genossen. Reine Schikane.

Zurück zur Sparkasse, zum Freitag, 27. August 1971. Wie jeden Freitagmorgen ging es mit unserer „Fahrbaren Zweigstelle" in die umliegenden Dörfer. Und deshalb hatte ich schon mal unseren Tresor um etwa 20.000 Markt erleichtert. Im ersten Dorf, in Haarhausen, war nicht viel Kundenverkehr. Und so schauten wir zu, als der „Gemeewatz" (Gemeindeeber) zu den Säuen getrieben wurde, um seine lustvolle Aufgabe zu erfüllen. Um diese Zeit muss es passiert sein, in Homberg in der Hauptzweigstelle.

„Überfall, Hände hoch und zu den Fenstern gehen!" lautete die unmissverständliche Anweisung der Bankräuber. Und während zwei der Täter – eine davon offensichtlich eine Frau – über den Tresen hechteten, hielt ein dritter Personal und Bankkunden mit einer Maschinenpistole in Schach. Sofort durchtrennte einer der Tresenspringer mit einem wuchtigen Hieb das dicke Telefonkabel mit einer Machete und hinterließ einen tiefen Einschnitt auf dem Bürotisch des Hauptzweigstellenleiters, der gerade in der Innenstadt weilte, um sich sein Frühstück zu holen. Dieser besagte Schreibtisch wurde übrigens später geradezu als Bankräuber-Souvenir gehandelt und für einiges Geld an einen Interessenten verhökert. Dem Kassierer wurde die Machete an den Hals gesetzt (selbst einen Tag später war der Buschmesserabdruck am Hals noch zu sehen) und er wurde gezwungen, den Tresorschrank zu öffnen. Sowohl an die an seinen Hals gepresste Machete als auch an die Eingabe der Zahlenkombination und das Öffnen des Tresors konnte sich der arme Kassierer später nicht mehr erinnern. Als wäre das Gehirn für wenige Minuten einfach weggepustet. 68.000 Mark in eine Stofftasche gepackt, zurück über den Tresen, raus aus der Sparkasse und in einem aufheulenden Auto davonge-prescht, sodass die Reifen qualmten. Und dies bemerkte auch unser Hauptzweigstel-lenleiter, der gerade mit seinem Frühstück beim Stolte um die Ecke bog. Denen hat es unser Chef ganz schön gegeben. Auf fast zwei Rädern kreischend um die enge Kurve zu donnern, sowas gehörte sich doch nicht in Homberg. Und so schrie er den Gaunern noch einige Schimpfworte nach und drohte ihnen. Wenn der gewusst hätte, dass sie gerade seine Sparkasse ausgeraubt hatten ... Später hieß es, dass es sich bei dem Gangstertrio mit sehr großer Wahrscheinlichkeit um Mitglieder der Baader-Meinhof-Bande gehandelt habe. Kurz vor der Autobahn bugsierten sie ihr Auto in ein dichtes Gebüsch und fuhren anschließend mit dem dort abgestellten Fluchtauto weiter.

Und was hatte ich als junger und dynamischer Sparkassenangestellter mit dem Überfall zu tun? Immerhin kümmerte ich mich darum, dass die Homberger Sparkassenkunden bereits um die Mittagszeit wieder Geld abheben konnten. Wir waren nämlich inzwi-schen mit unserer „Fahrbaren Zweigstelle" weiter nach Gontershausen gefahren. Hier kam ein Gontershäuser zu uns in die Fahrbare, grinste und erzählte uns, er wolle jetzt mal hier Geld abheben, unsere Hauptzweigstelle in Homberg sei überfallen worden, da könne man ja nichts mehr bekommen. Über den Witz haben wir eine Weile gelacht, bis über uns Polizeihubschrauber kreisten. Rein zu „Scholle" in die Gastwirtschaft und angerufen. Und tatsächlich – Banküberfall! Wir bekamen Order, unsere Route weiter zu fahren. Ausgangs Gontershausen sprang uns plötzlich ein aufgebrachter, ehemaliger Kriegsteilnehmer mit einer Sense – also kampfbereit – vor unseren Bus, den wir erst mal beruhigen mussten. Der hatte nämlich schon im Radio vom Überfall erfahren. Weiter

Hartmut Kraus auf Studienreise in Moskau, mit dem Kreml im Hintergrund und im Kreml vor der monumentalen „Tsar Puschka"-Kanone mit einem 89 cm-Kaliber

den Berg hoch übers Rondienchen. Aber schon in Höingen auf Gemmer's Hof kam dann der Anruf: „Sofort zurück nach Homberg." Und so konnten wir mit unseren noch vorhandenen 15.000 Mark erstmal die verängstigten Homberger Sparkassenkunden versorgen. Und eine gute Tat ist mir in diesem Zusammenhang auch noch geglückt: Ich konnte nämlich eine ältere Dame dahingehend beruhigen, dass ganz speziell ihr Geldfach nicht ausgeraubt worden sei.

An diesen Schrecken, an dem ich nur mittelbar beteiligt war, schloss sich ein Studienurlaub in Moskau an. Als auf dem Hinflug der alten Iljuschin-Propellermaschine neben meinem Fenster ein Propeller plötzlich stehen blieb, konnte mich die Stewardess etwas beruhigen, indem sie meinte, selbst bei zwei stehenden Propellern wäre die Iljuschin immer noch in der Lage, weiterzufliegen. Die Stadt Moskau und ganz besonders den Kreml fand ich ausgesprochen interessant. Kaviar war damals noch keine Rarität und fast bei jedem Essen gab es reichlich davon. Im Kaufhaus GUM hatte man die große Auswahl, in der Lampenabteilung gab es beispielsweise hunderte von Lampen, alle verschieden in der Farbgebung, die Machart war hingegen grundsätzlich gleich. Und selbst in diesem größten Kaufhaus von Moskau, ich konnte es kaum glauben, gab es keine Ladenkassen. Grundsätzlich wurde der Preis genau stimmend auf Rubel und Kopeken mit dem Abakus ausgerechnet, das ist so ein Rechenbrett mit vielen kleinen bunten Kugeln, das wir in ähnlicher Form noch im ersten Schuljahr benutzt hatten.

Unangenehm und einige Tage mit Schmerzen verbunden war der schwere Gewehrkolbenhieb, den mir einer der Wachsoldaten verpasste, als ich im Leninmausoleum etwas zu lange dem einbalsamierten Lenin aufs Gesicht schaute. Aber eines ist mir seiner-

Bei Pletschmüller's auf der großen Wiese

zeit in Moskau sehr positiv aufgefallen, die unwahrscheinliche Sauberkeit der Straßen, Brücken und Durchlässe. Schon das achtlose Wegwerfen einer Zigarettenkippe führte zur Verhaftung, wie ich selbst miterleben konnte. Prostitution war streng verboten, wurde aber trotzdem an jeder Straßenecke angeboten.

***

Am Wochenende zog es uns wegen des guten selbstgekelterten Apfelweins oft in die alte Pletschmühle, die war Kult. Bei jedem Wetter! Meinte es Petrus nicht so gut, saßen die Pletschmüllers und oft bis zu zehn Gäste in der geräumigen Küche und tranken den guten Apfelwein. Und irgendwann stellte Pfalzgraf's Luise, die Pletschmüllerin, eine große Pfanne auf den alten Holzherd. Jede Menge Eier, Speck, Wurst und Zwiebeln rein, und jeder konnte und durfte mitessen, ob auf der alten Holzkiste oder einem Holzschemelchen, Platz fand sich immer irgendwo. Berühmt-berüchtigt war sie, die Pletschmüllers-Eierpfanne.

Bei gutem Wetter gings hinaus hinter die Pletschmühle auf die große Wiese beim Mühlenteich. Auf einer kleinen Halbinsel im Teich, genannt „Insel Mainau", befand sich eine Bank-Tisch-Garnitur und auf der angrenzenden Wiese noch viele weitere von dichten Hecken umgebene robuste Tische und Bänke. Pletschmüllers Opa, der Pfalzgrafs Wilhelm, brachte dann einen Zehn-Liter-Eimer voll mit Apfelwein für zehn D-Mark, einen

War das Maifeuer heruntergebrannt, folgte als Mutprobe der Sprung über die Glut

Schöpflöffel und Apfelweingläser dazu. Und dann gings rund. Zum Regenerieren gings abschließend oftmals zu Neugebauers Otto ins Homberger Kino mit dem wohlklingenden Namen „Diana-Lichtspieltheater", oder auf ein verschwiegenes Bänkchen an der „Schönen Aussicht", nicht selten in netter weiblicher Begleitung.

Anfang der Siebziger erreichte der technische Fortschritt dank Konrad Zuse schließlich auch unser verträumtes Ohmstädtchen. Unser Kegelclub „Volle Pulle" richtete damals die Stadtmeisterschaft aus. Hierbei war es notwendig, von allen Keglern, und das waren nicht wenige, den genauen Durchschnitt pro Wurf auszurechnen. Dividieren oder Teilen war ganz schön aufwendig, wie das die Älteren noch wissen. Das Ergebnis stand ganz rechts, aber vorher entwickelte sich unterhalb der Divisionsaufgabe ein Rattenschwanz von rechts nach links. Die Köpfe qualmten vor lauter Rechnerei. Dann eine Idee –

Rechenschieber her. Somit konnte man aber nur annähernde Werte ermitteln. Eine neue Idee: Ich besorgte mir aus dem Inventar der Sparkasse eine eiserne Rechenmaschine mit vielen Zahlen und Einstellmöglichkeiten für alle Grundrechenarten. Mittels einer rechtsseitigen Kurbel wurde vor- und zurückgekurbelt. Es funktionierte, aber rechte Hand und rechter Arm waren schon bald kraft- und gefühllos. Und dann kam der Zeitpunkt, wo die Zukunft auch unser schönes Städtchen erreichte. Einer von uns tauchte plötzlich mit einem Konrad-Zuse-Nachfolgermodell auf, einem Plastikkästchen mit großen Drucktasten, der alle Grundrechenarten beherrschte. Ein Taschenrechner, das war der Durchbruch.

***

Als wir mit der „Fahrbaren Zweigstelle" in Burg-Gemünden unterwegs waren, hatten wir ein kleines Guckfenster, durch das wir vom Kassenraum über die Fahrersitze hinweg gucken konnten, ob nicht etwa in unserem Rücken Bankräuber anrückten. Mein Kollege allerdings zweckentfremdete diesen Sehschlitz und rief mir zu: „Guck mal, die eine von den vier jungen Mädchen, die gerade von der Arbeit kommen, was die für tolle Beine hat." Ich konnte seine Ansicht nur bestätigen und wenige Wochen später forderte ich die junge Frau mit den tollen Beinen in der Tanzbar Lang in Rüddingshausen zum Tanze auf. Schon bald danach Verlobung und Hochzeit, wie das damals so üblich war.

***

Unvergessen die Maifeuer, die wir während der Walpurgisnacht hoch auflodern ließen. War nur noch die Glut da, sprangen wir als kleine Mutprobe drüber. Natürlich hatten wir vorher schon allerhand Schabernack in Homberg getrieben, Gartentüren ausgehängt, Türen vermauert usw. Ausgerechnet beim Wegräumen von Hohlblocksteinen mitten auf der Unterstraße hat die Polizei unseren „Spatz" erwischt. Nach der anschließenden Blutprobe musste er beim Arzt 50 Mal schreiben: „Heute feiern wir Walpurgisnacht." War das nun eine Erziehungsmaßnahme oder ein kleiner Schabernack des Arztes?

Hartmut Kraus

geboren 1950, Homberg/Ohm

****

Als Vater die Stones rausdrehte

****

In Erinnerung geblieben sind mir die langen Sommer und die Winter, in denen es meist noch Schnee gab. Ein Sommer machte es erforderlich, dass Wasser gespart werden musste. Ich brachte täglich Wasser aus dem Eichelbach in einer kleinen Wanne zu zwei Pferden auf die Weide, da sie kein Wasserfass hatten.

Ich war stolze Besitzerin eines kleinen Schwimmbads im Garten, welches für meine Freundinnen und mich eine erfrischende Abwechslung bot. Überhaupt verbrachten wir unsere Freizeit meist draußen. Manchmal durften wir im Gartenhäuschen schlafen und später im Zelt. Wir liefen mit Gummistiefeln durch den Bach, stromerten über den Eichköppel, spielten abends Federball und Tischtennis und gingen nur zum Essen ins Haus.

Ich wuchs mit echten Vorbildern wie Pippi Langstrumpf und Michel aus Lönneberga auf. Auch mit dem Urmel konnte ich mich identifizieren. Damals habe ich mir einen neuen Namen ausgesucht: Jenny wollte ich heißen.

Im August fand die Dorfkirmes statt. Zu diesem Anlass gab es etwas Neues zum Anziehen, die Mutter hatte es selbst genäht.

Die Flower-Power-Bewegung zog auch mich in ihren Bann und ließ mich nie mehr los. Den guten Musikgeschmack übernahm ich von meiner älteren Schwester, mit der ich regelmäßig Sendungen wie den „Beat-Club" und den „Musikladen" schaute – und vor allem hörte. Manchmal allerdings drehte unser Vater kurzerhand die Sicherung raus und dann war Schluss mit Jimi Hendrix, Janis Joplin und den Rolling Stones. Ein schönes Abenteuer für mich als Kind war es auch, als meine Schwester den Führerschein hatte und wir gemeinsam mit ihrem Freund und meiner Freundin durch den Vogelsberg fuhren, um die Band Birth Control aufzuspüren, die dort ihr Domizil hatte.

Als ich älter wurde und einen Kassettenrecorder geschenkt bekam, saß ich vor dem Fernsehapparat, um meine Lieblingslieder aus der Sendung „Disco" mit Ilja Richter aufzunehmen. Dies war allerdings immer mit der Sorge verbunden, dass plötzlich die Oma zur Tür rein kam, jemand zu reden anfing oder sonstige Störgeräusche zu vernehmen waren. Ein „Psssst!" war eigentlich meistens auf den Aufnahmen zu hören.

Zu dieser Zeit gab es auch meine etwas außergewöhnliche Brieffreundschaft zu einem gleichaltrigen Jungen, der in einer komplett anderen Welt lebte – der DDR. Mit elf oder zwölf Jahren ließ ich mit einer Freundin im Garten mit Adressen versehene Luftballons aufsteigen. Einer erreichte trotz Mauer und Stacheldraht den Osten. Erst nach einem Jahr fand der Finder den Mut, uns zu schreiben, worauf eine wunderbare Freundschaft zu dieser Familie begann. Einmal jährlich fuhren wir fortab in den wilden Osten, den Kofferraum voller nützlicher Dinge, die es dort nicht gab. Manches wurde kurzerhand beschlagnahmt. Risiko. Ein zartes Band der Freundschaft entwickelte sich zwischen diesem Jungen und mir, gefolgt von einer ersten Verliebtheit. Einmal pro Woche traf bei mir ein Brief ein, meist mit einem kleinen Geschenk darin und ein ebensolcher verließ mein Zimmer Richtung Thüringen.

Meine ersten Konzerterfahrungen waren Ende der Siebziger die Rodgau Monotones in Nidda und Queen in Frankfurt. Nach der Konfirmation durften wir sonntags in die Disco gehen. Fast in jedem Dorf gab es eine. In Rainrod hieß sie ganz brav „Tanzbar zur Talsperre". Wir scharrten schon mit den Füßen vor der Tür, bis endlich der rigorose Besitzer mit dem Schlüssel kam. Etwa fünf Mark kostete mich so ein Nachmittag.

Hingekommen sind wir zu Fuß oder wir wurden von den Jungs mit ihren frisierten Mofas abgeholt. Auf denen fuhren wir oft zu dritt, was die Geschwindigkeit wieder auf das zulässige Tempo drosselte. Wenn ein solches Mofa am Haus vorbeifuhr, wusste ich, es ist Zeit, in die Klamotten zu springen, um mich auf den Weg zum vereinbarten Treffpunkt, der Telefonzelle mit dem öffentlichen Münzfernsprecher, zu machen. Ein Telefon brauchte man für die Verabredung nicht. Erst, als ich zehn Jahre alt war, bekamen wir einen Anschluss. Wenn einer in der Straße ein Telefon besaß, konnte man dort angerufen werden. Jemand kam, um denjenigen zu verständigen, der angerufen wurde. Man ging dorthin und wartete, bis das Telefon einige Minuten später erneut klingelte. So einfach war das.

Ulrike Wirth

geboren 1964, Nidda-Eichelsdorf

****

Schoko-Bombe

****

Anfang der Siebziger arbeitete ich als Rezeptionistin und Telefonistin im Landratsamt in Friedberg. Einige Male war es vorgekommen, dass meine Kollegin und ich alle Mitarbeiter im Hause wegen Bombenalarms anrufen mussten – alle hatten dann in Windeseile das Amt zu verlassen. Es war die Hochzeit der RAF.

Häufig kam eine ältere Dame, Frau Scholz, zum Sozialamt, um sich mit Kleinigkeiten für die Hilfe, die sie erhielt, zu bedanken. So auch an diesem Tag. Sie grüßte, ich nahm sie beiläufig wahr, sie ging hinauf zum Amt, den Weg kannte sie ja.

Kurze Zeit darauf wieder einmal Bombenalarm – alle Mitarbeiter raus, das Bombenent-schärfungskommando aus Wiesbaden rückte an. In diesem Moment kam die damalige Pressesprecherin des Kreises, Judith Schwarzenberg, die in der Mittagspause gewesen war, lässig die Treppe herunter, einen Riegel Schokolade im Mund. „Was ist denn hier los? Warum die Hektik?" Wir klärten sie über die Gefahr auf. Sie zuckte nur mit den Schultern. „Also wenn es um die drei Päckchen von der Frau Scholz geht – da ist nur Schokolade drin. Bombensicher."

Ingrid Pfister

geboren 1954 , Butzbach

****

Im Leerlauf geschoben

****

Nach bestandenem Examen und vor dem Eintritt in das Berufsleben wurde ein lang gehegter Plan Wirklichkeit. Im September 1972 brachen meine Freundin und ich mit unserem fahrbaren Untersatz auf, voll beladen mit Verpflegung und einer Zeltausrüstung, um unser Ziel Griechenland anzusteuern. Bis zu sechs Wochen waren geplant, bevor es die neuen beruflichen Perspektiven wieder in den Vordergrund zu rücken galt. Mein Automobilclub machte einen Tourenvorschlag, den wir auch umsetzten. Es war ein langer Weg, der uns nach Griechenland führen sollte. Unsere Eltern wussten zwar, dass wir einige Wochen mit dem Auto unterwegs waren. Wo aber genau, das war ja nicht prognostizierbar. Jedenfalls wurden keine Einwendungen erhoben.

Wir fuhren mit meinem VW Käfer 1300 und 34 PS los. Den Käfer hatte ich mir gebraucht für 3.000 Mark auf Pump gekauft. Kurz vor unserem Start machte sich bei meinem Käfer eine Macke bemerkbar: Er sprang nur noch temporär an, was auf einen defekten Magnetschalter zurückzuführen war und nur durch eine Werkstatt unter Inkaufnahme eines beachtlichen Zeitverlustes hätte zu Hause ausgemerzt werden können. Deshalb verwarf ich diesen Plan, denn Werkstätten gab es auch auf der geplanten langen Reise und im schlimmsten Fall konnte die Zündung durch Anschieben leicht überlistet werden. Im Zweifel also: Leerlauf einlegen, Fenster herunterkurbeln, Käfer anschieben, reinspringen, den zweiten Gang einlegen und schon war der Käfer einsatzfähig. Hilfreich waren auch Straßen mit Gefälle. Dort konnte ich sorglos parken. Das Anschieben konnte man sich dann ersparen.

Der Tag unserer Abfahrt hat sich fest in meiner Erinnerung verankert, denn es war ein trauriger Tag. In jener Nacht nämlich scheiterte die Befreiung der israelischen Geiseln bei den Olympischen Spielen in München auf tragische Weise.

Wir fuhren über Österreich nach Jugoslawien entlang der Küste, wo mir die Zahl der Kreuze und Blumen für verunglückte Autofahrer am Straßenrand auffiel. Da ging es von der Straße steil hinab zum Meer. Ein Halt war in Jurjevo – das kannte ich, weil ich dort vier Jahre zuvor auf dem Zeltplatz mit einer Jugendgruppe unserer Kirche gewesen war. Das Zelt hatten wir zwar dabei – nebst jeder Menge Verpflegung in Konserven und Gläsern. Aber dort fanden wir ein privates Zimmer. Dafür räumten die Eheleute sogar ihr Schlafzimmer. Dann ging es weiter über Zadar und Split Richtung Mostar, wo es dann schon ein wenig orientalisch wurde. Hier fanden wir auch einen eingezäunten Zeltplatz, sodass wir von dort aus am nächsten Morgen durch den Kosovo und Mazedonien unser Ziel in Richtung griechischer Grenze anvisierten. Irgendwo auf dem Weg zur griechischen Grenze im Kosovo fand ich eine Werkstatt, von der ich glaubte, dass hier die Malaise mit dem Anlasser gelöst werden könnte. Man sagte mir, dies sei locker zu beheben. Allerdings standen noch fünf Autos vor mir an der Box. Als ich sah, wie die beiden Athleten diese Autos reparierten, war mir die Sache nicht geheuer, und ich scherte aus der Reihe aus, um mich Richtung Griechenland abzusetzen. Somit blieb es erst einmal beim Anschieben.

Weiter ging es über Serpentinen nach Griechenland. Das waren teilweise Pfade, manchmal lag ein Haufen voller Steinblöcke auf der Straße und wir mussten über die daneben liegenden Wiesen rumpeln. Vor allem erinnere ich mich an bettelnde Kinder, die von einer Serpentine zur anderen liefen, um uns zum Anhalten zu bewegen. Wir wollten ihnen einige Konserven geben – aber sie wollten Zigaretten. Damit konnten wir nicht dienen.

Über Thessaloniki, wo wir auf einem Zeltplatz unter den Göttern des Olymps schliefen, fuhren wir ganz in den Süden ans Kap Sounio. Kein Baum und Strauch, nicht viel los und eine Hitze, die ich mir bis dahin nicht hatte vorstellen können. Einen Abstecher machten wir dann nach Athen. Ich parkte wohl in einem Vorort – wie gewohnt an einer abschüssigen Straße – und malte die griechischen Zeichen des Straßenschildes ab und bewahrte den Zettel in meinem Brustbeutel auf. Mit einem Taxi ging es dann in die Innenstadt. Nachmittags zeigte ich, ein wenig bange, einem anderen Taxifahrer meinen Zettel, doch der wusste sofort, wohin er uns bringen musste, um unser Auto ausfindig zu machen. Mein Transistorradio, das ich dabei hatte, war während dieser Zeit unsere einzige Verbindung in die Heimat – denn damit hörten wir jeden Tag die Deutsche Welle. Zurück ging es dann über Skopje, Sarajevo, Belgrad, Zagreb und Maribor durch Titos Jugoslawien nach Wien.

Abstecher nach Athen, wo
sich Rainer Schwarz die
griechischen Buchstaben vom
Straßenschild abmalte, um
später das Auto wiederzu-
finden.

In Belgrad nahmen wir ein schönes Hotel. Ich wollte natürlich eine Spezialität des Landes ausprobieren und entschied mich für Cevapcici – das war ja in Deutschland noch relativ unbekannt. Dieses Cevapcici war indessen derart scharf gewürzt, dass ich keinen zweiten Bissen herunter bekam und mit viel Wasser „nachspülen" musste.

In Wien angekommen, leisteten wir uns nach diesem doch recht asketischen Urlaub ein gutes Hotel mit Dusche und verbrachten dort die letzte Woche, ehe es endgültig nach Hause ging. Asketisch, aber das sind in der Rückschau mitunter die schönsten Urlaube, vor allem, weil man etwas erlebt und eine bis dahin völlig fremde Welt besucht hatte. In Wien riefen wir übrigens nach langer Zeit zum ersten Mal wieder unsere Eltern an und berichteten von der gelungenen Reise, denn das Telefonieren aus dem Ausland, zumal Titos Jugoslawien – einem Ostblockstaat – war ja nicht problemlos möglich.

Eine erste „Maßnahme" nach meiner Rückkehr war: Ich gab meinen VW Käfer in Reparatur. Dann war auch mit dem Anschieben wieder Schluss.

Rainer Schwarz

geboren 1951, Langgöns

Italien war eine Wucht

Mein Mann Norbert und ich lernten uns 1972 in der Diskothek „Why Not" in Renzendorf (Schwalmtal im Vogelsberg) kennen. Es wurde Discofox getanzt und wir hatten viel Spaß. Jeder hatte einen Arbeitsplatz und etwas Geld in der Tasche. Eine eigene Wohnung hatten wir noch nicht – aber viele Träume und schon ein Auto für schöne Stunden. Spaß hatten wir immer in Discos und in der Firma, wo mein Mann teilweise mit den „Castle Boys" musiziert hat. 1973 wurde geheiratet, beim Rimke in Rimlos gefeiert. Wir hatten eine Drei-Mann-Kapelle (Stöppler, Düffner und Schneider). Die waren dufte und wir haben geschwoft bis in den frühen Morgen. Ach ja, nicht zu vergessen: Norberts Mutter hat alle 20 Kuchen für die Kaffeetafel selbst gebacken.

1974 unser erster Italienurlaub, der war eine Wucht. Ohne Klimaanlage im Auto nach Milano Maritima.

Wir hatten in den Siebzigern eine schöne Zeit – mit allen Höhen und Tiefen.

Erst die standesamtliche Trauung im Alsfelder Standesamt, dann die kirchliche Trauung und Kutschfahrt im Juni 1973.

Urlaub in Italien 1974 - mit Norbert und
Birgit, Norberts Schwester Dagmar und
Schwager Günther

Birgit Kares

geboren 1952, Lauterbach

Magisches Auge

Als Sohn eines Landwirtes (früher: Bauer, heute: Agrarökonom) verbrachte ich viel Zeit auf dem Acker, während andere Schulkameraden spielten oder ins Schwimmbad gehen durften. Auch kann ich mich an etliche langweilige Sonntage erinnern. Wir mussten die guten Sonntagsklamotten tragen und sollten uns nicht schmutzig machen. Die ungefütterten Stoffhosen kratzten, durften aber nicht gegen die bequeme, kurze Alltags-Lederhose getauscht werden, denn es könnte ja jemand zu Besuch kommen. Im neu angeschafften Schwarz-Weiß-Fernseher war in ARD und ZDF oft nichts Gescheites verfügbar. In jedem Haushalt stand noch ein alter Volksempfänger von Grundig, Nordmende und den anderen alteingesessenen deutschen Herstellern. Ich erinnere mich noch an das Magische Auge, das bei der Senderwahl die Sendestärke optisch darstellte. Leider lief auf diesem Radio immer der Sender der Eltern. Und das war wahrlich nicht der Geschmack von uns Kindern!

Deshalb waren wir froh, als sich Ende der Sechziger Jahre die Transistorradios durchsetzten, die es dann auch zu erschwinglichen Preisen im transportablen Format gab. Später gab es dazu Kassettenrekorder, mit denen wir die aktuellsten Hits der Hitparaden auf HR3 oder WDR aufnahmen. Die Qualität war fürchterlich und oft waren Anfang und Ende des Liedes im Eimer, weil der Moderator hineinsprach. Deshalb wurden die Tophits als LP oder Single erworben, wenn man die sich vom knappen Taschengeld leisten konnte. Wenn einer der angesagten Interpreten eine neue LP auf den Markt brachte, dann war das ein Event.

Ach ja, Events. Meist waren wir tagsüber draußen zum Spielen. Die Vorgabe der Eltern war lediglich, dass wir uns zum Abendessen wieder einzufinden hätten. Wir streunten unbeaufsichtigt mit Geschwistern oder Freunden durch den Ort, durch Gärten, Felder oder den nahen Wald. Die Haustüre des Elternhauses war immer offen. Außer, die Eltern waren im Feld. Dann war die Türe verschlossen. Der große Schlüssel lag in einem kleinen Fenster neben der Tür, damit er leicht erreichbar war. Passiert ist nie etwas. Da die Tage aus Arbeit und täglichem Spiel bestanden, fieberten wir Events entgegen. Events waren natürlich Geburtstage und Weihnachten. Die Tage mit Geschenken. Da gab es Bücher von Karl May oder die Klassiker wie „Robinson Crusoe" oder „Die Schatzinsel". Ein Event war es, Winnetou im Kino zu sehen. „Robinson Crusoe" und „Die Schatzinsel" gab es als Vierteiler an den Adventssonntagen. Die Sendung sehen oder gelitten haben, war die Devise.

Events waren auch der örtliche Frühjahrs- oder Herbstmarkt. Mit Autoscooter, Kettenkarussell und Schießbuden. An den Verkaufswagen gab es Süßigkeiten, die es nur zum Markt gab. Und dazu Comics. „Micky Maus" und „Superman" gab es unterjährig auch im Zeitschriftenladen. Auf den Märkten wurde aber auch andere angeboten, wie „Sigurd", „Tibor", „Falk" und „Ivanhoe".

Fast hätte ich es vergessen: Fußball war natürlich auch schon zu meiner Jugendzeit schon unschlagbar!

Jürgen Frieß
geboren 1959,
Echzell

„Esst ihr auch etwas Warmes?"

Die Sache mit den langen Haaren – ich hatte sie mir bis tief in den Rücken wachsen lassen – hatte ich mit meinem Vater schon abgeklärt. Er stand mir gegenüber, drohte, wenn
ich nicht zum Frisör ginge, würde er mir eine Backpfeife verpassen. Ich widersprach,
wehrte seine Hand ab und trat ihm wohl auch ein wenig gegen das Schienbein. Da war
er etwas sauer – aber ich habe mich ihm gegenüber immer korrekt verhalten, weil er
eben mein Vater war.

Als ich anfing, in Frankfurt zu studieren, war für mich klar: Ich ziehe aus und zwar in
eine Wohngemeinschaft. Ich wollte unabhängig sein, es war für mich ein Ausdruck von
Freiheit. Die Idee war, irgendwann möglichst frei auf dem Land zu leben, was ich einige
Jahre später auch erreichte. Vor allem hatte ich mir vorgenommen, dem Lateinischen
Sprichwort „Sapere aude" zu folgen, das Kant übersetzte als „Habe Mut, dich deines
eigenen Verstandes zu bedienen."

In Okarben, wo ich aufgewachsen war, hatte in der Feldstraße der Malermeister
Heurich ein Sechs-Familien-Haus gebaut. In diesem Haus vermietete er gleich an drei
WGs. Meine Freunde und ich waren die ersten, wir zogen in die Räume unter dem Dach.
Herr Heurich hatte einen gesunden Menschenverstand, denn er deutete auf mich und
sagte: „Du gehst in den Vertrag, auf dich kann ich mich verlassen, deine Mitbewohner
sind mir egal." Meine Familie war in Okabern gut bekannt, ich war Mitglied im Spielmannszug und in der Fastnacht aktiv. Es gab also auch kein Gerede, kein Getuschel hinter unserem Rücken wegen der WG. Letztlich waren das oft Menschen, die nie eine WG
betreten hatten, die so ihre Vorurteile pflegten. Beispielsweise was den Sex betrifft – das
war bei uns sicherlich nicht ausgeprägter, als sonst wo. Nur wir sprachen nicht darüber.

Meine Mutter – eine herzensgute Frau – hatte auch keine Bedenken, nur war sie ein
wenig ängstlich. „Willst du nicht wenigstens deine Wäsche zu mir bringen?", ermunterte
sie mich. Es dauerte ein wenig, bis sie mir glaubte, dass ich eine Waschmaschine bedienen konnte. „Esst ihr da auch etwas Warmes?", formulierte sie eine andere Sorge. Dabei
kochte ich sehr gerne – und lernte in Oberdorfelden einen Gärtner kennen, der mich in
die Geheimnisse seines Handwerks einweihte, was ich übrigens bis heute praktiziere. Um
das zu lernen, nahm ich mir sogar ein Sommer-Semester frei.

In der WG zu wohnen, war nicht nur preiswert, sondern es war immer auch gute Stimmung. Wir kochten zusammen und musizierten öfters. Alle konnten einigermaßen singen, fast alle spielten leidlich Gitarre oder Flöte und alle trommelten.

Mit 17 Jahren war ich in die DKP eingetreten. Das rief keine besondere Aufregung im Ort hervor. Im Gegenteil: Bei der Kommunal-Wahl 1972 holte ich bei uns immerhin so um die 3,5 Prozent der Stimmen. Da hörte man so Sätze wie „Naja, immerhin, für so einen Herz-Jesu–Kommunisten gar nicht so schlecht ..." (Heute würde man „Gutmensch" sagen). Viele, die damals Mitglied in linken Parteien oder Gruppierungen waren, sind, nebenbei gesagt, später Selbstständige geworden – wie auch ich. Mit 27 bin ich aus der Partei ausgetreten. „Wer mit 17 kein Sozialist (Kommunist/Gutmensch) ist, hat kein Herz, wer es mit 27 immer noch ist, hat keinen Verstand"; ich handelte also nach dem abgewandelten Zitat von Winston Churchill.

Ein großes Thema war natürlich die RAF. Für mich und meine Freunde war klar – das war eine hoffnungslose und kriminelle Bewegung, die zum Märtyrertum neigte. Dennoch: Es waren ja welche von „uns." Ich ließ mich dazu verleiten, meinen Reisepass und die Pässe von drei Freunden zu einem vereinbarten Treffpunkt zu bringen, wo sie wohl für Zwecke der RAF benutzt werden sollten. Glücklicherweise kam die Kontaktperson nicht. Im Nachhinein empfand ich es als ein großes Glück, dass der Kontakt nicht zustande kam.

Als ich meine Prüfung zum Steuerberater ablegte, wurden mir Jahre später im Finanzministerium Wiesbaden Fotos vorgelegt von einer Demonstration in Frankfurt. Da war ich zu sehen unter einem Banner mit dem Text: „Laßt Ulrike frei!" Bei diesem Termin wurde ich „weich", mir kamen die Tränen. Doch der Ministerialdirigent, ein waschechter Sozialdemokrat mit roter Nadel im Revers, meinte recht jovial, bei den Telefongesprächen, die der Verfassungsschutz abgehört habe, hätte ich ja nie konkret Namen und Orte genannt. Diese Verschwiegenheit sei eine prima Voraussetzung, um künftig meinen Mandanten korrekt dienen zu können.

Eckhard Ried

geboren 1951, Glauburg

****

Zu viel Klimbim für Opa

****

1970, die mittlere Reife in der Tasche, stand mir die Welt offen. Vor allen Dingen wollte ich die Welt verändern, alles besser machen als die Generation vor mir. Jawohl! Der erste Mensch war gerade auf dem Mond gelandet – alles schien möglich.

Abi kam für mich nicht infrage, ich wollte nicht weiter die Schulbank drücken, sondern endlich Geld verdienen und natürlich auch ausgeben. Obwohl aufgrund der Hochkonjunktur das „Anlernen" in einen Beruf, beispielsweise in Frankfurt beim Postscheckamt, sehr beliebt war, weil sofort richtig Geld verdient wurde, entschied ich mich für eine Kaufmännische Lehre. Im ersten Lehrjahr verdiente ich 175 Mark monatlich. Ein Vorgesetzter von mir sagte zu Beginn meiner Lehrzeit: „Ich verstehe nicht, warum du eine Lehre begonnen hast. Über kurz oder lang heiratest du sowieso, bekommst Kinder und bist dann Hausfrau." Solche Vorurteile waren allgegenwärtig. So wollte mein Chef mir auch das Tragen von Hosen verbieten, damit konnte er sich bei mir allerdings nicht durchsetzen. Im Berufsleben stehen und eigenes Geld verdienen bedeutete Unabhängigkeit, nicht nur vom Elternhaus. Disco war am Wochenende angesagt, Freiheit. Was wollte ich mehr.

Dann kam der erste Freund. Er war vier Jahre älter als ich und hatte sowohl einen Führerschein als auch ein Auto, einen roten VW Käfer. Kinobesuche im „Pali" und „Roxy" in Friedberg standen nun an. Zusehends dominierte die Sporthalle meine Wochenenden. Ich wurde Mitglied im Turnverein und spielte, wie mein Freund, Handball.

1972 fanden die Olympischen Spiele in Deutschland statt. Das Gefühl von Aufbruch in eine neue Zeit, den Dunst der Nachkriegsjahre endlich hinter uns lassen. Am Fernseher verfolgte die ganze Familie die Spiele und drückte unseren Athleten die Daumen. Gerade einmal 16 Jahre alt, holte Ulrike Meyfarth im Hochsprung mit 1,90 Metern die Goldmedaille und sicherte sich mit 1,92 Metern den Weltrekord. Gold auch ganz überraschend für Klaus Wolfermann im Speerwurf. Dann das schreckliche Attentat in München - unfassbar.

Im Januar 1973 schloss ich nach zweieinhalb Jahren meine Lehre ab, im Mai feierte ich Verlobung. Die Dorfgemeinschaft – Nachbarn, Freunde und Bekannte – kamen abends zum Singen zu meinem Elternhaus. Drei Lieder wurden vorgetragen und dann ging es zu einem Umtrunk in die Gastwirtschaft. Genau wie das Poltern war das Brauch. Im September bestand ich den Führerschein, die Kosten übernahmen meine Eltern. Geld für ein eigenes Auto hatte ich noch nicht. Jahre später fuhr ich auch einen roten VW Käfer. Ob aus nostalgischen Gründen, kann ich heute nicht mehr sagen.

Ab 1973 lief „Klimbim", eine der ersten Comedy-Serien im deutschen Fernsehen. Ich war begeisterter Fan und verpasste selten eine Sendung. Herrlich skurril. Mein Opa verstand die Welt nicht mehr. Wie konnte man so einen Mist senden und auch noch zur besten Sendezeit?! Genauso verfolgte ich die ersten Talkshows, die ebenfalls 1973 im deutschen Fernsehen gestartet wurden.

Der erste gemeinsame Urlaub mit meinem Bräutigam stand an. 14 Tage in Umag auf Istrien in Jugoslawien. Wir fuhren mit einem hellblauen Ford Escort mit 44 PS über den Wurzenpass. Zeitweise wussten wir nicht, ob das Auto stehengeblieben war oder ob wir noch fuhren. Ohne Klimaanlage und Navi erreichten wir unser Ziel – es war furchtbar aufregend.

Am 1. Januar 1975 wurde die Volljährigkeit von 21 auf 18 Jahre herabgesetzt. Ich war nun plötzlich volljährig. Im Januar 1976 fand unsere Hochzeit statt. Wir wohnten bei meinen Eltern im Mehrgenerationenhaus, um das Geld für die Miete zu sparen.

1977 begannen wir in Eigenregie mit dem Bau unseres Hauses. Die Handballkollegen haben uns sehr geholfen. Damals war das selbstverständlich. Viel Arbeit, Wochenende für Wochenende und ganz oft auch unter der Woche. Das war eine harte Zeit, besonders für meinen Mann. Meine Mutter und Oma haben die fleißigen Helfer bekocht, ich hätte das nicht gekonnt, Kochkenntnisse waren bei mir praktisch nicht vorhanden. Im Dezember bezogen wir unser neues Haus.

Heidrun Jeske

geboren 1955, Reichelsheim

Der hellblaue Ford Escort - Reisemittel nach Jugoslawien in den Urlaub

****

Alle hatten es gesehen

****

Es war wichtig, dass man nach Schulschluss von einem Jungen abgeholt wurde. In dieser Phase, mit 15 Jahren, waren Schule und Unterricht absolut egal. Und da stand ER am eisernen Tor des Mädchen-Gymnasiums: ERNIE ... schwarze Locken, klein, zierlich, schmächtig, schüchtern und sehr aufgeregt. Es gab eine kurze, knochige und kühle Umarmung und dann brachte er mich händchenhaltend, leicht schwitzend und sehr stolz an die Bushaltestelle. Das war's, aber alle hatten es gesehen. Wir gehörten zusammen. Nur – wie lange?

Am Wochenende stand bereits das nächste Treffen auf dem Plan. Er lud mich zu seiner Party ein. Ernies Eltern waren nämlich verreist. Der Partyraum war tief unten im Keller, karg, am Boden Matratzen, Kerzen, laute Musik und total dunkel. Die Lautsprecher des Plattenspielers flüsterten den Schmusesong „Bridge Over Troubled Water" von Simon and Garfunkel. Es wurde getanzt bis spät in die Nacht, Händchen gehalten und dann der erste Kuss von Ernie. Oh je ... seine Zunge war nicht zu bremsen.

Wir waren glücklich und freuten uns schon auf das nächste Abholen am eisernen Tor. Dann kamen die Sommerferien ... Jetzt stand PETER vor dem Tor ...

Heidi Harbusch

geboren 1954, Lich

****

Kleine telefonische Rache

****

Als frisch gewordener Steuersekretär wurde ich von meinem damaligen Finanzamtsleiter im wahrsten Sinne hofiert, ob ich bereit wäre, für einen Monat zur Oberfinanzdirektion (Ofd) zu gehen, weil dort vorübergehend gute Mitarbeiter für eine interessante Tätigkeit benötigt wurden. Gebauchpinselt sagte ich natürlich zu.

Dort angekommen, saßen in einem Saal etwa 15 Kollegen. Dann wurde uns die interessante Tätigkeit genannt: Wir durften zu vorliegenden „Anträgen auf Zuschuss zu vermögenswirksamen Leistungen" von Mitarbeitern der Hessischen Steuerverwaltung die dazugehörige Personalakte heraussuchen.

Dieser Vorgang wurde dann in einen Korb abgelegt, der dann irgendwo innerhalb der Ofd weiter bearbeitet wurde. Wir wurden alle sehr bald echt sauer über diese sagenhafte Tätigkeit. Irgendwann entdeckten wir, dass das in diesem Saal befindliche Telefon voll amtsberechtigt war, das heißt, keine Sperre hatte. Wir jungen Burschen riefen dann sehr oft unsere Freundinnen an. Und dann hatte einer gemeint, die Stimme der Zeitansage in Tokio wäre so toll. Also riefen wir auch öfter diese Stimme an, die zugebenermaßen nicht übel war. Und keine der uns gelegentlich aufsuchenden Aufsichtspersonen hatte dies mitbekommen. Dann wurde die Abordnung noch um einen Monat verlängert, was unseren Telefoneifer erst recht erblühen ließ. Und damals waren Ferngespräche und Auslandstelefonate besonders teuer.

Nachdem ich wieder in meinem Finanzamt war, wurde ich zum Finanzamtsleiter zitiert, der mir eröffnete, dass in diesem Saal eine Telefonrechnung von über 10.000 Mark entstanden sei. Ob ich was davon wüsste oder bemerkt hätte. Im vollem Unschuldsbruston erwiderte ich, dass ich mir das auch nicht erklären könne. Von einem Telefon und dessen Benutzung hätte ich nichts gesehen oder gewusst.

Das war's dann auch: die Rache der kleinen Männer.

Wolfgang Scriba

geboren 1948, Butzbach

Anfang der Siebziger Jahre war ich in der Kämmerei der Stadt beschäftigt. In dieser Zeit hatte ich etliche Bilder von Baumaßnahmen in Butzbach gemacht. Das Elektrizitätswerk, das seit 1901 Butzbach mit Strom versorgte, konnte nicht mehr genug Strom produzieren und wurde nach Anschluss der Stadt an ein übergeordnetes Stromnetz abgebrochen. In diesem Zug wurde auch der Turm gesprengt.

Links: Hinter dem E-Werk sieht man die Reithalle und dahinter den Turm der Feuerwehr, in dem die Schläuche zum Trocknen aufgehängt wurden. Alles wurde abgerissen, um dem heutigen Parkdeck Viehmarkt Platz zu schaffen.

****

Golf der Jugend

****

Den Duft von frischgebratenem Hähnchen habe ich in der Nase, wenn ich an mein Heimatdorf denke. Das Beste an dem halben Hinkel ist die Haut. Knusprig. Scharf. Lecker. Die Gaststätte liegt im Fliederweg. Allerdings: So nennt im Ort niemand der gut 300 Einwohner die Straße, im Volksmund heißt sie Ecketsgass. Weil dort die Familie Eckets wohnt. Die heißt aber in Wirklichkeit Krug. Verfährt sich mal ein Auto – es gibt in den späten Siebzigern nicht so viele – in unser Dorf und fragt einen Bewohner nach einer Straße, wird freundlich aber bestimmt mit der Gegenfrage quittiert: „Zu wem wolle Sie?" Es entspinnt sich ein nettes Gespräch.

Den Spruch „Früher war alles besser" habe ich lange nicht mehr gehört. Aber jetzt, wenn ich über meine Kindheit und Jugend nachdenke und schreibe, kommen mir sofort ein paar Bilder, Begegnungen und Begebenheiten in den Sinn, die mich in eine sehr romantische Stimmung versetzen. Reinhardshain – ein kleiner, charmanter Stadtteil von Grünberg im Kreis Gießen, am Fuße des Vogelsbergs gelegen. Die meisten Menschen verbinden mit dem Ort die Autobahn-Rast- und Tankanlagen an der A5. Die Autobahn. Kein Mensch wäre damals auf die Idee gekommen, dass man eine dreispurige Fahrbahn brauchen würde. Die Grenzen waren nicht geöffnet, die Zulassungszahlen überschaubar – und vor allem arbeiteten die meisten Menschen tatsächlich in ihrem Ort oder in der Nähe.

Für mich war klar, dass ich nach der Schule meine Hausaufgaben mache, etwas esse – und dann spiele. Draußen. Mit den Nachbarskindern. Mit meinen Freunden. Wir haben maximal sechs Schulstunden am Tag. Die Sommer sind heiß, die Winter kalt. Und die Straßen haben wunderbare Schlaglöcher: Das ist wichtig, denn wir spielen oft mit unseren Murmeln. Das sind kleine Glas- und Metallkugeln, die man mit geschicktem Fingerschnippen in eben so ein Schlagloch bugsiert, das vorher von den mitspielenden Freunden ausgeguckt worden ist. Es ist quasi das Golf-Spielen unserer Jugend. Unser Facebook heißt Ecketsgass', da treffen wir uns meistens. Weil Bernds Eltern im Garten ein Budchen haben. Dieses kleine Holzhäuschen ist ausgestattet mit einem Tisch und einem Sofa – unser Rückzugsort für schlechtes Wetter. Oder Winternachmittage – wenn wir uns nach Schneeballschlacht, Schneemannbauen und Schlittenfahren aufwärmen. Es gibt in der Nähe einen unfassbar steilen Berg. Mitten im Ort. Ideal zum Schlittenfahren. Okay, einer muss unten aufpassen, ob ein Auto kommt. Und wir müssen uns eine Kurve aus Schnee bauen, um nicht in eine Mauer zu rasen. Wir sind erfinderisch.

Auch, wenn es darum geht, uns eigenes Spielzeug zu basteln. Rund um Reinhardshain gibt es viel Wald. Fürs Pilzesammeln sind wir zu jung, aber Pfeil und Bogen finden wir prima. Bauen sie uns selbst. Wir streunen durch die Wälder, sind uns genug – Robin Hood sehen wir vielleicht in der Weihnachtszeit im Fernsehen, wir spielen lieber selbst.

Glücklich und erschöpft kehre ich abends zurück nach Hause. Abendbrot. Es gibt frische Milch, direkt aus dem Kuhstall. Ich blonder Pimpf gehe mit der schweren Kanne zum Nachbarn, bekomme unsere Ration abgefüllt. Unvergessen auch die Tomaten, die wirklich nach Tomaten schmecken. Ein heute eher selten gewordener Glücks-Genuss.

Genau wie die Kirmes. Einmal im Jahr, im Spätsommer, wird auf dem großen Festplatz mitten im Ort ein Zelt aufgeschlagen. Bühne für Kapelle und Chor, große Tanzfläche – der Tanzboden duftet nach frisch geschlagenem Holz. Die Theke ist so lang, dass mir der Vergleich fehlt. An einem Ende ist ein geheimer Raum. Mit einer Öffnung, die durch dünne bunte Plastik-Girlanden abgetrennt ist – „Zutritt ab 18 Jahren" mahnt ein Schild. Viele Jahre später wissen wir: Es ist die Sektbar, in der es vor allem Schnaps gibt. Aber das ist eine andere Geschichte.

Wie die von unserem Postboten. Jeden Tag dreht er zu Fuß seine Runde durch den Ort, von uns Kindern bewundert, weil er jeden Einwohner kennt – und zu jedem eine Geschichte. Er grüßt immer freundlich. Er ist eine Institution, auch weil in seinem Wohnhaus die offizielle Poststelle ist. Dort kaufen wir ab und zu Briefmarken. Echte, nicht wie im Kinder-Supermarkt, den es zu Weihnachten geschenkt gab. Tragisch: Sein Beruf ist Berufung, vier Wochen nach seiner Pensionierung stirbt er. Ich glaube, weil er keine Briefe mehr austragen darf.

Apropos „darf." Wir durften damals als Kinder wirklich viel. Als einmal in unserem Dorf Bundeswehr-Soldaten und „die Amis" auf Durchreise sind, weil sie in der Nähe Manöver haben, sehe ich zum ersten Mal einen Hubschrauber. Ein bewundernswertes Flugobjekt. Und ich denke heute über meine schöne Kindheit nach, in der ich so viel machen, erleben und entdecken durfte. Was ich nie herausbekommen habe, ist, warum die Familie Krug Eckets genannt worden ist – aber das ist heute auch nicht mehr wichtig. Die schönen Erinnerungen zählen.

Dominik Kuhn

geboren 1969, Lich

Unter einem Dach

Die aufregenden 60er Jahre waren Vergangenheit und wir Schulfreunde - Burkhard Güb-ler, Horst Mallon, Walter Frey, Eckkehard Päutz, Christian Felke und Thomas Gerlach - hatten viel erlebt: Ereignisreiche Jahre mit unseren erfolgreichen Beatbands „Moo-dies" und „The Loosers" mit vielen tollen Aufritten in der Region, mit einem 1968 in Friedberg bestandenen Abitur und für die meisten die Bundeswehrzeit lagen hinter uns. Neben dem Pädagogikstudium suchten wir gemeinsam einen neuen musikalischen Anfang in der Wetterau. Während Christian als Profi-Musiker eine richtige Karriere hinlegte, gründeten wir 1970 gemeinsam mit dem Karbener Drummer Ralf Armbrust und dem jungen Keyboarder Klaus Hünlein eine neue Band, zunächst jedoch noch ohne Namen. Geprobt wurde im Keller des Bad Vilbeler Elternhauses von Klaus. Bei der Musik standen von Anfang an Eigenkompositionen mit anspruchsvollen Texten im Vordergrund.

Als Horst 1972 als letzter von der Bundeswehr zurückkehrte, sollte endlich ein schon lange gemeinsam gehegter Traum Wirklichkeit werden: nicht nur gemeinsam Musik machen, sondern auch gemeinsam wohnen und leben ... Alles unter einem Dach! Da der WG-Gedanke neu und in jeder Hinsicht „revolutionär" war, war die Suche nach einem geeigneten Wohn-Objekt mit vielen Schwierigkeiten verbunden. Alle waren wir inzwischen Pädagogik-Studenten und das individuelle Outfit zeichnete sich durch lange Haare und Vollbart aus. Für viele Wetterauer Bürger gab es damals sofort eine äußer-liche Affinität zu den überall aushängenden Fahndungsfotos aus der Verbrecherkartei. Schließlich wurden wir im Wölfersheimer Ortsteil Melbach, in der Großen Gasse 24 fündig, wo wir eine große Gründerzeit-Villa anmieteten. Erbaut 1896, als Herrenhaus des landwirtschaftlichen Anwesens der Familie Keil. Als wir im August 1972 mit drei Fami-lien dort einzogen, war die erste Musiker-Wohngemeinschaft der Wetterau geboren. Wir renovierten das Haus und konnten damit Vorurteile in der Melbacher Bevölke-rung entkräften. Trotzdem war es im Kopfkino mancher Nachbarn noch jahrelang „die Kommune." Sprüche aus der Bevölkerung wie „Zeigt mir doch mal das Matratzenlager!" zeugten von der blühenden Phantasie in der Gesellschaft jener Jahre.

Bei der Renovierung wurde natürlich im Keller ein großer Proberaum eingerichtet. Dieses Haus und die Musik wurden in der darauffolgenden Zeit ein Magnet für Freunde, Besucher, Musiker und sonstige Neugierige. Bei näherem Hinsehen war es gar nicht so sensationell. Jeder hatte seinen eigenen Wohnbereich. Nur die Küche und der Proberaum wurden gemeinschaftlich benutzt.

Nachdem sich die Melbacher davon überzeugt hatten, dass ihre neuen Mitbürger alle ihrer Arbeit beziehungsweise ihrem Studium nachgingen und sich in ihrer Freizeit neben der Musik auch für Kommunalpolitik und Fußball interessierten, war man im Dorf „angekommen."

Nun ging es auch musikalisch steil bergauf. Deshalb mussten wir einen Band-Namen finden. Wir einigten uns auf „Parabol". Erst viel später wurde dessen Bedeutung bzw. der Zusammenhang mit der Musik von „Parabol" in einem Zeitungsartikel der Frankfurter Rundschau beschrieben: „So, wie ein Parabolspiegel das Licht in einem Brennpunkt sammelt, so sammelt Parabol Eindrücke und Erlebnisse aus ihrer Umwelt und verarbeitet sie in ihren Liedern und Texten." Dass dies wirklich so war, bewies unsere musikalische „Deutsch-Rock-Phase", in der viele Lieder mit sozial- und gesellschaftskritischen deutschen Texten entstanden. So wuchs bald der dringende Wunsch nach versierter, musikalischer Verstärkung, die wir schließlich in Dirk Witschke, einem talentierten jungen Keyboarder aus Wölfersheim, fanden, der auch sehr gut Saxophon, Oboe und Klarinette spielen konnte.

Bald umfasste das große Repertoire von „Parabol" in der Hauptsache Eigenkompositionen! Diese entstanden hauptsächlich aus dem nahezu unerschöpflichen musikalischen „Ideen-Reservoir" von Burkhard, aber auch die anderen Bandmitglieder steuerten eigene Ideen bei, die oft in der gemeinsamen Lebenswirklichkeit jener Jahre ihren Ursprung hatten. Bis heute unvergessen sind die bekanntesten Titel „Nr. 24" (nach der Hausnummer der Villa) und „Show me the way". Beide wurden damals im Studio des Melbacher Kultmusikers und Freundes Karlheinz Kreßmann, dem Chef der legendären „Bourbon Family", aufgenommen. Da mit zunehmendem Bekanntheitsgrad von „Parabol" auch die Zahl unserer Auftritte enorm zunahm, übertrugen wir das Management Gerald Bunz, einem guten Freund, der die Gruppe als „JEE-BEE-Management" bis zu ihrer Auflösung

„Parabol" vor der Villa 1973 und Foto einer Session von 1974

sehr rührig und erfolgreich begleitete und betreute. Ein gutes Beispiel für seinen Erfolg und die musikalischen Qualitäten von „Parabol" on stage war der Auftritt bei einem spektakulären Open-Air-Konzert im Frankfurter Palmengarten, wo „Parabol" die damals international bekannte Gruppe „LILY" auch in der Publikumsresonanz förmlich an die Wand spielte.

Wir spielten inzwischen bei Festivals und Konzerten in ganz Hessen. Immer wieder veranstaltete die Band für ihre Freunde in der Wetterau aber auch eigene Konzerte in den umliegenden Bürgerhäusern und Stadthallen.

1975 verließ ich die Band, wandte mich neuen musikalischen Herausforderungen zu und wurde später Mitbegründer der heute noch erfolgreichen „Alpha Band", die ihren Sitz ebenfalls in Melbach hatte und die ich bis in das Jahr 2010 leitete.

Im gleichen Jahr 1975 beendeten wir aus vielerlei persönlichen und beruflichen Gründen das „WG-Projekt" in der Melbacher Villa. Während ich Melbacher blieb und bis zur Fertigstellung unseres eigenen Hauses in der Sternstraße noch in der Villa wohnte, fand „Parabol" einen neuen Proberaum in Florstadt.

Thomas Gerlach

geboren 1948,

Wölfersheim

Die Villa in Melbach 1972

Die „Parabol" singen deutsch

mf — Parabol nennen sich fünf junge Musiker, die in der Umgebung Frankfurts spielen. Und diesen Namen hat die Gruppe nicht gewählt, ohne sich dabei etwas gedacht zu haben. Wie ein Parabolspiegel Sonnenstrahlen sammelt und auf einen Mittelpunkt konzentriert, sammelt die Band Eindrücke und Probleme aus dem Alltag und verarbeitet sie zu Liedern.

Die fünf komponieren alle Titel, die sie singen, selbst. Ihre Texte schreiben sie in deutscher Sprache, damit das Publikum versteht, was sie sagen wollen. Bei Konzerten werden Songtexte unter den Zuhörern verteilt. Zum Mitsingen und vielleicht zum Diskutieren, später, zu Hause, wenn der Auftritt vorbei ist.

Die fünf Musiker, die ihr Spiel als Rock mit Jazz und Klassikeinflüssen definieren, wohnen in einer Wohngemeinschaft mit Katze und Kind zusammen. Einen Bandleader gibt es nicht. Man arbeitet demokratisch im eigenen Haus. Die Band managt sich auch selbst.

Und das sind die Mitglieder der Gruppe: auf dem Bild von links nach rechts Dirk Witschke, 19 Jahre, Schüler (Orgel, E-Piano, Saxophon, Oboe); Thomas Gerlach, 24 Jahre, Lehrer (Flöte, Gitarre, Gesang, Perkussion); Ralf Armbrust, 22 Jahre, Kaufmann, (Schlagzeug, Gitarre, Gesang); Horst Mallon, 24 Jahre, Student (Baß, Gesang); Burkhardt Gübler, 24 Jahre, Student (Gitarre, Gesang). Foto: Frank

131

Kirschlutscher mit grünem Stiel

Der alte Landkreis Büdingen befand sich in Auflösung, bescherte aber der Stadt Nidda noch ein schönes Hallenbad, in dem sich viele Familien am Samstagnachmittag und -abend trafen. Der Eintrittskartenblock, den man als Dauergast besaß, war für die Kinder rosa, für die Erwachsenen blau. Geräumig für das Umziehen der ganzen Familie war die sogenannte Versehrtenkabine, die damit ihrer gedachten Funktion beraubt wurde. Die Münzfönautomaten für zehn Pfennige waren für uns etwas ganz Neues.

Aber nicht nur das Hallenbad war eine neue Errungenschaft, auch das Gymnasium strahlte den Glanz des Neuen aus. Gebaut 1967, war es später etwas Besonderes für uns, dort zur Schule gehen zu dürfen.

Die ohnehin wenigen Autos mit dem Nummernschild „BÜD" verschwanden nach und nach aus dem Stadtbild; es war jetzt das Kürzel „FB" für die uns ferne Kreisstadt Friedberg im Kommen. Aus den selbständigen Orten rund um Nidda wuchs die neue Großgemeinde heran, für uns vor allem daran zu erkennen, dass aus der umgangssprachlichen „Bürgermeisterei" am Marktplatz die „Stadtverwaltung" mit zusammengewürfeltem Personal aus allen Stadtteilen wurde. Sie residierte nun, erweitert um die Räume im ehemaligen Stadtwirtshaus „Zum Stern", repräsentativ am Marktplatz.

An der Pforte saß der gute Geist und „Ortsdiener", Willi Rullmann, der seinen Dienst in einem kleinen Räumchen rechts hinter dem Haupteingang versah und seinerzeit auch die Funktion hatte, während der Dienstzeiten die auf dem Dach befindliche Sirene auszulösen, sollte die Feuerwehr zum Einsatz gerufen werden. Am Rathaus befand sich dafür der rote Knopf des Feuermelders hinter einer Glasscheibe, für sonstige Alarmierungen, auch der Polizei, gab es eine Notrufsäule am „Sänger's Eck". Wer die Feuerwehr alarmieren wollte, rief nicht die 112 an. Vielmehr klebte zu Hause auf dem alten schwarzen Telefon mit dem schweren Hörer und der Textilschnur ein Zettel mit „911, 912, 913" – die Rufnummern der Stadtverwaltung.

22 Jahre nach der Gründung der Drogerie an der Kreuzung Bahnhofstraße/Neue Straße/ Schillerstraße in den kleinen Räumen der Neuen Straße 9 realisierte meine Familie einen kompletten Neubau, der vom Keller bis zum Dach auf die Bedürfnisse einer modernen Drogerie ausgelegt war. Vom „Benzinraum" im Keller über den Warenaufzug ins Lager im Obergeschoss, den Aufenthaltsraum für das noch zahlreiche Personal, bis zum

Jürgen Uwe an seinem dritten Geburtstag, mit seinem ersten Kaufladen und mit seinem ersten Drogeriekittel zur Eröffnung der neuen
Drogerie seiner Eltern.

„Giftraum" und dem Auspackraum. Das eigentlich Neue: Es gab keine Verkaufstheke mehr. War im alten Geschäft mit den Regalen aus „Eiche rustikal" noch eine Glas- und Holztheke durch den Raum verlaufen, gab es jetzt Selbstbedienung. Nur eine kleine Theke am Ausgang mit der mechanischen, orangefarbenen Registrierkasse darauf war noch übrig geblieben. Die Regale jetzt weiß und hell, hinter den einzelnen Warengruppen Parfümerie, Kosmetik, Toilettenartikel, Fotozubehör, Kerzen, Babynahrung, Reformwaren, Verbandstoffe, Putzmittel und noch vieles andere mehr, waren die Wände mit Stoffen in orange, dunkelgrün, braun oder gelb bespannt. Wir waren gewissermaßen ein „Vollsortimenter", Märkte auf der grünen Wiese gab es noch nicht.

Im Postamt hingen im Vorraum große Plakate mit den Fotos der von der Polizei gesuchten Terroristen der RAF mit der Angabe über eine hohe Belohnung bei Hinweisen zur Ergreifung. Wurde ein Terrorist gefasst, dann wurde das Bild mit einem schwarzen Filzstift durchgestrichen. Im Fernsehen, das wir ab 1974 in Farbe empfingen, sahen wir die Berichte über die Ermordung von Buback, Ponto und Schleyer. Mit meinem Großvater zusammen habe ich auch die Übertragung der jeweiligen Beerdigungen verfolgt, die mich tief beeindruckten. So waren die Übergänge zwischen der Kindheit in Oberhessen und der großen Politik draußen nahezu fließend.

Zur Post- und Paketzustellung: Es gab auch „Fracht" oder „Stückgut", die über die Bahn versendet wurden. Ich bin mit meiner Mutter des Öfteren zum Niddaer Bahnhof mit dem Auto gefahren, das heißt zur Güterabfertigung, wenn wir eine Lieferung besonders schwerer, großer oder gefährlicher Pakete erwarteten. Insbesondere Weihnachtsschmuck, Feuerwerk, Faschingsartikel oder Pflanzenschutzmittel für unsere Drogerie kamen über die Bahn. Wenn wir die Lieferung nicht selbst holen konnten, brachte uns das Fuhrunternehmen Lupp vom „Neuwirtshaus" gegen Entgelt die Packstücke zuverlässig mit Traktor und Anhänger.

Unser Spielplatz lag neben dem Bürgerhaus an der Stadtmauer, die noch nicht freigelegt, sondern von den „Holzställen", also kleineren Scheunen einzelner Familien in der Altstadt, zugebaut war. Daran folgte der Bauhof der Baufirma Lupp, die zu Beginn der Siebziger in der Altstadt zwischen Schloss und Krug'schem Haus beheimatet war und erst danach in die Harb umsiedelte. Auf dem dann frei werdenden Platz, wo einst die Baustoffe lagerten, schlugen oft US-Amerikaner, meist im Herbst, ihr Lager auf, wenn Manöverzeit war. Das Gelände war dann mit Stacheldraht umgeben und es herrschte reges Treiben, das wir mit Interesse verfolgten.

In punkto Gastronomie gab es verschiedene Neuerungen, denn die ausländische Küche hielt Einzug in Nidda. Zunächst fand die „Treppe", der „Darmstädter Hof" in der Schillerstraße, einen neuen jugoslawischen Pächter, danach baute der Italiener Emilio Nasti mit seiner Familie im „Karlshof" am Ende der Raun seine erste Pizzeria auf. Manchmal

Das ehemalige Schuhhaus Lampas vor dem Umbau zur modernen Drogerie, 1972

Fastnachtsumzug 1973 in der Neuen Straße

gab es bei uns am Samstagabend Pizza, vor Ort bestellt und mit nach Hause gebracht in gelben Pappkartons, die wir in unserer Garage sammelten und beim nächsten Mal wieder zurückgaben, wenn sie nicht allzu sehr verschmutzt waren.

Weitere Lokalitäten waren die „Krone" mit Metzgerei (daneben noch Haushaltwaren-Lebensmittel Scherfer, wo es die leckeren Kirschlutscher mit grünem Stiel gab), der „Hanauer Hof" nahe des Bahnhofs, die Gaststätte „Zur Eisenbahn" / Metzgerei Kurkowski, Bender's Snack (der Jugendtreff in der Schillerstraße zwischen Bäckerei Rank, zwei Eiskugeln für fünfzig Pfennige) und die Bäckerei Jakob (das erste Softeis in Nidda), wo es Bier aus Weihenstephan gab, die „Blaue Adria" in der Mühlstraße, die „Bunny Box" in der Gerbergasse, das „Ästchen" und das „Marktstübchen" in der Raun und die neue Bürgerhaus-Gaststätte der Familie Bonarius, die im alten, rot gestrichenen Kassenhäuschen des Freibades den Kiosk betrieben.

Im Sommer lockte das Niddaer Freibad (Baujahr 1936) mit eiskaltem Wasser, den Holzkabinen mit grünen Türen (innerhalb der Niddaer Familien „vererbbare" Jahreskabinen für 24 Mark pro Jahr als Umkleide), dem Planschbecken mit dem Wasser speienden Pinguin und dem Fünf-Meter-Sprungturm, an dem der Rettungsring mit der Aufschrift „Stadt Nidda" hing. Nach Hause gehen mussten wir übrigens immer spätestens dann, wenn die Evangelische Stadtkirche um 17 Uhr läutete, das war Gesetz in vielen Familien und irgendwie selbstverständlich. Eine Uhr brauchten wir nicht unbedingt dabei zu haben, das änderte sich erst mit dem Übergang in die weiterführenden Schulen.

Jürgen Uwe Klein

geboren 1969, Nidda

****

Starkluftschleuse

****

Aufgrund moderner und weltoffener Eltern kam ich in den Genuss eines Hot Dogs an einem entsprechenden Stand in der Bad Homburger Einkaufsstraße, der Luisenstraße. Ein Foto zeigt meine Mutter und mich und einen unbekannten, aber ebenso von dem revolutionären Verkaufsstand angetanen Herrn. Unseren vorangegangen Einkaufsbummel im gut sortierten Kaufhaus „Woolworth" krönte meine Mutter mit dem Imbiss eines Hot Dogs. Wir schafften es damit in die Zeitung, die die Bedenken der Stadt nicht unerwähnt ließ, es könnten durch diese Art Verkaufsstand „Zustände wie auf dem Jahrmarkt" entstehen. Unser „Drive In" war der mit Rollschuhen oder Fahrrad angefahrene Kiosk, unser „Log in" des Online-Shoppings war das Durchschreiten der Starkluftschleuse im Eingang zu „Woolworth" und unser „Lieferservice" war „Eis-Toni" im VW-Bus, der mit dem Läuten einer Glocke sein Erscheinen verheißungsvoll ankündigte.

Eva Mojschewitsch

geboren 1967, Friedrichsdorf

Eva per Zufall in der
Zeitung, mit ihrer Mutter
am Hot Dog-Stand

Die Hot Dogs, die seit gestern in der oberen Louisenstraße in einer Passage auf einem zwei Quadratmeter großen privaten Gelände verkauft werden, waren fünf Monate lang ein „heißes Eisen". Nach hartnäckigem Weigern hat jetzt der Magistrat die Erlaubnis zum Betrieb dieses Verkaufsstandes erteilt. Die Stadt hatte ursprünglich befürchtet, durch Verkaufsstände dieser Art würden in der den Fußgängern gewidmeten Straße „Zustände wie auf dem Jahrmarkt" entstehen.   Foto: Gwiasda

****

Angst

****

Das Loch war nicht einmal einen Zentimeter im Durchmesser groß. Es schwebte in der Luft und verbreitete Angst, mächtig Angst. Ich stand an unseren alten R4 gelehnt in klassischer Haltung: Hände auf dem Dach, Beine leicht gespreizt, trug Studentenuniform – Jeans, Parka, Turnschuhe –, war seit Tagen nicht rasiert und meine Haare lagen auf der Schulter. Neben mir stand Jan in gleicher Haltung, gleiche Klamotten, noch ein wenig zotteliger um den Kopf herum.

Wir guckten beide in das Loch am Ende einer Maschinenpistole, die ein sehr junger Mann in ordentlicher grüner Uniform in Händen hielt. Er versuchte, grimmig zu gucken, doch geheuer war ihm die Sache offensichtlich auch nicht. Fast schien es so, als hätte auch er Angst. Immerhin lag sein Zeigefinger auf dem Bügel der Maschinenpistole, nicht am Abzug. Bei Jan und mir krabbelten gerade Hände die Beine herauf, holten meine Geldbörse aus der Tasche, tasteten den Oberkörper ab. Führerschein und Studentenausweis wurden auf das Autodach gelegt. Einen Personalausweis hatte ich nicht dabei. Zwei weitere „Grüne" durchsuchten unser Auto. Einziger Trost: Das war nicht gerade sauber.

Das alles passierte auf einem Parkplatz kurz hinter Wetzlar an der Sauerlandlinie, die gerade erst eröffnet worden war. Verdächtige waren aus dem fließenden Verkehr herausgezogen worden, und bei unserem Aussehen und unserem Auto waren wir natürlich verdächtig. Die Polizei machte Jagd auf die RAF, die Rote Armee Fraktion. Und wir kamen auch noch aus Marburg, von einer „linken" Uni.

Erst viel später habe ich erfahren, dass in Marburg tatsächlich RAF-Mitglieder versteckt worden waren. Endgültige Bestätigung dafür bekam ich gut 30 Jahre später bei einem Gespräch mit dem Geschäftsführer einer großen Gießener Firma. Ein Porträt für den „Gießener Anzeiger" sollte entstehen. Kaum zu glauben, aber er hatte als Student tatsächlich recht gute Kontakte in die Terroristenszene gehabt. Beteiligt hatte er sich zwar nicht an irgendwelchen Aktionen. „Verraten" aber hatte er sie auch nicht. So kam es, dass dieses Porträt nie geschrieben, geschweige denn gedruckt wurde.

Auf dem Parkplatz saßen wir mit mehreren Kollegen inzwischen wie die Hühner auf dem Bordstein. Einer nach dem andern durfte gehen. Eigentlich waren wir jetzt an der Reihe, doch lautes Geschrei unterbrach die fragwürdige Idylle. Da wehrte sich einer gegen die Durchsuchung, brüllte, er sei der Bürgermeister von Soundso. So aussehen tat er nicht.

Doch alles beruhigte sich schnell. Die Überprüfung unserer Ausweise dauerte offensichtlich länger. Dann aber durften wir fahren.

Das alles passierte 1973. Da war die heiße Phase der Fahndung nach der RAF längst eröffnet. Drei Banken waren in Berlin zur gleichen Zeit ausgeraubt, der erste Polizist erschossen worden. Klar: Die Jagd war eröffnet. Natürlich verfluchten Jan und ich die „Scheißbullen", verfluchten die Ungerechtigkeit in dieser Welt: Die Armen wurden ärmer, die Reichen reicher. Die Industrienationen plünderten Entwicklungsländer aus und niemand tat etwas dagegen. Wer es versuchte, lebte nicht lange. Im Kongo hatte es Lumumba versucht, hatte sogar demokratische Wahlen durchgesetzt: sein Todesurteil. Natürlich verehrten wir Ho Chi Min, der mutig den Amerikanern die Stirn bot. 45 Jahre später besuchte ich Vietnam, konnte besichtigen, in welch bescheidenen Verhältnissen er in seiner Regierungszeit gelebt hatte. Aber ich erfuhr, mit welcher Brutalität er gegen seine Kontrahenten vorgegangen ist, wie viele Opfer die Durchsetzung des Kommunismus in Vietnam gefordert hat. Doch nicht das Volk regierte, wie wir das geträumt hatten, sondern wie überall in diesen Systemen war es zur Diktatur einer Clique gekommen.

Jan und ich dagegen schwelgten während unserer Fahrt in das heimatliche Westfalen in gesellschaftlichen Utopien. Plötzlich heulte Jan auf: „Die stehen ja in jeder Ausfahrt." Tatsächlich, in jeder Ausfahrt wurde noch einmal kontrolliert. Wie lange sie das wohl durchhalten würden, gab es doch ab Hagen jede Menge Abfahrten von der Autobahn. Wir wollten alles noch einmal überlegen, steuerten oben an der Kalteiche einen Parkplatz an. Das war ein Fehler, denn dort standen sie auch.

Eine Minute später schauten wir wieder in die Mündung einer Maschinenpistole. Wieder war es ein junges Kerlchen, das trotz kühler Witterung schwitzte. Dieses Mal lag der Zeigefinger nicht am Bügel, sondern am Abzug. Nun fing auch ich an zu schwitzen. Ein älterer Polizist, der mir gerade an die Brust griff, bemerkte dies, folgte meinem Blick und blaffte den jungen „Grünen" an, denn das war ja auch für ihn gefährlich.

Mit Waffen, die auf mich gerichtet waren, hatte ich schon schlechte Erfahrungen gemacht. 1967 bei der Bundeswehr musste ich als Fahnenjunker nach einer Befehlsverweigerung, die natürlich völlig berechtigt war, in die Arrestzelle. Ich sollte als Gefangener spazieren gehen. Ein junger Soldat mit geladener Pistole in der Hand sollte mich dabei bewachen. Das habe ich nicht gemacht.

Diese zweite Befehlsverweigerung brachte mir noch einmal drei Tage „Bau" ein. Degradiert wurde ich nicht, musste deshalb wenig später als Panzerkommandant in den Krieg ziehen, der Prager Frühling machte es möglich. Russische Panzer kamen an die deutsch-tschechische Grenze, die Gebirgsdivision wurde in den Bayrischen Wald verlegt. Vier Wochen lang lebten wir in Furcht, vor allem, wenn russische Panzer in der Nacht die Stellung wechselten. Als es nach vier Wochen zurück in die Kasernen ging, war die Erleichterung riesig. So ähnlich habe ich mich gefühlt, als der junge Polizist den Finger vom Abzug nahm.

Es dauerte wieder, bis unsere Personalien überprüft waren. Doch auch danach blieben die Blicke der Polizisten misstrauisch, ja feindselig. Endlich waren wir wieder auf der Autobahn. Jan und ich träumten weiter von einer gerechten Welt, fragten uns, warum die RAF so brutal vorging. Gab es keine anderen Mittel? Damals war der „Kalte Krieg" auf seinem Höhepunkt. Längst waren die Kommunisten nicht mehr die großen politischen Vorbilder – siehe DDR. Doch waren wir Kapitalisten wirklich die Guten? Jan: „Die einzige Frage ist doch: Wie können wir alle zufrieden leben?" Und da schien gerade Gewalt eben nicht das richtige Mittel.

Wir träumten weiter. Es sollte eine Mischung sein zwischen Staat und Privatem. Deshalb sollte alles, was der Mensch unabdingbar benötigt, in Staatlicher Hand sein. Ja, das wollten wir. Und was gehörte alles dazu: Natürlich Strom, Wasser und Abwasser, gesetzliche Krankenversicherung, Rente, Nahverkehr, Straßen. So, glaubten wir, könnte für die Menschen von der Politik wirklich gesorgt werden. Heute wissen wir, in was für eine utopische Welt wir uns verirrt hatten. Doch das sahen wir damals in den Siebzigern natürlich nicht, wir wollten eine gerechte Gesellschaft, dafür gingen wir auf die Straße auch bei kleineren Anlässen.

Ein Problem aber löste sich bei unserer Fahrt auf der Sauerlandlinie nicht von allein: Wir mussten tanken und hatten nur wenig Geld. Wir mussten zwingend in Hagen abfahren, bereiteten uns seelisch darauf vor, wieder in dieses beunruhigende Loch blicken zu müssen. Die Abfahrt war erreicht – und da standen sie auch schon. Die Handflächen begannen zu schwitzen. Wir hatten einfach Angst. Doch es passierte nichts, gar nichts. Keine Kelle winkte uns an den Straßenrand, wir konnten einfach fahren. Schnell hatten wir die Polizisten hinter uns gelassen. Das Aufatmen war hörbar. Bei der Rückfahrt haben wir die Sauerlandlinie gemieden, sind über Landstraßen von Hagen nach Marburg getuckert. Und wir haben über die Zukunft philosophiert. Schnell wurde klar: Wir wollen eigentlich nur zufrieden sein. Doch was tun wir dafür.

Wir wollten damals eine bessere Welt. Wir beschritten viele Wege. Wir haben versagt.

Erhard Goltze

geboren 1948, Buseck

****

Ein Name mit Geschichte

****

Meine Eltern, Ingrid und Gerd, beide gebürtig aus Gießen, waren 19 Jahre alt, als meine Mutter mit mir schwanger wurde. Sie hatten sich ein Jahr zuvor in einer Diskothek kennengelernt. Meine Mutter Ingrid himmelte Gerd an, da er als Boxer recht bekannt war. Dieser fand Ingrid wunderschön und heiratete sie mit ihrem großen dicken Bauch im Mai 1972. Fortan hießen beide mit Nachnamen Becker.

Mein Vater fand meine schwangere Mutter anhaltend hübsch. „Mädchen klauen die Schönheit in der Schwangerschaft", hieß es damals. Somit war klar, dass es ein „Bub" werden würde. Daran bestand kein Zweifel. Meine Eltern waren mit Leib und Seele Fans der Rolling Stones, die seit zehn Jahren Musikgeschichte schrieben, und vergötterten Mick Jagger. Daher wollten sie ihren noch ungeborenen „Bub" Mick nennen. Ein anderer Name kam für sie gar nicht in Frage.

Aus der BRAVO wussten sie, dass Mick Jagger am 26. Juli Geburtstag hat. Ende Juli sollte ich zur Welt kommen. So hofften sie auf den großen Zufall und wurden nicht enttäuscht; am sehr frühen Morgen des 26. Juli 1972 kamen die Wehen. Glücklich über den Zufall, der unter 365 Möglichkeiten des Jahres ausgerechnet diesen Tag erwählt hatte, fuhren die beiden aufgeregt ins Krankenhaus.

Um 13:21 Uhr erblickte ich als gesundes Baby nach einer komplikationslosen Geburt das Licht der Welt. Ein wirklich süßer Fratz, da ich mit meinen Härchen auf dem Kopf schon älter als erst eben gerade geboren wirkte. Allerdings war das kleine kerngesunde Bündel, das man Ingrid und Gerd in die Hand drückte, kein Junge, sondern ein Mädchen. So stellte sich die Frage nach dem Namen, denn einen Mädchennamen hatten sich meine Eltern nicht überlegt.

Der frischgebackene Vater schlug nach einigem Nachdenken zögerlich vor: „Was hältst du von Mickey?" Mickey, wie die Maus. In Anlehnung an Mick (Jagger).

Das wollte mir meine Mutter nicht antun. Ihr Mann sah dies resigniert ein. Das ging nun wirklich nicht. Zumal die Chancen damals relativ aussichtslos waren, die Standesbeamten zu überzeugen, dass Mickey aus der Ursprungsidee heraus die einzige Alternative der Namensgebung für das „klaa Würmsche" war.

Ingrid sinnierte währenddessen über die Möglichkeit, das Kind nach der amerikanisch-französischen Sängerin Josephine zu nennen. Die hieß nämlich mit Nachnamen Baker, was ja aus dem Englischen übersetzt wiederum Bäcker hieß und das Kind könnte dann Josephine Becker heißen.

Bei einem starken Kaffee nach der ganzen Aufregung kam meinem Vater die rettende Idee: „Wie heißt denn die Frau von Mick Jagger?" Diese hieß Bianca und Bianca Becker passte für das junge Elternpaar wie Tim & Struppi, wie Bonnie & Clyde oder einfach wie Copy & Paste perfekt zusammen und so beschlossen sie unisono: „Wir nennen sie Bianca."

Die konservative Oma, die mit meinem ausländischen Namen von Beginn an so gar nicht einverstanden war, packte noch ein Simone zwischen Bianca und Becker und das „klaa Würmsche" erfuhr später, dass Bianca eigentlich „die Weise, Glänzende, Reine" bedeutet und nach italienischer Herkunft wunderschön und klangvoll ausgesprochen wird. Ein Name mit Geschichte.

Bianca Becker

geboren 1972,

Bad Nauheim

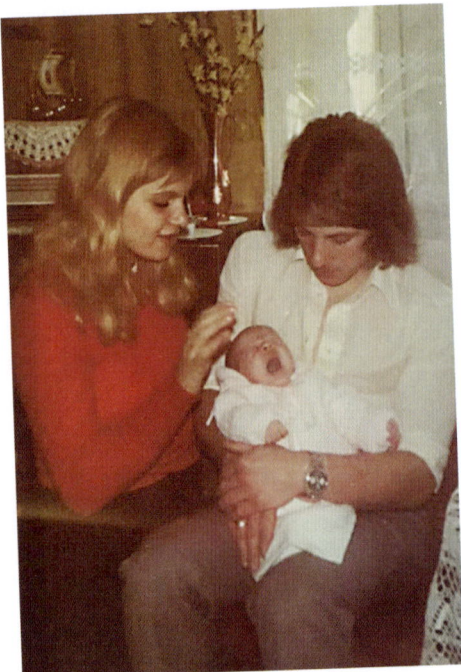

Den Namen
von einem Star
geerbet: Bianca
Becker, frisch auf
der Welt

Unendlich viel Zeit

Keine Eltern, die das einzige Kind zu einem möglichst guten Schulabschluss treiben wollten, keine Ablenkung durch Computer, Handy, Playstation und Co. Keine Termine, außer vielleicht, wie in meinem Fall einmal in der Woche die Klavierstunde. Die Tage erstreckten sich in unglaublicher Länge, Nachmittagsbetreuung an der Grundschule oder gar im Kindergarten – unvorstellbar. Als Stockheimer „Määdsche" ging man nach der Schule nach Hause, wo die Mutter gekocht hatte. Nach dem Essen war das obligatorische Spülen und Abtrocknen dran. Eine Spülmaschine hielt meine Mutter für überflüssig, wozu hatte sie schließlich uns. Nach den Hausaufgaben, die schnell erledigt waren, ging man raus. Wohin genau, konnten wir nicht so richtig sagen, schließlich mussten wir erst einmal schauen, wer sonst noch so auf der Straße war. War niemand draußen, ging man zu den Nachbarn und klingelte, oder noch besser, man ging einfach ins Haus, denn die meisten Türen waren nicht verschlossen. Ohne Verabredung, ohne von den Eltern mit dem Auto gebracht zu werden. Mit welchem Auto auch? Das eine, welches in der Familie vorhanden war, brauchte der Vater, um zur Arbeit zu fahren.

Mehr als einmal ließ meine Mutter mich im Vorschulalter von einem früh pensionierten Nachbarn mit dessen Auto suchen, während mein Vater noch arbeitete. Oftmals war ich dann heimlich meinen älteren Brüdern und Cousins gefolgt. Mein Elternhaus lag an einem Feldrand. Gingen meine Brüder ins Feld zum Spielen, wartete ich, bis sie am Ende des Feldwegs um die Ecke gebogen waren. Dann war die Gefahr, dass sie mich zurückbringen würden, nicht mehr gegeben, der Rückweg war ihnen dann zu weit. Dann begann das große Abenteuer. In einem Waldstück nahe des Vogelschutzgehölzes in Stockheim gab es echte Lianen. Daran zu schaukeln und zu hoffen, dass das natürliche Seil halten möge, war das Größte.

Auf dem Weg dorthin gab es für mich einige Mutproben zu bestehen. Meine Brüder und Cousins, vier, acht, neun und elf Jahre älter als ich, erlaubten sich allerhand Schabernack mit mir. Schließlich hätte mein ältester Bruder lieber einen Hund gehabt, stattdessen gab es eine kleine Schwester, da konnte man nicht allzu rücksichtsvoll sein. Eine Feuertaufe gab es bereits am alten Hochbehälter in Stockheim zu bestehen. Kopfüber steckten die Jungs mich durch ein rundes Fenster in den alten Wasserbehälter und hielten mich nur noch an den Füßen fest. Mein Geschrei hallte in den alten Wänden schauderhaft wider, groß war die Angst, dass sie mich fallen lassen würden. Dennoch war die Anziehungskraft, mit den älteren Jungs auf Tour zu gehen, einfach zu groß. Wieder und wieder bin ich ihnen hinterher geschlichen. Ich wurde auf eine Bank im Wald gesetzt, wo ich mich nicht von der Stelle rühren sollte, weil angeblich ein Wildschwein hinter mir sitze, musste saure Beeren und unreife Äpfel essen und natürlich über all die Abenteuer Stillschweigen bewahren. Es gab aber auch erste Anleitungen für das Schnitzen von Pfeil und Bogen, später dann heimliche Spritztouren auf alten Mofas und Motorrädern durch Feld und Wald. Und natürlich viel Bewegung in der freien Natur. Eigentlich waren wir draußen, bis es dunkel wurde.

Als ich älter wurde, zog ich dann mit einer Freundin los. Sie hatte einen kleinen Dackel, ich nahm meist Rex, einen großen Hund, der Freunden meiner Großmutter gehörte und die meiste Zeit an einer Kette angeleint auf einem Bauernhof verbrachte, mit auf unsere Touren. Da ich keinen meiner beiden Großväter kennengelernt hatte, schlüpfte der Besitzer dieses Hofhundes gerne in die Rolle meines Ersatzgroßvaters und ich nannte ihn Opa Reutzel. An Schlachttagen bekam ich von ihm klitzekleine Blut- und Leberwürstchen, die ich unglaublich gerne mochte. Und so wie ich ganz selbstverständlich diesen Freund meiner Oma mit Opa Reutzel ansprach, waren die Freunde meiner Eltern Tanten und Onkel. Ich gebe zu, das war eigentlich in den Siebzigern nicht mehr üblich, doch meine Eltern und ihre Freunde waren da noch recht altmodisch.

Mit meiner Freundin und den beiden Hunden vertrödelte ich viele Nachmittage in den Wiesen und Feldern rund um Stockheim. Wir hatten einfach Zeit zum Trödeln. Normal war es auf den Dörfern auch, abends Milch bei einem Bauern zu holen. Und es war überhaupt keine Frage, wer das machen musste: die Jüngste natürlich. Also zog ich mit einer alten Milchkanne jeden Abend gegen sechs Uhr los, um einen oder zwei Liter Milch zu holen. Manchmal ging auch da eine Freundin mit. Besonders großen Spaß machte es uns, die vollen Milchkannen im Kreis zu schleudern. Zentrifugalkraft direkt erlebt und nicht erst im Physikunterricht verstanden. Nicht immer funktionierte das Ganze. Einmal, so erinnere ich mich, löste sich der Tragegriff aus der Verankerung und die volle Kanne flog in hohem Bogen davon, der Inhalt ergoss sich auf die Straße. Das Donnerwetter, das mich zu Hause erwartete, war enorm. Ein bisschen ungerecht, wie ich fand, denn meine Mutter hatte mir erzählt, dass sie es als Mädchen ebenso gemacht hatte.

Die Milch, die die Bauern nicht an Direktabnehmer verkaufen konnten, wurde zur Milchannahmestelle gebracht. Zentral gelegen an der Stockheimer Hauptstraße trafen sich die Bauern hier täglich. Die Milch wurde in große Container gepumpt und währenddessen über die Milchpreise, das beste Futtermittel und den neuesten Dorfklatsch diskutiert. Ich habe erst sehr spät verstanden, dass das Treffen der vielen Männer nicht etwa ein öffentlicher Stammtisch war, sondern Teil ihrer Arbeit.

Sonntags ging es natürlich zum Gottesdienst, das war selbstverständlich. In meiner Familie umso mehr, als dass nicht nur meine Großmutter und mein ältester Bruder die

Orgel in der Kirche spielten, sondern später auch ich. Gefragt wurde ich nicht. Das war einfach so. Familientradition sozusagen. In der Kirche saßen die Männer oben und die Frauen unten. Die sogenannten Zugezogenen saßen meist in dem neu erstellten Anbau. Doch die Einheimischen saßen nach Geschlechtern getrennt in dem alten Teil der Kirche. Das war sehr interessant, wenn ich als ganz kleines Kind an der Seite meines Vaters, mit Pixi-Büchern gegen die Langeweile bewaffnet, zwischen all den älteren Männern saß. Denn meine Mutter ging selten mit, sie musste ja schließlich den Sonntagsbraten vorbereiten.

Noch etwas ganz besonderes gab es in meiner Kindheit in Stockheim. Mit Argusaugen von den älteren Dorfbewohnern beäugt, zog eines Tages eine Gruppe von jungen Menschen aus dem Rhein-Main-Gebiet in das alte Fachwerkhaus der Gärtnerei Christ. „Das ist eine Kommune. Die leben da in wilder Gemeinschaft", tuschelten die alten Leute auf der Straße hinter vorgehaltener Hand und stellten sich gleichzeitig in farbenprächtigen Bildern vor, was hinter den meist offen stehenden Türen der Kommune wohl so alles passieren mochte. Da ich als junges Mädchen gerne meine spätere Schwägerin besuchte, die in der Bäckerei hinter der ehemaligen Gärtnerei wohnte, befand sich meine Großmutter schnell in großer Sorge, ob man mich denn alleine an diesem verruchten Haus vorbei gehen lassen könne. Dass dies eine völlig nette Wohngemeinschaft von jungen Leuten war, lag außerhalb ihres Vorstellungsvermögens. Schließlich konnten bis 1970 Vermieter, die an unverheiratete Paare eine Wohnung vermieteten, noch wegen Kuppelei angezeigt werden.

Susanne Kleinmann

geboren 1968, Büdingen

Susanne mit ihrem Bruder
auf einem alten Motorrad

Wett-Trampen nach Paris

Als in Schotten bekannt wurde, dass ich den Kriegsdienst verweigerte – ich war der Erste, der das in Schotten tat – ging unser Nachbar, ein Landwirt, mit der Mistgabel auf mich los. Ich war aber schneller, da ich damals sehr sportlich war, mich an mehreren Meisterschaften im Skilanglauf beteiligt hatte. Bei der ersten Verhandlung beim Kreiswehrersatzamt in Gießen war ich durchgefallen, bei der zweiten Anhörung wurde ich akzeptiert. Mein Vater hatte mich unterstützt, er hatte Stalingrad überlebt und war psychisch belastet aus dem Krieg zurückgekehrt.

Ich zog dann nach Friedberg, um hier die Fachoberschule der Philipp-Reis-Schule zu besuchen und meine Mittlere Reife nachzuholen. In Friedberg absolvierte ich auch meinen achtzehnmonatigen Ersatzdienst beim Roten Kreuz, das im Altkreis Friedberg 42 Stellen für Kriegsdienstverweigerer zur Verfügung gestellt hatte. Ich schlief in dieser Zeit im Altenheim, arbeitete dort, fuhr aber auch als Rettungsdienst mit hinaus. Diese Zeit hat mich sehr geprägt und ich ließ mich zum Rettungssanitäter ausbilden. Ich war allerdings schon vorbelastet, da zwei meiner Onkels Chefärzte waren, einer in der Chirurgie am Hochwaldkrankenhaus Bad Nauheim, einer in Schotten.

Damals gab es von der Anzahl her viel mehr schwere Unfälle als heute. Die Autos waren noch Blechkisten, eine Gurtpflicht gab es Anfang der Siebziger nicht, auch kaum Überrollbügel. Da habe ich schlimme Sachen gesehen. Allein die Unfälle, die das amerikanische Militär verursacht hat. Ich erinnere mich, als einmal ein Panzer über ein Gogo gerollt ist ... alles andere als schön.

In dieser Zeit habe ich mit fünf Freunden einmal ein Wett-Trampen nach Paris gemacht. Von Schotten aus, jeder für sich! Bei mir lief es gleich gut. Schotten, Nidda, Ranstadt und so weiter. In Paris hatten wir uns unter dem Eiffelturm verabredet, ich kam als zweiter an. Zwei Tage später, am Sonntag, fuhren wir gemeinsam im Zug zurück. Meinen Eltern habe ich nichts davon erzählt, bloß gesagt, am Wochenende sei ich mal weg.

Es war musikalisch eine Zeit des Aufbruchs. Wie oft war ich im „Black Inn" in Ranstadt, habe zu Birth Control getanzt und zu Led Zeppelin – die besten überhaupt. Ich war bekannt dafür, dass ich barfuß tanzte, aber war nicht der einzige, der das tat. Die meisten tanzten für sich allein. Ausdruckstanz nannte man das. Lange Haare sowieso. Im Laufe der Zeit habe ich wohl an die 2.000 Konzerte besucht. Beispielsweise war ich beim legendären Love-and-Peace-Festival im September 1970 auf der Insel Fehmarn – der letzte Auftritt von Jimi Hendrix.

Es war für mich aber auch die Zeit des politischen Aufbruchs. Mit anderen aus Friedberg beteiligte ich mich an den Demonstrationen gegen die Fahrpreiserhöhung des FVV auf der Frankfurter Zeil. Wir waren der Meinung, den Pendlern, die nach Frankfurt zur Arbeit fuhren, müsse der Fahrpreis erstattet werden. Wir blockierten also die Straßenbahn auf der Zeil. Als es aber zur Sache ging, als die Polizei anrückte, nahm ich die Beine in die Hand. Gewalt war meine Sache nicht, also auch keine Steine werfen. Außerdem kannte ich einige Polizisten aus der Wetterau, die dort eingesetzt wurden. Vom Rettungsdienst her waren diese mir gut bekannt und mit einigen war ich befreundet – wie hätte ich mich mit denen anlegen sollen? Zum Beispiel „Propeller-Herbert" aus Assenheim, der so genannt wurde, weil er bei der Polizei einen Hubschrauber flog. Ähnlich verhielt ich mich später bei der Blockade der amerikanischen Kaserne in Friedberg-Ockstadt, wo Pershing-Raketen gelagert wurden. Ich war eben immer für Gewaltfreiheit, wahrscheinlich auch, weil ein Helfer-Syndrom in mir steckt.

Carl Cellarius

geboren 1952, Friedberg

Die faulen Willis

Das Spielen draußen in der Gemeinschaft etlicher Kinder völlig unterschiedlichen Alters aus der Nachbarschaft habe ich als zugleich abenteuerlich und unbeschwert in Erinnerung. Man traf sich jeden Tag nach den Hausaufgaben und das tatsächlich ganz ohne Termin bzw. Verabredung und spielte bis zum Abendessen, wobei wir uns da am Sechs-Uhr-Läuten des Kirchturms orientierten. Unsere Eltern wussten meistens nur ungefähr, wo wir uns aufhielten; übermäßige Sorgen machten sie sich jedoch nicht. Ich erinnere mich, dass eine Mutter ihrem damals fünfjährigen Sohn mit Kuli ein Kreuz auf die rechte Hand gemalt hat, damit dieser nicht vergaß, auf welcher Straßenseite er mit seinem Fahrrad fahren musste, denn mit der Unterscheidung von rechts und links hatte er noch Probleme.

Über die Anschnallpflicht im Auto muss man heute nicht mehr diskutieren – obwohl es toll war, in den Kurven hin und her zu rutschen und dabei „Wir sind die faulen Willis" zu singen, weil es auf dem Rücksitz weder Gurte noch Kindersitze gab. Ich erinnere mich in diesem Zusammenhang recht gut an eine Fahrt im VW-Bus ohne jegliche Rücksitze eines angeheirateten Onkels, in dem wir zu dritt oder viert im hinteren Bereich auf dem Boden knieten und „betende Mönche" spielten. Der Onkel machte den Spaß mit, fuhr Schlangenlinien und baute die ein oder andere scharfe Bremsung ein, so dass wir bis an die Vordersitze rutschten.

Dass die Hausapotheken nicht gesichert und Putzmittel oft frei zugänglich waren, kann man wohl ebenfalls eher als suboptimal bezeichnen. Einer meiner Freunde (oder dessen Bruder, das weiß ich nicht mehr so genau) hat – Erzählungen nach – einmal eine Flasche Hustensaft auf ex geleert und musste danach ins Krankenhaus zum Magen auspumpen. Möglicherweise wurde die Geschichte aber auch nur aus psychologischen Gründen, sozusagen zur Abschreckung, von unseren Eltern verbreitet.

Garantiert wahr ist jedoch die Geschichte, die sich Ende der Siebziger im Kindergarten ereignet hat. Da zwei Cousinen von mir daran beteiligt waren, kann ich sogar zu den Farben der „Kotzeimer" in der Kinderklinik in Gießen nähere Angaben machen. Ich selbst war zu diesem Zeitpunkt bereits in der Schule und daher glücklicherweise nicht an dem Vorfall beteiligt. Folgendes hatte sich zugetragen: Die Kinder spielten auf dem Außengelände des Kindergartens „Familie" (auch „Vater-Mutter-Kind" genannt und ein wirklicher Renner in diesen Tagen). Da die Mitglieder jeder Familie logischerweise früher

Tanja 1973, gerade ein Jahr alt

oder später einmal ein Hungergefühl überkommt, musste natürlich auch etwas gekocht werden – möglichst realistisch, versteht sich. Der sinnigerweise auf dem Gelände des Kindergartens gepflanzte „Goldregen" bot hier eine ideale Grundlage. Die farbigen, kugeligen Früchte konnte man gut als Erbsen oder Bohnen benutzen und in den Sand-Eintopf rühren. Einzeln – also ohne Sand – wurden sie dann (leider) auch tatsächlich von den Kindern verzehrt. Bis die Erzieherinnen, die damals noch Kindergärtnerinnen hießen, dies bemerkten, war es bereits zu spät; sicherheitshalber wurden sämtliche Kinder eingepackt und in die Kinderklinik nach Gießen gebracht. Dort gab es – nachdem sich jedes Kind ein schönes, buntes Eimerchen ausgesucht hatte – eine Runde Brechmittel satt, um die kleinen Mägen von dem giftigen Goldregen zu befreien.

An den intensiven (Farb-)Geruch des ein oder anderen Möbelstücks kann ich mich auch noch gut erinnern. Wir liebten unsere orange- oder giftgrünfarbigen Kinderzimmer (mit passenden, von einer Tante liebevoll gehäkelten Fußteppichen) sehr.

Gut in Erinnerung sind mir noch zahlreiche tolle Spiele: Meine Schwester und ich spielten sonntagsmorgens gerne „Zirkus", leider ausgerechnet in meinem Bett: Eines Sonntags hatten wir gerade wieder alle unsere Kuscheltiere, die die Zuschauer darstellen sollten, ordentlich um das Bett herum drapiert und dann kamen wir, die tollsten Artisten aller Zeiten, mit Purzelbaum, Flugrolle und Salto und sprangen wie die Wilden auf dem Bett herum. Leider hielt das zum überwiegenden Teil aus günstigem Sperrholz bestehende (orangefarbene) Bett unserem Gehopse nicht lange stand und brach plötzlich und mit einem unglaublich lauten Knall zusammen. Damit wurde die Sonntagmorgenruhe für unsere Eltern schlagartig beendet, die gleich mit bleichen Gesichtern in mein Zimmer gestürmt kamen. Wir waren glücklicherweise unverletzt, das war das Wichtigste, und das Bett wurde kurzerhand von Papa repariert (frei nach dem Motto: „Der Papa wird's schon richten, der Papa macht's schon gut, der Papa, der macht alles, was sonst keiner gerne tut").

An jedem Geburtstag wurde – sobald es draußen dunkel wurde – Versteck im Dunkeln in unseren Zimmern gespielt. Wir waren immer zwischen zehn und zwanzig Kinder und krochen in alle möglichen „Ritzen." Besonders gut hatte es dabei einer meiner Brüder, der als ehemaliges Frühchen unglaublich klein und dünn war und den wir sogar in einer großen Schublade im Wohnzimmerschrank unterbringen konnten. Beim Suchen im Dunkeln hatte ich aber immer Angst und blieb deshalb einfach an der Tür stehen, um nach einer Weile einfach „Ich finde niemanden" zu rufen. Ich konnte mich einfach nicht überwinden, im Dunkeln im Zimmer herumzutasten, um die anderen zu suchen. Ich bin mir nicht sicher, ob das von den anderen erkannt wurde, jedenfalls hat nie jemand etwas gesagt oder sich über mich lustig gemacht.

Einmal kam ich im Rahmen des Versteckspiels in kleinerem Kreis – allerdings bei Tageslicht – auf die glorreiche Idee, einen meiner besten Freunde in meinem Kleiderschrank einzuschließen. Ich sagte ihm, dass ihn meine Schwester, die gerade mit dem Suchen dran war und draußen bereits rückwärts von 20 herunterzählte, so auf gar keinen Fall finden würde. Gesagt, getan, Sebastian stieg also in meinen Schrank, ich drehte den Schlüssel herum und hechtete gekonnt unter mein Bett. Hier fand mich meine Schwester leider ziemlich schnell, aber Sebastian konnte sie beim besten Willen nicht finden ... irgendwann lüftete ich das Geheimnis, zumal es nach 15 Minuten vielleicht ratsam war, den armen Kerl aus dem Schrank zu befreien, und da hatte ich plötzlich nichts mehr zu lachen, denn die Tür ließ sich partout nicht öffnen. Als echte Kinder der Siebziger versuchten wir natürlich erst einmal selbst, das blöde Ding aufzukriegen, aber nachdem uns dann beinahe der Schlüssel abgebrochen war, hielten wir den Zeitpunkt für gekommen, unsere Mütter um Hilfe zu bitten. Die beiden saßen seelenruhig unten in der Küche, tranken Kaffee und unterhielten sich. Beherzt griff ich zu unserem Haustelefon (!), das sich in meinem Kinderzimmer befand, einem hässlichen, kotzgrünen Teil – damals der letzte Schrei und neben besagtem Grün auch noch in wie-auch-immerbraun, quietschgelb oder schreiend orange erhältlich – und holte Hilfe. Das zweite Telefon stand in der Küche und ich weiß noch, dass das Verbindungskabel durch das Fenster an der Hauswand entlang nach unten führte. Hatte natürlich auch mein Papa konstruiert. Seltsamerweise gelang es unseren Müttern, die in einer Art Lichtgeschwindigkeit nach oben gestürmt kamen, auch sofort, die Tür zu öffnen und ein sichtlich gezeichneter Sebastian taumelte aus dem Schrank. Aber: Er war nicht gefunden worden und hatte deshalb gewonnen und darauf – und dass wir ganz viel Spaß gehabt hatten – kam es ja schließlich an!

Es stimmt zwar, dass wir uns nicht mit Stöcken die Augen ausstachen; einer meiner Cousins kann jedoch bestätigen, dass es wegen der Stöcke durchaus andere Verletzungen gab. Da er seinerzeit der Täter und nicht das Opfer war, möchte ich ihm den Schutz der Anonymität zubilligen und ihn an dieser Stelle nicht bei seinem wirklichen Namen nennen oder näher beschreiben. Ich nenne ihn einfach mal Thorsten, denn so hieß damals ungefähr jeder vierte oder fünfte Junge. Was war passiert? Ein weiterer Cousin von uns – nennen wir den einfach Andreas, ein seinerzeit ebenfalls sehr beliebter Vorname – fuhr mit seinem Fahrrad ziemlich schnell die Straße hoch und runter und brüllte immer lauthals, wenn er an uns vorbeifuhr, dass ihm niemand, aber auch wirklich niemand und auf gar keinen Fall einen Stock in die Speichen stecken dürfe. Man muss an dieser Stelle vielleicht noch ergänzen, dass besagter Thorsten einen riesigen Stock in der Hand hielt und eigentlich auch gerne mal auf das Fahrrad wollte. Es handelte sich dabei um ein sogenanntes Bonanza-Rad, für uns damals das absolut coolste Teil überhaupt und die Farbe? Klar, Orange! Nach dem x-ten Mal fragte man sich als neugieriges Kind natürlich „Warum betont Andreas die Sache mit dem Stock dauernd so?" und versuchte trotzig, dem Rätsel auf die Spur zu kommen. Wirklich rausbekommen konnte man es augenscheinlich allerdings nur, wenn man es auch tatsächlich ausprobierte! Gesagt, getan: eine recht beachtliche Platzwunde am Kinn unseres Cousins „Andreas" war die Folge und auch der letzte von uns hatte gelernt: Man sollte niemals einen Stock in die Speichen eines fahrenden Fahrrades stecken. Vielleicht tröstet es den entsetzten Leser, dass der „Übeltäter" seine Wahnsinnstat aufrichtig bereute und – soweit es mir bekannt ist – nie wieder ähnliches gemacht hat. Die Stimmung der Erwachsenen, die bis zu dem „tragischen Unfall" gemütlich Geburtstag gefeiert und geklönt hatten, war danach vorübergehend eher unterirdisch, aber etwas wirklich Schlimmes war ja zum Glück doch nicht passiert.

Überhaupt gab es so manche Verletzung in jenen Tagen: Ich war – getrieben von meinem unbändigen Ehrgeiz (frei nach dem mir von Kindesbeinen an vermitteltem Motto: „Dabei sein, das ist null und nichtig, der Sieg allein ist für uns wichtig") – beim Wettrennen in Omas Garten mit der Schnalle meiner Sandale im Gras hängen geblieben und mit der Stirn sehr heftig gegen die Gartenmauer geknallt. Damals war ich gerade drei Jahre alt und ich erinnere mich noch heute relativ gut an die Stimme des Arztes, der meine riesige

Der 25. Mai 1975 - der Tag, an dem die erste Platzwunde genäht werden musste und danach noch schnell ein Foto fürs Familienalbum gemacht wurde, bevor Oma weiter Geburtstag feiern konnte.

Stirnplatzwunde nähen wollte und – wohl um mich abzulenken und zu beruhigen – ständig sagte, ich solle doch auf die Eisenbahn hören, die gerade draußen mit großem Geratter vorbeifuhr. Diese interessierte mich natürlich für keine fünf Pfennige, zumal ich von mehreren Personen festgehalten wurde und mich keinen Millimeter bewegen konnte, aber verzweifelt um meine Freiheit kämpfte. Wie man auf dem Foto oben erkennen kann, wurde damals jedoch auch im Falle etwas ernsterer Verletzungen kein Riesen-Buhei veranstaltet; nachdem ich wieder „zusammengeflickt" worden war (die Wunde musste mit mehreren Stichen genäht werden), wurde schnell noch ein Erinnerungsfoto fürs Familienalbum gemacht und dann wurde weiter Omas Geburtstag gefeiert. Übrigens hatte ich später noch zwei weitere Kopfplatzwunden und wehrte mich angesichts der lebhaften Erinnerungen an meinen ersten Unfall jedes Mal erfolgreich dagegen, nochmal genäht zu werden.

Mit einem coolen Polizei-(Tret-)Auto fuhren wir ebenso gern in einem „Affenzahn" die Straße hinunter wie in selbst gebauten Seifenkisten. An eine Fahrt erinnere ich mich besonders genau, denn mir wurde die zweifelhafte Ehre zuteil, als „Testfahrerin" für die erste Fahrt unseres fahrbaren Untersatzes, dessen Grundlage ein völlig abgewracktes altes „Kettcar" war, ausgewählt zu werden. Unsere Seifenkiste hatte keine Bremsen, das musste mit den Füßen erledigt werden. Da ich bei der Testfahrt allerdings leider keine Schuhe anhatte (im Sommer wurde viel barfuß gelaufen) und die ziemlich abschüssige Straße in einen Schotterweg mündete, war Bremsen einfach keine Option. Ich raste also die ehemalige Schulstraße runter und konnte unser Gefährt nur mit Mühe steuern; ein Lenkrad gab es nämlich auch nicht. Gelenkt wurde vielmehr mit zwei sogenannten

„Wurschtgurdeln" (dicken Kordeln), die mit der Achse verbunden waren. Ein echtes Himmelfahrts-Kommando also. Rückblickend kann ich nur von Glück sagen, dass kein Auto kam ... Und meine Eltern wussten von den meisten unserer Aktionen glücklicherweise nichts. Leider existiert von der besagten, legendären „Seifenkiste" kein Foto, was wohl maßgeblich daran liegt, dass wir es heimlich gebaut und geradezu versteckt hatten.

Mit meinen Erinnerungen könnte ich – wie wohl die meisten von uns – noch viele Seiten füllen und damit Einblicke in eine aus meiner persönlichen Sicht wunderschöne Kindheit in den Siebzigern geben.

Tanja Allen-Becker
geboren 1972, Lich

September 1978:
der erste Schultag

Loft offs Kernche

Die B-Handball-Jugend des TV Hüttenberg war die erste Mannschaft des Vereins und in Oberhessen überhaupt, die eine Deutsche Meisterschaft errang; bei dem 1976 in Saarbrücken ausgespielten Turnier. Nach der feuchtfröhlichen Bus-Heimfahrt wartete bereits am Dorfeingang das Musikkorps der FFW Großen-Linden, das 1974 Weltmeister der Feuerwehrkapellen wurde, um Mannschaft, Betreuer und Fans zu begrüßen.

Mit dem Musikzug voran zog der Feiertrupp durch die beiden Hüttenberger Ortsteile. Die Spieler hatten noch während der Kabinenfeier ihre Spieltrikots wieder übergestreift und marschierten Arm in Arm mit den zumeist weiblichen Fans hinter dem großen von Anhängern selbst kreierten Siegestransparent.

Als die Mannschaft auf Höhe der Gastwirtschaft „Zur Traube" – das Elternhaus des Meisterspielers und späteren Bundesligaspielers Hans-Georg Weber – kam, lief „Schorsch" Weber wie im Sprint bei einem Tempogegenstoß aus dem Jubelzug heraus in den Hof. Er kam mit einem alten Handwagen zurück, der hinter der großen Scheune auf der Rübenkellerdecke gestanden hatte.

Das auf mittelhessisch Platt genannte „Kernche" hatte einen orangefarbenen Stahlrohrrahmen, in dem sich auf jeder Seite zwei alte Moped-Reifen mit verschiedenen Profilen als Räder befanden, die nach seiner Kenntnis noch niemals zuvor eine Luftpumpe gesehen hatten beziehungsweise gar keinen Schlauch enthielten. Auch Schutzbleche waren an diesem besonderen „Kernchen" Fehlanzeige. In der Mitte befand sich eine drei Zentimeter dicke Spanplatte, die irgendwann in den Siebzigern darauf montiert worden war. Die Fläche von zirka 1,20 auf 0,8 Meter war so groß, dass man bequem einen 50 Kilogramm schweren Sack Sojaschrot oder sonstige Futtermittel aus der nahegelegenen Genossenschaft transportieren konnte.

Währenddessen spielten die Feuerwehrmänner auf der Straße ein weiteres Musikstück zu Ehren der Wirtsleute. Als der Meisterspieler „Schorsch" mit dem besagten Handwagen aus dem Hoftor gerollt kam, wollte er, dass sich Trainer Eberhard Lang auf das Gefährt setzte, um ihn nach dem Umtrunk beim Elternhaus durch die seit 1968 zusammengeschlossene ehemalige Ortsteile Hörnsheim und Hochelheim zu kutschieren.

Als Trainer Lang das „Kernche" bestieg, grölte die Meister-Mannschaft im schönsten mittelhessischen Dialekt: „ Do es doch gor ko Loft drof" und danach sofort: „Ons, Zwo, Drei, Loft offs Kernche." Der heute von jeder Mannschaft des TV Hüttenberg zur gegenseitigen Einstimmung und Motivation ausgestoßene Spruch war geboren.

Hans-Georg Weber

geboren 1959, Pohlheim

Die Spieler des TV Hüttenberg mit Hans-Georg Weber (links unten) zogen 1976 als neue Deutsche Meister im Siegeszug durchs Dorf. Trainer Eberhard Lang wurde dabei im „Kernche" gefahren (oben).

****

Ein ormer Junge

****

Als Kind von Heimatvertriebenen aus Böhmen bin ich mit Verwandten aufgewachsen, die ich lange Zeit nur aus den Reden meiner Großmutter und meiner Mutter und von ein paar vergilbten Fotos noch aus der Zeit des Krieges, die die Flucht überstanden hatten, kannte. Die Gespräche der Erwachsenen über die ferne Sippe ließen der kindlichen Fantasie weiten Raum. Denn alle lebten angeblich hinter einem eisernen Vorhang. Was immer das sein mochte – es trennte sie von der Familie, von der Welt und offensichtlich auch von jeder Freude.

Dort gab es Onkel Heinz, einen Cousin meiner Mutter, mit dem sie aufgewachsen war. Ein „ormer Junge", wenn man den Worten meiner Oma Glauben schenkte, und als Kind hatte ich keinen Grund, das nicht zu tun. Seine Eltern waren bereits tot. Oma sagte, er habe niemanden mehr. Jedes Jahr zu Weihnachten weinte sie um den verloren geglaubten Neffen. Schwere Pakete mit Kaffee, Schokolade und Ananas in Dosen sollten ihn trösten.

In dem Städtchen, in dem Oma aufgewachsen war, lebte noch immer Tante Friedl, eine ihrer beiden Schwestern. Sie hatte einen Mann geheiratet, den sie nach Meinung meiner Oma nicht hätte heiraten dürfen, weswegen sich die Schwestern nun nicht einfach so besuchen konnten. Tante Friedl hatte auf neueren Fotos, die sie uns schickte, lila Haare und einen dicken Leberfleck auf der linken Wange. Außerdem rauchte sie. Frauen, die rauchten, gab es sonst nur in Zeitschriften und Filmen. Ihr Mann hieß Jarko. Oma nannte ihn einen Kommunisten und sagte, er spreche nur tschechisch, weswegen ich ihn in meinen Kinderbriefen nicht grüßen musste.

Tante Friedl und Onkel Jarko hatten zwei Töchter, es waren die einzigen Cousinen meiner Mutter. Oma meinte, sie seien ein wenig „verrickt." Die eine, weil sie einen Männerberuf hatte und man sie auf Fotos immer in ölverschmierten Overalls sah, die andere, weil sie, wie Tante Friedl geschrieben hatte, unbedingt einen britischen Musiker namens Ringo Starr heiraten wollte, von dem ich damals noch nie etwas gehört hatte.

Onkel Heinz hatte kurz nach meiner Geburt in einem Brief mitgeteilt, dass er gerne mein Patenonkel sein wolle. Jedes Jahr zu Weihnachten und zum Geburtstag schickte er mir ein Bilderbuch und die Ermahnung, artig zu sein und der Mama und der Oma keine Sorgen zu bereiten. Von Tante Friedl kam hin und wieder ein Päckchen mit einer zuckersüßen Köstlichkeit, die es offensichtlich nur hinter dem Eisernen Vorhang gab: Karlsbader Oblaten.

Es muss etwa 1973 gewesen sein, als ich endlich alle kennenlernen sollte. Mit einem geliehenen blauen Hanomag Henschel der Baufirma, in der mein Vater arbeitete, fuhren wir für eine Woche in die Tschechoslowakei oder die Tschechei, wie alle sagten. Hinter den Eisernen Vorhang, der, wie ich auf dieser Reise erfuhr, gar kein Vorhang war, sondern eine Grenze, die von reichlich unfreundlichen Männern bewacht wurde. Mein Vater lenkte den Bus, meine Mutter, die Oma, mein Bruder und ich teilten uns die Plätze mit Tante Hermine, der Schwester meines Vaters, und ihrem Mann, der wie die meisten Männer in unserer Familie Josef hieß. Auch dieser Teil der Familie hatte noch Brüder, Schwestern, Cousinen oder Neffen in der alten Heimat.

Nach stundenlanger Fahrt kamen wir endlich in der kleinen Stadt an der Elbe an. Und da standen sie nun alle: Onkel Heinz, der mit dem Zug aus Greifswald angereist war, ein freundlicher und aufmerksamer Mann von vielleicht 40 Jahren mit lockigem Haar und einem schwermütigen Blick, der sich von Tante Liesl (meiner Oma) herzen ließ. Tante Friedl, deren Haar gar nicht so lila und deren Lachen umso erfrischender und ein bisschen frivol war, eine böhmische Knödel-und-Braten-Köchin, für die Fett der wichtigste Rohstoff in der Küche war und die in den Taschen ihrer Kittelschürze verheißungsvoll das Kleingeld für die nächtlichen Rommé-Runden der Erwachsenen klimpern ließ. Onkel Jarko, der das Reden gerne seiner Frau überließ und nicht allzu viel verstand von den Gesprächen der so lange Getrennten und mir und meinem jüngeren Bruder verschmitzt zulächelte. Mamas Cousine Marcela, die in einer Werkstatt Autos reparierte und das ganze Tohuwabohu um den Besuch aus dem Westen aus freundlicher Distanz beobachtete, und ihre quirlige Schwester Jaruschka, die, kaum dem Teenageralter entwachsen, zwar nicht Ringo Starr, dafür einen ziemlich runden und ziemlich gemütlichen Beppo erobert hatte.

In diesen Tagen in Böhmen habe ich zum ersten Mal gefühlt, dass Familie mehr ist als Vater, Mutter, Kind und dass es offensichtlich eine Verbundenheit zwischen Menschen gibt, die nicht der Nähe bedarf, um stark und echt zu sein. Es waren unbeschwerte Tage, voller Neugierde, Entdeckungen und Wärme. Ich habe gesehen, wo meine Oma mit ihrem Mann Hugo gelebt hat, wo meine Mutter zur Schule ging und wie traurig diese Erinnerungen die Erwachsenen machten. Wir haben die Burg Schreckenstein besucht, waren in Prag und ich habe versucht, mit der Schiffschaukel im Park die Wolken zu berühren. Wir haben ständig gegessen, üppig und deftig und die leckerste Schokolade überhaupt. Tante Friedl hat mir die Klaviernoten für das Wiegenlied von Wolfgang Amadeus Mozart geschenkt, das auf Tschechisch „Ukolebavka" heißt. Ich habe sie noch heute. Und wenn die Großen bis zum Morgengrauen Karten spielten, haben mein Bruder und ich durchs Schlüsselloch gelinst und uns dann wieder glücklich in die Kissen gekuschelt.

Onkel Heinz habe ich Ende der 1970er Jahre noch einmal in Ostberlin getroffen, das ergab sich 1978 auf einer Klassenfahrt nach Berlin. Er lebte in Greifswald – in der Ostzone, wie man damals sagte. Auch die anderen habe ich nur noch ein einziges Mal wiedergesehen. Vergessen habe ich sie nie. Auch nicht diese leichten und heiteren Tage in Böhmen, die unser erster und einziger Familienurlaub waren.

***

Jedes Jahr zu Onkel Heinz' Geburtstag und zu Weihnachten trug ich mit meiner Oma das schwere Paket zur Post: Kaffee, Schokolade und dosenweise Ananas, „etwas Frisches" für den verloren geglaubten Neffen hinter dem Eisernen Vorhang. War der Festtag da, weinte meine Oma und fragte die immer gleiche Frage: „Was wird er denn machen, der Heinz, der arme Junge? So ganz allein!" Onkel Heinz hatte keine Frau, und seine Eltern waren schon tot. Mich dauerte er sehr, dieser „arme Junge", der da mutterseelenallein hinter einem Vorhang aus Eisen saß und Ananas aus Dosen aß.

Diesen armen Jungen sollte ich nun in Ostberlin wiedertreffen. Hinter der Mauer. Onkel Heinz durfte ja nicht in den Westen reisen, also kam er nach Berlin. In den Westen durfte man erst mit 65 Jahren, und so alt war er noch lange nicht. Außerdem hatte die DDR ihn zum „Geheimnisträger" gemacht, weil er bei der Reichsbahn arbeitete und angeblich Dinge wusste, die auch Spione wissen wollten. „Geheimnisträger" kamen niemals „rüber."

Ich war inzwischen 16 Jahre alt, die Worte „Eiserner Vorhang" hatten ihre klaustrophobische Wirkung verloren, und natürlich wusste ich, dass Onkel Heinz kein Junge war. Dennoch: Mit seinen Locken, den Tränensäcken und einem etwas schwermütigen Blick entsprach er ganz dem traurigen Bild, das ich mir seit meiner frühen Kindheit von ihm gemacht hatte.

Onkel Heinz bemühte sich rührend, führte meine Freundin und mich ins beste Hotel Ostberlins zum Essen, zeigte uns die Stadt und tat alles, uns einen schönen Tag zu bereiten. Beim Abschied hat er geweint.

Den Mauerfall hat er nicht mehr erlebt. Ein paar Jahre nach unserem Treffen erlitt er einen Schlaganfall und ist danach aus dem Koma nicht mehr aufgewacht. Onkel Pepi, sein Bruder und Tante Anni sind nach Onkel Heinz' Tod nach Barth gereist, um seine

Wohnung aufzulösen. Sie staunten nicht schlecht. Dosenweise stapelten sich dort die vermeintlichen Delikatessen aus dem Westen. Onkel Heinz mochte offensichtlich keine Ananas.

Judith Seipel

geboren 1962, Gedern

****

Steinzeitmensch in Flokati

****

Faschingsdienstag, Schulschluss nach der vierten Stunde. Aus den aufgestellten Laut-
sprechern auf der Kaiserstraße in Friedberg hämmerten schon Faschings-Hits von Ernst
Neger und Margit Sponheimer. Eilig lief ich aus dem Burgtor. Die älteren Schüler aus
den höheren Klassen versammelten sich schon am Ausgang, um gemeinsam in die
Burgfeldstraße zu gehen, wo sich der alljährliche Faschingszug „Friedberger Narrenex-
press" aufstellte. Etwas neidisch schaute ich zurück. Die durften schon Schwellköpfe
tragen. Nicht nur, dass man dann zu den Großen gehörte, nein – man bekam auch
noch fünf Mark dafür. Friedberger Schwellköpfe waren Holzkonstruktionen, gefühlte
zehn Meter hoch, mit gestreiftem, gepunktetem oder kariertem Stoff umhüllt. Oben war
ein Pappmascheekopf angebracht, auf den eine hässliche Fratze gemalt war. Während
des Umzugs kippten die Schwellköpfe beängstigend nah an die Menge und drohten die
Köpfe der Zuschauer zu zertrümmern. Als kleines Kind bekam ich immer Panik und für
meine Eltern war der Zug schnell beendet. „Heute würde ich für fünf Mark selbst Kinder
erschrecken", dachte ich noch, als ich durch die Eingangstür vom Kaufhaus Wieland
rannte. Ich brauchte dringend noch Faschingsschminke.

Ein großes Ereignis stand an. Ich durfte zum ersten Mal mit meinen Freundinnen zum
„Tanz nach dem Zug" ins Hotel Trapp gehen. Hier spielte die Bourbon Family, die ange-
sagteste Band im gesamten Wetteraukreis. Sie spielten zweimal im Jahr in Friedberg. Zu
Fasching und wenn Herbstmarkt war im Bierzelt. Das war schon sehr aufregend.

Hier fragten die Jungs die Mädchen, ob sie „mit ihnen gehen" wollten. Hier wurde Blues
auf „Samba pa ti" von Santana getanzt und Bump auf „Lady Bump" von Penny McLean.
Und ich war doch so verliebt ... Ich stand in der überfüllten Faschingsabteilung vor dem
Schminkständer und überlegte noch, was Michael wohl am meisten gefallen würde:
Jofrika Chinese (gelb)?, Jofrika Indianer (rot)? oder Jofrika Neger (durfte damals noch
so heißen – schwarz)? Da kam mir der Gedanke, dass ich mir von dem Geld genauso
gut auch den Brillenschlumpf kaufen könnte. Der fehlte mir noch in meiner Schlumpf-
sammlung. Kurz nachgedacht und schnell noch ins „ Papierhaus Schröter", hier gab
es die feinsten Sachen. Man konnte Stunden in dem Laden verbringen, zum Beispiel
mit Lesen von den kleinen orangefarbenen „Peanuts"-Büchern oder Ostfriesenwitze
Band 1 bis 123 ... Ich kaufte den Schlumpf und rannte zum Bus, dort könnte ich mir
immer noch eine Verkleidung ausdenken.

Zu Hause hatte ich den perfekten Plan: Steinzeitmensch! Wir heizten damals noch mit Ölöfen. Ich öffnete die Klappe und beschmierte Gesicht, Arme und Beine mit Ruß, dann wickelte ich mir meinen Flokati-Teppich um und befestigte ihn mit einem Gürtel, schlüpfte in meine etwas abgewetzten Moonboots aus Fell und band mir als Krönung einen Hühnerknochen ins Haar.

Und wieder zurück zum Bus nach Friedberg. Hier standen schon meine Freundinnen vor der großen Treppe, die in den Saal führte, wo auch allwöchentlich die Tanzkurse der Tanzschule Wiedemann stattfanden. Wie verabredet hatten sie sich süße, rote Herzchen auf die Wangen gemalt und Glitzersternchen um die Augen geklebt. Die Haare zu lustigen Zöpfen gebunden und noch ein witziges Hütchen in die Frisur eingearbeitet. Zu den bauchfreien Spaghettiträger-Shirts trugen sie hochgekrempelte Jeans mit Schlag und zwei verschiedenfarbige Socken.

Irgendetwas war anders an mir! Aber noch fühlte es sich richtig an. Nicht mehr, als Michael, verkleidet als „Gammler" mit rotem Schlapphut und zerfetztem Hemd, Karin fragte, ob sie mit im gehen wollte und sie etwas unbeholfen ableckte.

Ich fuhr nach Hause und weinte bitterlich. Zum Glück aber hatte ich den Brillenschlumpf!

Marianne Mosebach

geboren 1961, Wöllstadt

Mäusezähnchen für den Saum

An Samstagnachmittagen gehörte während der Fernsehsendungen das Wohnzimmer mir und meiner elf Jahre jüngeren Schwester Ulrike, für die ich damals in Sachen Musikgeschmack Vorbild war. Die erwachsenen Hausbewohner ergriffen die Flucht und widmeten sich lieber den Arbeiten im Hof, Garten oder der Waschküche. Tanzen gehörte zu meiner Leidenschaft und die Go-Go-Girls waren meine Vorbilder.

Zu Beginn der Siebziger war ich endlich alt genug für die Disco. Zuerst noch mit Eltern-Taxi und pünktlichem Nachhause-Kommen. Doch als ich mit 18 Jahren meinen Führerschein bestand und mir ein eigenes Auto – eine Ente – zulegte, begann meine Unabhängigkeit. Fast an jedem Wochenende war ich mit Freunden unterwegs in Wetterau und Vogelsberg, wo die Discos wie Pilze aus dem Boden schossen. Besonders gut gefiel es uns im „Black Inn" in Ranstadt. Auch Konzerte standen auf dem Programm. Die „Petards" oder „Birth Control" waren oft in der Gegend unterwegs. Vor allem die Drummer dieser Bands, Arno Dittrich und Bernd Noske, waren beeindruckend mit ihren legendären und schweißtreibenden Schlagzeug-Solos. Dabei konnte ich rocken bis zur Erschöpfung.

Ein Highlight war ein Stones-Konzert, das ich mit drei Freunden besuchte. Die Frankfurter Festhalle war proppenvoll, wir standen inmitten der brodelnden Menschenmenge. Mein Blick auf die Bühne war von tanzenden Fans so lange eingeschränkt, bis mich meine Begleiter abwechselnd auf ihre Schultern nahmen. Als Mick Jagger begann, eimerweise Wasser ins Publikum zu schütten, war ich dann doch froh, nicht in den vorderen Reihen zu stehen.

Vor jedem Disco- und Konzertbesuch war das Styling von großer Wichtigkeit. Der Hippie-Look war bunt und phantasievoll. Miniröcke, Schlapphüte, große Sonnenbrillen und bunte Ketten, Armreifen und viele Ringe. Zu Hause gab es manche Auseinandersetzung über die Unmöglichkeit meiner Klamotten, die nicht ausschließlich der Freizeit vorbehalten waren. Als ich zum ersten Mal meinen aus bunten Wollresten selbst gestrickten Kleiderrock tragen wollte, der aus Mangel an Durchhaltevermögen recht kurz geraten war, gab es entsetzte Aufschreie. Also setzte ich mich hin, häkelte noch sogenannte Mausezähnchen an den Saum und verlängerte damit das Teil um einen Zentimeter. Damit hatte ich meinen guten Willen bewiesen und niemand konnte mich jetzt noch hindern, mein Lieblingsstück in der Öffentlichkeit zu präsentieren. Später vererbte ich es an meine Schwester.

Während meine Mitschülerinnen heirateten und Familien gründeten, zog ich 1975 mit meinem Freund nach Gießen, wo wir ein kleines Appartement mieteten. Ich begann eine zweijährige Schulausbildung. Endlich dem dörflichen Milieu entkommen, gab es viel Neues zu entdecken. Das Nachtleben etwa im „Haarlem", „Red Brick" oder „Big Apple", Konzerte aller Art oder Besuche im Theaterstudio in der Zigarrenfabrik, wo alternative und zeitkritische Stücke aufgeführt wurden. Es war auch die Zeit von Demonstrationen – Studentenproteste, Anti-Atomkraft-Demos und Fahrten nach Wiesbaden, um vor dem Kultusministerium auf die Probleme von Schülern und Studenten lautstark aufmerksam zu machen.

1978 änderte sich mein Leben komplett. Ich bestand meine Abschlussprüfung als Erzieherin, fand eine anspruchsvolle Arbeitsstelle, trennte mich von meinem langjährigen Freund, wechselte zweimal die Wohnung und heiratete im Juni meine neue Liebe.

Uschi Jonson

geboren 1953, Reichelsheim

****

Geab emuol A

****

Musik ist Leidenschaft, so fühlten wir unsere Auftritte als „Busecker Trio". Wir spielten eigentlich für uns selbst und das gefiel offensichtlich unserem Publikum. Es war üblich, bis nachts um drei oder gar vier Uhr zu spielen. Ging eine Feier früher zu Ende, wurde gefragt: „War nichts los?"

Für ein Seniorentreffen waren wir bis zwei Uhr engagiert, aber gegen ein Uhr gingen schon die betagten Gäste. Das Personal der Gaststätte räumte auf, wir spielten aber weiter. Verwundert wurden wir gefragt, warum wir nicht einpacken würden. Wir waren eingespielt, die Verstärkeranlage war aufgebaut und optimal eingestellt, wir so richtig in unserem Element. Also probten wir unsere neuen Stücke und hatten viel Spaß dabei. Aufhören mussten wir später nur, weil der Wirt den Saal abschließen wollte.

In Buseck spielten wir bei allen Veranstaltungen der Feuerwehr, da wir aus der Feuerwehr-musik hervorgegangen waren. Es gab dort auch die sogenannte „Hauskapelle", ehema-lige Feuerwehrmusiker, die früher für musikalische Stimmung sorgten. Sie kamen mit ihren Instrumenten und obligatorisch war ein gemeinsamer Auftritt, natürlich ungeübt. Alfred Zecher rief hinter den Kulissen „Geab emuol A", damit er seine Geige stimmen konnte. Karl Hahn kam mit einem Koffer Klarinetten unterschiedlicher Stimmung, damit er nicht so viele verschiedene Tonarten spielen musste. In der Mitte der Bühne wurde

Das Auto musste Ilona, die Frau des Akkordeonspielers, fahren, damit die Musiker ihre nötige „Flüssigkeitsaufnahme" bei den Auftritten betreiben konnten.

ein Notenständer mit einem Notenbuch der Hauskapelle aufgebaut. Wir standen alle darum herum und spielten einen Walzer, den wir junge Musiker natürlich nicht kannten. Der Tanzboden war voll und es herrschte gute Stimmung. Mitten in dem Stück ging es etwas holprig weiter und die älteren Musiker hörten irritiert auf zu spielen, wir Jungen brachten den Tanz zu Ende. Anschließend fanden wir die Lösung. In dem Notenbuch fehlte ein Blatt. Wir hatten die erste Seite eines Walzers gespielt und dann die zweite Seite eines ganz anderen Stückes.

Bei den Vereinsveranstaltungen freuten wir uns auf den Programmteil „Ehrungen", denn wir hatten dann Pause und konnten essen. Meist fragte uns der Wirt, ob wir Jägerschnitzel, Zwiebelschnitzel, Zigeunerschnitzel oder Wiener Schnitzel essen wollten. Das war die ganze Speisekarte. Am Sonntag gab es dann bei der Mutter noch ein Schnitzel.

Einige Jahre spielten wir den Nikolausball in Langgöns im Traditionsgasthaus Gambrinus. Diesmal war Glatteis, aber das war für uns kein Grund, unseren Auftritt abzusagen. Wir waren pünktlich mit dem Aufbau fertig und Hartmut sagte zu mir, ich solle das rote Buch aufschlagen. Wo war das rote Buch? Entsetzt stellten wir fest, dass wir den Koffer mit Noten im Proberaum in Buseck vergessen hatten. Auf diesen Schreck brauchten wir zunächst einen Schnaps. Dann überlegten wir, welche Stücke wir auswendig spielen können. Also begann die Musik an diesem Abend pünktlich. Akkordeonspieler Hartmut war frisch verheiratet, seine Frau Ilona begleitete unsere Auftritte und fuhr das Auto, da Musiker bei ihrer anstrengenden Arbeit viel Flüssigkeit benötigen. Sie war zunächst nicht dazu zu bewegen, bei dem Glatteis nach Buseck zu fahren und die Noten zu holen. Schließlich tat sie es doch und kam gegen elf Uhr mit den Noten an. Es nützte nicht viel, denn wir konnten aufgrund der etlichen notwendigen Schnäpse die Noten nicht mehr so richtig lesen, spielten aber wie üblich bis nachts um vier Uhr.

Die Oppenröder Feuerwehr richtete jedes Jahr einen Faschingsball im Bürgerhaus aus, der ein Höhepunkt im Vereinsleben und für uns als Musiker war. Wir wussten, dass in Großen-Buseck eine befreundete Kapelle spielte. Also beeilten wir uns beim Abbau und trafen die Musiker in der Turnhalle noch an. Gemeinsam marschierten wir um sechs Uhr morgens zu „Bannese", wo wir den „Sonntagsen Kuchen" aus der Speisekammer genossen. Von dort ging es zur Ganseburg. Anni fragte uns: „No ihr Buwwe, woas wellt er dann trienke?" Keiner von uns sagte ein Wort, weil wir vorher vereinbart hatten, wer zuerst spricht, muss die ganze Zeche bezahlen. Sie meinte, wir bräuchten ein Bier und brachte es. Nach dem dritten Bier musste ich niesen, Bertel sagte: „Gesundheit."

Manfred Weller

geboren 1951, Buseck

NATO-Alarm

Als junger Bereitschaftspolizist war ich in Hanau stationiert. Die Hundertschaft hatte den Auftrag, in einem Waldgebiet nach einem vermissten Mädchen zu suchen. Bei Such-aktionen in einem Waldgebiet ist es zwingend erforderlich, zum Nebenmann Kontakt zu halten.

Am Nachmittag des zweiten Tages der Suche war unsere Gruppe plötzlich isoliert. Wir hatten den Kontakt nach rechts und links verloren, wir hörten niemanden mehr und es antwortete niemand auf unser Rufen. Was tun? Zurück oder nach links oder rechts weiterlaufen war nicht schlüssig. Also, geradeaus weiter – irgendwann würden wir hof-fentlich auf eine Straße, auf eine Ortschaft stoßen ... Plötzlich standen wir vor einem hohen Maschendrahtzaun mitten im Wald. Das war für uns junge Polizisten natürlich kein Hindernis. Nachdem wir den Zaun überwunden hatten, gingen wir weiter, bis wir talabwärts auf Häuser oder besser gesagt Baracken blickten. Unsere Freude war nur kurz, weil uns urplötzlich aus Büschen und Deckungen Soldaten in voller Ausrüstung und mit Gewehr im Anschlag gegenüber standen: „Hands up! Hands up!"

Der Wagen, der eine Zeitlang nur mit Hammerschlag fuhr

Wir riefen zurück: „German police! German police!" Das zeigte aber keine Wirkung. Unsere Gruppe war zwischenzeitlich umzingelt und wir wurden aufgefordert, in Richtung der Baracken zu gehen. Ein US-Offizier nahm sehr skeptisch unsere Erklärungen zur Kenntnis, telefonierte aber über die amerikanische Militärpolizei mit der zuständigen deutschen Polizei.

Weder unsere Vorgesetzten noch die amerikanischen Soldaten waren über unseren Alleingang begeistert. Am nächsten Tag stand mit großer Überschrift in der Boulevard-Presse: „Junge Polizisten lösten NATO-Alarm aus!" Wir hatten nach dem Übersteigen des Zaunes bundes- oder vielleicht sogar europaweit Alarm ausgelöst. Man befürchtete, dass eine Terrorgruppe ein geschütztes Lager der US-Army mit hochsensiblen Geschossen überfallen wollte.

***

Was mich heute noch bewegt und mir ein schlechtes Gewissen macht: Wir haben alle geraucht. Geraucht wurde zu Hause im Wohnzimmer und Schlafzimmer und am schlimmsten war es im Auto. Mein Sohn hat es anscheinend ohne Folgeschäden überlebt, aber es tut mir heute noch leid, dass ich Frau und Kind im kleinen engen Auto einräucherte.

Und mit den Autos war es damals auch ein wenig anders. Man konnte am Vergaser immer mal wieder die eine oder andere Schraube anziehen oder lockern – immer in der Hoffnung, dass die Leistung besser wird. Über einen längeren Zeitraum gab es außerdem ein Ritual: einsteigen, starten – es war ein kurzes Klacken zu hören, aber der Motor sprang nicht an. Aussteigen, den Hammer in die Hand nehmen, Motorhaube öffnen und ein kurzer Schlag gegen den Magnetschalter des Anlassers. Einsteigen, Motor anlassen und losfahren ...

Michael Duschka

geboren 1946, Lauterbach

Michael Duschka als junger Bereitschaftspolizist, der NATO-Alarm auslöste

****

Die letzte Kuh

****

Jung gefreit, hat nie gereut! Wir waren jung, sehr jung als wir im Mai 1970 zum Traualtar schritten. Ich gerade 17 Jahre alt geworden und mein Mann 20 Jahre alt. Wir wollten es so und das war 1970 ganz normal. Außerdem war ein Baby unterwegs und da „muss" man heiraten. Die Hochzeit wurde im kleinen Kreis zu Hause gefeiert. Auch das war damals so. Unsere Hochzeitsreise verbrachten wir am Bodensee, besuchten die Insel Mainau und Pfahlbauten von Unter-Uldingen. Eine schöne Zeit zu zweit. Auf Wolke Sieben schwebten wir, als unsere kleine Tochter im Oktober geboren wurde. Mein Mann durfte bei der Geburt nicht dabei sein. Auch das war damals so. Er fuhr mich in die Klinik und meine Schwiegermutter rief ihm nach: „Komm aber gleich wieder zurück, du musst noch den Weizen säen. Kannst ja eh nicht helfen." Wir hatten noch eine Vollerwerbs-Landwirtschaft und mein Mann war der einzige tatkräftige Mann im Haus. Der Vater war leider vier Jahre vorher früh verstorben und so blieb dem damals 16-jährigen Jungen keine andere Wahl, als die Ärmel hoch zu krempeln und die Landschaft weiter zu führen.

So kam ich in eine Bauernfamilie, die mit unserer Tochter aus vier Generationen bestand. Die Großeltern meines Mannes und noch eine Schwester lebten ebenfalls in dem 1772 erbauten Fachwerkhaus. Nicht so einfach für uns als junges Paar mit Kind für ein glückliches Zusammenleben mit allen an einem Tisch zu sitzen, einschließlich dem schwarzen Kater, der alle Rechte besaß. Mein Mann baute uns dann eine kleine Küche in den Scheunenanbau hinter unserem Schlafzimmer. So konnte ich unsere kleine Familie selbst versorgen. „Nun hat sie mir meinen Jungen ganz weggenommen", waren die Worte meiner Schwiegermutter dazu. Nun ja, so war es in ihren Augen. Aber dass er nach wie vor die Landschaft stemmte und wir nur 50 Mark Taschengeld bekamen, das war wohl ihrer Meinung nach so in Ordnung.

Das Leben war nicht einfach, aber wir waren eine Generation, die zum Gehorsam erzogen war. Als meine Tochter alt genug war, suchte ich mir eine Halbtagsstelle als Näherin in der nahen Stadt und nahm sie mit in den Kindergarten. Ein Auskommen mit dem Einkommen der Landwirtschaft war nicht möglich. Vieles war zu alt, zu klein. Und nun stand mein Mann 1972 vor der Entscheidung: Weitermachen und Aussiedeln oder doch noch einen ganz anderen Beruf erlernen. Auf meine Bitten entschied er sich für einen anderen Beruf. Das verstand den Rest der Großfamilie überhaupt nicht. Als die letzte Kuh den Stall verließ, flossen reichlich Tränen. Und als wir den Großteil des Landes ver-

Doris und Werner Keipp 1977 - ein glückliches Paar

pachteten, wurde ein Vierteljahr kein Wort mit mir gesprochen. Wegzuziehen kam für meinen Mann leider nicht in Betracht. Irgendwie fühlte er sich für alles verantwortlich, sofern man das mit 23 Jahren schon sein kann. Nun gut.

Er lernte zwei Jahre lang in Engelrod den Beruf Elektromechaniker und endlich hatten wir ein eigenes Einkommen. Das meiste davon steckten wir in die Renovierung unseres Fachwerkhauses. Die Schwiegermutter ging ebenfalls zur Arbeit und als die Schwester zur Ausbildung wegzog, wurde es etwas ruhiger. 1976 wurde unsere zweite Tochter geboren und wir durften uns das Zimmer der Schwester für unsere Kinder herrichten. Elf Quadratmeter. Aber immerhin. Der Großvater war inzwischen verstorben und die Großmutter nahm an unserer kleinen Familie regen Anteil. Mein Mann entwickelte sich beruflich stetig weiter, machte in an der Abendschule seinen Meister und übernahm eine Stellte als Abteilungsleiter in seiner Firma. Auch ich jobbte weiterhin halbtags, dadurch hatten wir endlich etwas mehr Geld, um zu renovieren. Was hat mein Mann immer in Eigenleistung nach Feierabend und an den Wochenenden vollbracht. Wir freuten uns jedes Mal sehr, wenn wieder ein Zimmer fertig war. Und wir konnten mittlerweile kleine Urlaube machen, hatten einen Freundeskreis im Ort und einen Kegelclub, mit denen wir schöne Touren unternahmen. Schöne Stunden, Tage und manchmal Wochen in unserem Leben.

Heute denke ich manchmal über diese doch sehr schwere Zeit nach und frage mich, wie wir das alles geschafft haben. Aber wie schon gesagt, Gehorsam war alles. Leider! Bei Klagen meinen Eltern gegenüber war die Antwort: „Du hast A gesagt, dann musst du auch B sagen." Ich hätte keine andere Wahl gehabt, als mich zu fügen. Aber mit der Liebe zu meinem Mann war es auszuhalten. 1980 wurde unsere dritte Tochter geboren und nun hatten wir wieder ein Kinderbett im Schlafzimmer stehen.

Doris Keipp

geboren 1953, Lauterbach

1977 bekommt das alte Fachwerkhaus ein neues Dach.

Natascha, die
erste Tochter, mit
Papa bei einem
Bootsausflug im
Urlaub 1973.

1976 wurde
Jessica, die zweite
Tochter, eine
Woche nach der
Geburt getauft.

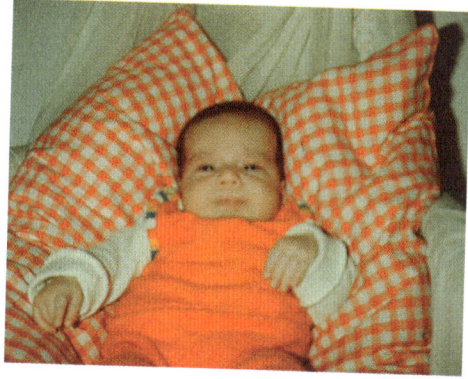

1980: die dritte
Tochter Stefanie
im Alter von sechs
Wochen

****

Der Partisanenprofessor

****

Rotes Marburg, 1970: Wenn der „Partisanenprofessor im Land der Mitläufer" seine Vorlesungen über die Geschichte der europäischen Arbeiterbewegung und das Sozialstaatsangebot des Grundgesetzes hielt, war das Marburger „Audimax" in der Biegenstraße mit rund 1.000 Zuhörern überfüllt. Im größten Hörsaal der Philipps-Universität drängten sich neben Studenten und Gewerkschaften auch Journalisten, Anhänger der DKP, der SPD und Liberale. Der Staatsrechtler und Politikwissenschaftler Wolfgang Abendroth zog in den bewegten Zeiten nicht nur ein genuin „linkes" Publikum in seinen Bann. Mit schlohweißer Mähne, eine Strähne durch unentwegtes Zigarettenrauchen nikotingelb gefärbt, forderte er in druckreifen Sätzen mehr Mitbestimmung der Arbeitnehmer und Gewerkschaften in einer „Wirtschaftsdemokratie". Mitunter aber stockte Abendroths freier Redefluss vor dem großen Auditorium minutenlang, während seine Zigarette vor sich hin glomm. Eine betroffene Stille breitete sich aus, während der „Partisanenprofessor" stumm und nach innen gekehrt nach Worten suchte, die ihm als Widerstandskämpfer die Folter der Gestapo im Zuchthaus und sein Einsatz in der Strafkompanie 999 geraubt hatten. Die SPD hatte den unorthodoxen Marxisten wegen seiner „Unvereinbarkeit" mit dem „Godesberger Programm" als Mitglied ausgeschlossen. Abendroth verteidigte dennoch die sozialen und rechtsstaatlichen Grundsätze des Grundgesetzes gegenüber den Feinden von rechts und links und wandte sich gegen den Missbrauch des Rechts in „realsozialistischen" Systemen wie der DDR. Von seinen Studenten forderte er stets eine „Realanalyse" der gesellschaftlichen Verhältnisse. Sein Credo lautete: „Die Arbeiterbewegung hat den sozialen Fortschritt nicht erbettelt, sondern erkämpft."

Marburger Mensa, 21. April 1972: „Kommilitonen, in Westdeutschland steht der diesjährige 1. Mai im Zeichen scharfer Angriffe der Monopolbourgeoisie auf die materielle Lage und die politischen Rechte der Werktätigen. Der spontane Widerstand der Arbeiterklasse, die Bereitschaft zum Kampf gegen die Angriffe des Monopolkapitals haben in den letzten Jahren große Fortschritte gemacht. Aber noch ist das westdeutsche Proletariat für die kommenden verschärften Klassenauseinandersetzungen nicht oder nur unzureichend gerüstet ..." Das Proletariat für den Klassenkampf ideologisch aufzurüsten, dies hatte sich die studentische Kadergruppe „Roter Pfeil" (Kommunistischer Arbeiterbund/Marxisten-Leninisten) zur Lebensaufgabe erkoren. Dazu verteilten die bourgeoisen Bengel dieses Flugblatt am Büchertisch der KAB/ML im Mensa-Foyer.

An den Ständen der maoistisch orientierten K-Gruppen kaufte ich die deutschsprachige Ausgabe der „Peking-Rundschau" und die in roten Kunststoff eingebundene „Mao-Bibel" mit den Worten und Weisungen des großen Vorsitzenden Mao Tse-tung. Als strammer Juso und kleinbürgerlicher Revisionist wusste ich: „Man muss durch den Kopf des Feindes denken, um ihn zu besiegen." Die „Mao-Bibel" enthielt simple pseudorevolutionäre Sprüche für die rückständige chinesische Agrargesellschaft. Eine dieser Weisungen beherzigten die Salon-Kommunisten selbst jedoch nicht: „Die Revolutionäre schwimmen im Volk und die Fische im Wasser." Diese „Rotgardisten" hatten weder Fließband noch Hochofen gesehen und landeten nach Maos Tod zumeist im Auffangbecken der 1980 gegründeten Grünen.

8. Mai 1973: „Gemeinsam sind wir stark, zahlt 73 Mark und keinen Pfennig mehr", schallte es aus rund 5.000 Kehlen durch die Straßen. Mit der bislang größten „Demo", die das beschauliche Marburg je gesehen hatte, protestierten die Studenten gegen die Erhöhung des Sozialbeitrags für das Sommersemester von 73 auf 104,50 Mark. Der SPD-nahe Sozialistische Hochschulbund (SHB) und der Marxistische Studentenbund (MSB) Spartakus, die im Asta gemeinsam die Mehrheit stellten, riefen die Studenten zum „Sozialkampf" auf. Ich war dabei, eingehakt in eine Gruppe kampfentschlossener Kommilitonen. Die schiere Masse der Demonstranten und die im Stakkato geschrienen Parolen erzeugten ein Gemeinschaftsgefühl, das die Menge berauschte. „Ist das schon die Revolution?", fragte der Kampfgenosse an meiner Seite. Die war es mitnichten. Bis auf ein kleines Häuflein zahlten schließlich die Studenten trotz des Boykott-Aufrufs der Asta den erhöhten Sozialbeitrag, weil sonst die Exmatrikulation drohte. Letztlich war sich jeder selbst der Nächste.

Wintersemester 1977: Die braven, fleißigen, strebsamen Studierenden kommen. Als Mitarbeiter im Fachbereich Germanistik registrierte ich ganz überrascht die Zäsur. Es gab keine semesterlangen Diskussionen mehr über bürgerliche und marxistische Wissenschaft und das Verwertungsinteresse des Kapitals. Stattdessen waren Vorlesungen über Althochdeutsch und indogermanische Sprachwissenschaft wieder gefragt. Klassenkampf und Revolution waren vorerst abgeblasen.

Dr. Klaus Röther

geboren 1951,

Ebsdorfergrund

****

Frisiert nach Hause

****

Das „Albatros" in Schwalheim bei Bad Nauheim war die Stamm-Disco von meiner Freundin Nanny und mir. Womit sich diese Diskothek von der Konkurrenz abheben wollte: Auf den Tischen befanden sich Telefone, mit denen man andere Gäste an deren Tisch anrufen und zum Tanz bitten konnte. Das erwies sich allerdings als grandioser Flop, da kaum einer diesen Service nutzen wollte weil zu peinlich.

An einem Freitagabend, es wird wohl 1979 gewesen sein, stand ich mit Nanny an der Theke, der schwere Vorhang am Eingang wurde von draußen geteilt, zwei Frauen kamen herein, stolperten über die Stufe und fielen beinahe zu Boden. Ich sagte zu Nanny: „Mensch, was sind denn das für zwei Tussies." Nicht mehr die jüngsten, große Sonnenbrillen auf der Nase, schwere Lederjacken. Beinahe gleichzeitig erkannten wir sie dann: Es waren unsere Mütter! Die wollten offenbar mal nachschauen, was im „Albatros" so los war. Um sich zu tarnen, hatten sie sich die Motorradklamotten von Nannys Vater ausgeliehen. Sie taten dann so, als würden sie uns nicht sehen und setzten sich an einen der Tische. Vielleicht hofften sie auch auf einen Anruf – der ging aber nicht ein, soweit wir das sehen konnten.

Ebenso beliebt war der „Soccer-Club" in Rockenberg. Eines Nachts fuhren wir mit unseren frisierten Mofas nach Hause. Zu viert. Denn jede von uns beiden Fahrerinnen hatte eine Freundin unter sich auf dem Tank liegend mit den Beinen auf dem Gepäckträger. Plötzlich hinter uns Blaulicht, Polizei! Mir rutschte das Herz in die Hose, weil mein Mofa doch frisiert war. Die Polizisten wiesen uns freundlich darauf hin, dass diese Art von Mitfahren verboten sei. Wir gelobten Besserung, aber damit wollten sie sich nicht zufrieden geben, uns vielmehr nach Hause bringen – noch so ein Service, den keiner wirklich nutzen wollte. Sie luden die Mofas in ihren VW-Bus und es ging ab nach Friedberg-Dorheim. Am Ortseingang beschwichtigten wir sie, sie könnten uns hier gerne rauslassen, wir würden hier gleich wohnen ... sie ahnten wohl, wie peinlich es uns gewesen wäre, mit der Polizei vor der Haustür abgeladen zu werden. Sie waren wirklich gutmütig: „Ja, ja ... kennen wir ... und verstehen wir."

Martina Beck

geboren 1963, Friedberg

****

Öl in der Krise

****

Im Sommer 1973 begannen wir in Höchst an der Nidder mit dem Hausbau. Im Bauplan hatte der Architekt einen kellergeschweißten Tank für die Ölheizung vorgesehen. Die Lagerung des Heizmittels war üblich und wurde vom Bauamt in Büdingen genehmigt. Doch dann geschah in der Weltpolitik einiges, was jeden von uns mehr oder weniger berühren und Auswirkungen auf unsere Zukunft haben sollte. Als Reaktion auf den arabisch-israelischen Krieg (Jom-Kippur-Krieg) übten die Erdöl exportierenden Länder (OPEC) Druck auf die westlichen Staaten aus. Der Export von Rohöl wurde nun um fünf Prozent gedrosselt. Das bewirkte, dass die Preise für Heizöl und Benzin stiegen.

Die Bundesregierung verhängte daraufhin eine Geschwindigkeitsbegrenzung für Fahrzeuge auf 100 Stundenkilometer und ab dem 25. November 1973 für vier Sonntage ein Fahrverbot für alle Privatfahrten, ausgenommen waren Rettungsdienste, Feuerwehren, Polizei und ähnliche. Uns berührte das Fahrverbot wenig, hatten wir doch auf der Baustelle zu tun. Wie die Heizöl- und Benzinpreise sich entwickeln würden, stand allerdings in den Sternen. Sollte die damals künstlich und politisch herbeigeführte Verknappung und der damit verbundene Preisanstieg so weiter gehen, mussten wir eventuell eine Alternative zur Ölheizung des Hauses planen. Wir kamen zu der Überzeugung, dass der geplante Heizölkeller wegfallen müsse, um möglicherweise andere Brennstoffe lagern zu können. Ein nur für Heizöl geeigneter Kessel würde auch nicht eingebaut werden.

Jetzt waren Entscheidungen zu treffen. Der kellergeschweißte und genehmigte Tank wurde verworfen, ein Doppelmantel-Stahltank in gleicher Größe sollte die Alternative sein. Ich fertigte eine Skizze für die Lagerung im Garten an und stellte einen Bauänderungsantrag. Der Antrag zur Änderung wurde problemlos genehmigt; allerdings kamen jetzt turnusmäßige Überprüfungen und Wartungen der Anlage auf uns zu. Den frei gebliebenen Keller nutzen wir heute zur Lagerung von Holz und als Bastelraum.

Bis zum Herbst 1973 kostete ein Liter Benzin 48 Pfennige. Das Heizöl kostete 1971 sieben Pfennige. 1972 15 Pfennige und später im gleichen Jahr 25 Pfennige, 1973 40 Pfennige. Ein gängiger Spruch: „Wohin soll das führen?" Sollte das Benzin womöglich irgendwann mal eine Mark kosten? Eine nicht ganz ernst zu nehmende Aussage: „Ist mir egal, ich tanke sowieso immer nur für zehn Mark."

***

Ich sang mit im Männerchor der Sängervereinigung Höchst an der Nidder. Wir waren etwa 30 Sänger. Eines Abends in der „Singstunde" machte Chorleiter Engelbert Oppermann den Vorschlag, vom 9. bis 13. Juni 1976 in Berlin am Chorfest des Deutschen Sängerbundes teilzunehmen. Er hatte die Vorstellung, dieses Unternehmen mit dem Männerchor aus Langenbergheim zu gestalten. Nach einer regen Diskussion kamen wir zu dem einhelligen Ergebnis: „Da machen wir mit, da fahren wir hin."

Vieles war zu klären. Welche Lieder singen wir? Wie üben wir gemeinsam? Wie kommen wir nach Berlin und wie ist das mit den Unterkünften? Wir erhielten die Mitteilung, unserem Wunsch der Teilnahme werde entsprochen, alle Übernachtungen würden von den Organisatoren des Berliner Sängerbundes zentral geregelt. Damit war die schon vom Vereinsvorstand in Angriff genommene Buchung in einem Hotel hinfällig geworden. Nun konnte das Einüben der Lieder beginnen. Gruppen von Sängern aus Langenbergheim trafen zu unseren Übungsabenden ein, ebenso wie wir die Singstunden dort aufsuchten.

Unser Bus startete in der Nacht des 10. Juni, die Langenbergheimer waren schon am Vortag aufgebrochen. Nahe der Kaiser-Wilhelm-Gedächtnis-Kirche war eine Stelle des Berliner Sängerbundes eingerichtet worden, wo wir das Verzeichnis unserer Unterkünfte erhielten. Aus dieser Liste konnten wir ersehen, welchen privaten Vermietern wir zugewiesen worden waren. Unsere Unterkünfte lagen in den südlichen Stadtteilen. Unser Busfahrer lud die einzelnen Gruppen mehr oder weniger vor den Häusern ab. Bei uns war das nicht so. Wir – drei allein reisende Herren, meine Frau und ich – waren die letzten Fahrgäste. Wir wurden, weit entfernt von den meisten, in einer weitläufigen Gartensiedlung abgesetzt. Nach einiger Zeit fanden wir das nicht gerade einladende Haus: ein verwilderter Garten mit leerem, verdreckten Swimming Pool. Wir klingelten. Der nicht gewaschene, unrasierte Hausherr mit verschmutztem Unterhemd öffnete und führte uns ins Haus. Seine Frau, im Morgenmantel, erschien und verschwand gleich wieder. Wir wurden in das Schlafzimmer der Familie im Erdgeschoss geführt. Die drei Herren mussten über eine Leiter ins Obergeschoss klettern. In unserem Zimmer begrüßte uns ein großer zotteliger Hund, der die mit Papiertüchern bezogenen Betten bewacht hatte. Unsere Kleidung konnten wir nicht in den Schrank hängen, der war voll mit den Klamotten der Hausbewohner. Darunter war auch kein Platz, hier wurde Schmutzwäsche deponiert.

Wir kletterten ebenfalls die Leiter hinauf. Sollten die drei Herren eine bessere Bleibe gefunden haben? Oben am Ende der Leiter angekommen, hieß es aufpassen. Ein breiter Spalt zwischen Leiter und Geschossdecke lud ein, sich ein Bein zu brechen. Bei den drei Herren war das Nachtlager nicht viel anders. Die Kinderbetten waren nicht frisch bezogen und viel zu klein. Immerhin war ein Bett so ausgestattet, dass man die Beine durch die Messinggitterstäbe durchstecken konnte. Der Kommentar von einem der drei Herren: „Dann leg' ich mich halt mit Schou und Strimp ins Bett." Für meine Frau stand fest: „Hier werde ich nicht übernachten, und wenn ich im Bus schlafen muss!"

Erinnerungsfoto vor dem Reichstagsgebäude - der Männerchor und die Reisegruppe mit Damen

Lange diskutieren konnten wir nicht, denn unser erster Auftritt stand bevor. Dazu mussten wir quer durch die Stadt. Mit Linienbussen und S-Bahn mussten wir nach Wedding gelangen. Zur besseren Orientierung hatte ich mir vor Reiseantritt einen „Falk"-Stadtplan gekauft. So war mir klar, dass die unter Ostberliner Regie geführte S-Bahn auch den Ostsektor durchfuhr. Um die drei Herren nicht zu ängstigen, erwähnte ich diesen Streckenverlauf erst, als wir schon in der Bahn unterwegs waren. Ich machte darauf aufmerksam, dass der nächste Halt „Friedrichstraße" sei, ohne die Möglichkeit, auszusteigen. Aber wir könnten die mit Maschinenpistolen bewaffneten Volkspolizisten auf dem Bahnsteig beobachten. Die drei waren sprachlos.

Bald erreichten wir Wedding. In der Iranischen Straße war das Jüdische Krankenhaus, der Ort unseres ersten Auftrittes. Es lag auf der Hand, dass bei so vielen Gesangsgruppen den renommierten Chören ein Auftritt in den großen Konzertsälen vorbehalten blieb. Um nur einige Veranstaltungsorte zu nennen – Philharmonie, Konzertsaal Bundesallee, SFB Masurenallee, Ernst-Reuter-Haus, Akademie der Künste. Auch in sieben Kirchen wurden an drei Tagen namhafte Chöre angekündigt, beispielsweise ein musikalischer Gottesdienst in der Kaiser-Wilhelm-Gedächtnis-Kirche. Selbstverständlich war auch die berühmteste Straße Berlins, der Kurfürstendamm, mit einbezogen. Unter dem Motto „Singende City" traten an elf Straßeneinmündungen am Freitagnachmittag Chöre aus allen Landesverbänden auf. Dieser Ort wurde nach Pressemitteilungen von 130.000 Berlinern besucht.

Zurück zu unserem ersten Auftritt. Unsere Chorgemeinschaft wurde in der Veranstaltungsreihe „Soziales Singen" präsentiert, bei der auch andere hessische Vereine an unterschiedlichen Plätzen (Altenwohnheime, Krankenhäuser) auftraten. Bei herrlichem Wetter erläuterte uns der zuständige Herr des Krankenhauses, wir sollten unsere Darbietung im wunderbaren Garten zu Gehör bringen. So hätten möglichst viele Patienten etwas von unserem Auftritt. Für unser Ständchen hatte Herr Oppermann Lieder ausgesucht, die unter dem Motto „Ein Gruß aus Hessen" standen. Wie anders konnten wir unsere Heimat den Bewohnern der geteilten Stadt besser nahebringen? An diesem Nachmittag sangen wir das Hessenlied, die heimliche Hymne unseres Bundeslandes. Auch brachten wir das Lied „Ich hab a klaa Häusche am Maa" zu Gehör. Nach unserem Auftritt war unser Auszug aus der vorgesehenen Bleibe angesagt. Gute Kontakte zum Vorsitzenden aus Langenbergheim halfen uns, in die Wohnung eines Polizisten einzuziehen. Die drei Herren kamen bei anderen Sängern unter.

Der 13. Juni war dem „Rathaus-Singen" in allen Berliner Bezirken gewidmet. Nicht weit von unserem ersten Auftrittsort war das Weddinger Stadtbezirks-Rathaus in der Müllerstraße. Im Gegensatz zum vorherigen Tag traten hier mehrere Gruppen auf. Vor uns gab die Chorgruppe Untertaunus ein Ständchen, verstärkt durch Jagdhornbläser. Vor unserem Auftritt waren wir sehr angespannt, denn auf dem Rathausplatz hatten sich sehr viele Zuhörer versammelt, die unseren Darbietungen lauschten. Wir boten „Daham is daham" und erneut das Hessenlied. Bei diesem Auftritt bot sich die Möglichkeit, Erinnerungsfotos zu machen, von der meine Frau regen Gebrauch machte. Im Nachhinein stellte sich heraus, dass sonst niemand daran gedacht hatte. Nach unserem Auftritt fiel die Anspannung von uns ab. Wir waren erleichtert, alle Einsätze waren fehlerfrei, die Stimmlagen ebenso; das sahen wir auch der Miene unseres Chorleiters an.

Dann meldete sich der Mittagshunger. Jetzt konnten wir in den Wochenmarkt Wedding, der direkt hinter dem Rathaus seinen Platz hatte, eintauchen. Berlin hatte schon damals viele Bewohner aus der Türkei, was wir an den vielen – für uns damals noch fremden – Lebensmitteln erkannten. Aber wenn man schon in Berlin „isst", dann sollte es doch einmal eine Bulette mit Schrippe und Mostrich sein.

Norbert Kliehm

geboren 1949,

Altenstadt-Höchst

Auftritt vor dem
Weddinger Rathaus

Untersuchung um Mitternacht

Geboren in Stammheim und dort auch groß geworden, waren die Möglichkeiten, innerörtlich etwas zu unternehmen, sehr beschränkt. Das erste, was ein jeder zu seinem 18. Lebensjahr benötigte, war ein Führerschein und dann, wenn irgendwie möglich, einen fahrbaren Untersatz. Mein erstes Auto war ein 600er Fiat, gezahlt in Raten von 50 Mark an meinen Vater, der mir die 600 Mark für die Anschaffung vorlegte. Jeden Monat musste ich von meinen 300 Mark Lehrlingsgehalt 100 Mark für die Haushaltskasse abgeben und 50 Mark abzahlen. Es bot sich also an, ein altes Plastikschwein im Auto anzubringen, das von meinen Mitfahrern mit einem kleinen Obolus für Benzin gefüllt wurde, denn ich nahm grundsätzlich immer Leute mit, die ohne Auto da waren auf der „Rennstrecke" Stammheim–Ranstadt zur Disco „Black Inn".

Dort wurden Platten aufgelegt, die sich von der Musik anderer Diskotheken im Kreis Friedberg unterschieden. Ich liebte das Ambiente und die Möglichkeit, dort Freunde aus Schlüchtern, Schotten und Nidda zu treffen. Manchmal verabredeten wir uns auch zu einem Picknick in Büdingen sonntags im Park und verbrachten dort mit Freunden, die Gitarre spielen konnten, den ganzen Tag. Es gab keine ständige Kontrolle der Eltern, wo die Kinder denn wohl seien, Richtlinie war nur, gemeinsam zum Abendessen wieder zu Hause zu erscheinen. Und daran hielt man sich einfach. Wir wurden ja erst mit 21 Jahren volljährig und durften vieles noch nicht selbständig entscheiden.

Anfang der Siebziger zog ich dann nach Bad Nauheim und geriet im September 1972 in eine Polizeikontrolle. Es war der Samstag vor den autofreien Sonntagen anlässlich der Ölkrise und ich befand mich auf dem Weg vom „Black Inn" nach Bad Nauheim. Es war kurz vor 23 Uhr. Ich wurde auf der Strecke zwischen Florstadt und Ossenheim von einem Polizisten im Streifenwagen zur Seite gewunken und zum Aussteigen aufgefordert. Er und sein Kollege ließen mich auf dem Mittelstreifen balancieren, um feststellen zu können, ob ich etwas getrunken hatte, was nicht der Fall war. Sie dehnten die „Untersuchung" so lange aus, bis es Mitternacht war und somit das Sonntagsfahrverbot galt und sie mir mit einer Anzeige drohten. Ich wurde etwas ungehalten und beschimpfte die Polizisten, was zu einer Anzeige wegen Beamtenbeleidigung führte, die jedoch dank meines Anwaltes, dem ich den Hergang schilderte, fallen gelassen wurde. Da hatten sich zwei junge Polizisten wohl einen Spaß machen wollen, mit meiner Reaktion hatten sie jedoch nicht gerechnet. Ich bin angstfrei erzogen worden unter dem Motto: Respektiere deine Mitmenschen, aber habe keine Angst. Damit bin ich auch schon als junger Mensch sehr gut gefahren.

Mein Vater hat meinem Bruder und mir viele wichtige Dinge im Leben mitgegeben, vor allem das Interesse an Politik und die Chancen, mit ihm über unterschiedliche Sichtweisen des Lebens zu diskutieren. Alle wichtigen Ereignisse wurden am Küchentisch gemeinsam besprochen und ich habe dies auch so an meine Kinder weitergegeben. Ein Spruch meines Vaters wird mir immer im Gedächtnis bleiben: „Wenn du morgens vor dem Spiegel stehst, dann siehst du nur dich, und dir musst du Rechenschaft über dein Tun ablegen und keinem anderen." Solche Ratschläge prägen das ganze Leben. Und sie geben Mut, auch für Dinge, die mal schief laufen im Leben.

Die materiellen Möglichkeiten, die ich in den Siebzigern hatte, waren nicht groß, die Qualität der Freizeit und der Freundschaften waren wichtiger. Ich kann mich nicht erinnern, dass finanzielle Dinge eine große Rolle in dieser Zeit gespielt hätten. Wir wollten einfach an den arbeitsfreien Wochenenden eine schöne Zeit haben und uns nicht mit so banalen Dingen wie Neid auf andere die Freizeit verderben.

Außerdem hat das Gefühl, immer zu einer Dorfgemeinschaft zu gehören, viel dazu beigetragen. Ich hätte in keiner Großstadt leben wollen, auch wenn meine Arbeitsstelle in Frankfurt war. Mein Zuhause war immer Stammheim, hier spreche ich die Sprache und hier bin ich dehaam.

Heidi Bauer-Klar

geboren 1951, Florstadt

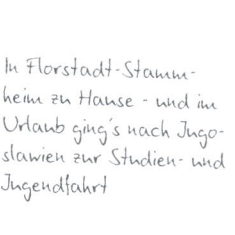

In Florstadt-Stammheim zu Hause – und im Urlaub ging's nach Jugoslawien zur Studien- und Jugendfahrt

Schmuggel im Korsett

Mitte der Siebziger lud mich eine Cousine zu sich nach Berlin ein. Ich fuhr mit dem D-Zug ab Gelnhausen. Der Zug war schon ziemlich überfüllt und ich fragte nach einem Sitzplatz. Eine unfreundliche Zugbegleiterin wies mich barsch darauf hin, ich solle mich selbst darum kümmern. Ab Bebra, dem Umsteigebahnhof, ging es nur noch im Schneckentempo voran. Irgendwo auf der Strecke blieb der Zug nach Berlin-West für einige Zeit stehen. Die Bahnbegleiter hinter der Zonengrenze waren noch übler drauf als die Westkollegin. Mit dem Stiefel wurde die Tür zum Abteil aufgerissen. Ein älteres Ehepaar wurde regelrecht angebrüllt und verdächtigt, sie hätten eine Büchse zum Fenster herausgeschmissen. Das Ehepaar war darauf sehr verängstigt. So etwas hatte ich noch nicht erlebt. Gegen 18 Uhr fuhr der Zug endlich im Bahnhof Zoo ein. Die ersten Eindrücke waren schon gigantisch.

Meine Cousine arbeitete damals bei einer bekannten Berliner Zeitung. Sie nahm mich an einem späten Abend mit in das Pressehaus. Wir fuhren in einem Paternoster hoch in die Redaktion. Das Gebäude stand beinahe an der Mauer zum Ostsektor; es steht heute noch an dieser Stelle. Der Blick in den westlichen Teil der Stadt war überwältigend, während im Osten alles ziemlich dunkel war. Mir wurde dort im Gebäude ein sehr elegantes Zimmer, in Holz getäfelt, gezeigt. Sehr beeindruckend. Hier wurden Prominente empfangen, wie es hieß.

Ich machte einige Sightseeing-Touren mit, ein Besuch im KaDeWe (Kaufhaus des Westens) durfte nicht fehlen. Am letzten Tag, einem Sonntag, fuhr ich mit Freunden in den Ostteil der Stadt. Nach einer eingehenden Kontrolle am Grenzübergang fuhren wir lange durch die kaum befahrene Stadt. Wir besuchten dort Freunde, hatten nette, fröhliche Stunden. Spät am Abend brachen wir auf, denn um 24 Uhr mussten wir die Grenze passieren. Plötzlich fuhr ein Polizeiauto vor uns, wir hielten an und die Herren meinten, wir seien zu schnell gefahren, was natürlich nicht stimmte. Nach etlichen Diskussionen hielt ich es für besser, den Polizisten das geforderte Geld zu geben. Die Zeit drängte, es ging auf 24 Uhr zu. Wir legten zusammen und fuhren zum Grenzübergang. Aber dort ging die Schikane weiter. Die „Vopos" (Abkürzung für Volkspolizei) nahmen den Wagen auseinander. Meine Handtasche wurde umgestülpt und untersucht. Zu sehr später Stunde kamen wir wieder bei meiner Cousine an. Währenddessen liefen hier schon die Telefone heiß, meine Mutter machte sich Sorgen und dachte, ich sei im Osten verschollen.

Sergeant Wachely mit seiner Frau und Dagmars Vater

Pünktlich trat ich am folgenden Tag die Heimreise an. Meine Butterstullen für unterwegs bekam ich aus der Kneipe von Wolfgang Gruner, Mitglied der „Stachelschweine", einem politischen Kabarett.

Meine Oma besuchte ihre Geschwister in Dresden. Als sie wieder nach Hause kam, präsentierte sie glücklich ihr Mitbringsel: eine Meissner-Mocca-Tasse und Untertasse, geschmuggelt zwischen Korsett und Büstenhalter.

Ein Angehöriger der amerikanischen Streitkräfte tauchte beim Stammtisch meines Vaters auf; Sergeant Wachely aus Wyoming, stationiert in Büdingen, in Begleitung seiner Frau. Bald stellte sich heraus, dass seine Frau eine begeisterte Klavierspielerin war. Mein Vater erzählte ihr, dass wir ein Klavier besaßen, und so kam es, dass sie plötzlich zu ungewöhnlichen Zeiten vor der Tür stand, um ein paar Takte Klavier zu spielen.

Zum Geburtstag meines Vaters wurde dieses Ehepaar eingeladen. Sie kamen, er in seiner feinen Ausgehuniform, und brachten eine Gallone Whisky mit. Seine Augen glänzten, denn die Flasche war nicht mehr ganz gefüllt. Sehr angetan war Mister Wachely von den vielen Plaketten an der Uniform des Schützenvereins meines Vaters. Schließlich wurden die Uniformen ausgetauscht und er erhielt eine heißersehnte Plakette. Nun aber bestand der Sergeant darauf, dass mein Vater im Gegenzug seine Auszeichnung, die er als Soldat für die Zeit in Vietnam erhalten hatte, annahm. Meinem Vater war das nicht recht. Irgendwann wurde Sergeant Wachely versetzt.

Dagmar Moravec

geboren 1952, Büdingen

Dagmars Oma (l.), Omas Neffe und ihre Schwester auf der Prager Straße in Dresden

****

Halbnackt-Tanz

****

Zu Beginn des neuen Jahrzehnts änderte sich mein Leben. Aus dem „Fräulein", wie unverheiratete junge Mädchen angesprochen wurden, wurde eine „Frau", nachdem für mich und meinen Verlobten Karl-Dieter im Sommer 1970 die Hochzeitsglocken geläutet hatten. Für mich hing der Himmel voller Geigen, als ich ganz in Weiß mit einem Blumenstrauß – wie es mein Idol Roy Black besungen hatte – mit Karl-Dieter zur Trauung in die Stadtkirche in Lauterbach schritt. Roy Black hing in Lebensgröße als Starschnitt aus der „Bravo" – eine Pflichtlektüre für junge Leute – in meinem Mädchenzimmer an der Wand. Unsere weiße Hochzeitskutsche wurde von zwei weißen Pferden gezogen, die der Kutscher auf Bitten meines Mannes mehrmals durch die Stadt lenkte, weil die Sitzordnung für unsere anschließende Hochzeitsfeier noch nicht ganz fertig war und wir sie noch vervollständigen mussten.

Unsere erste kleine Wohnung wurde uns auf dem Grundstück meiner Eltern zur Verfügung gestellt. Sie war noch im Rohbau und wir konnten sie uns nach unseren Wünschen ausbauen. Mein Mann hatte inzwischen sein Studium abgeschlossen und fand in der Nähe seine erste Arbeitsstelle in einem Architekturbüro. Als Mann vom Fach entstand unter seiner Regie eine wunderschöne Wohnung für ein glückliches, junges Ehepaar. Bis die Wohnung fertig war, schliefen wir sechs Monate lang in Karl-Dieters nur einem Meter breiten Bett im Hause der Schwiegereltern. Aber das war für uns breit genug. Schon deshalb, weil es in diesen Jahren erst für Verheiratete möglich war, zusammenzuwohnen. Ohne Trauschein war ein Zusammenleben nicht möglich.

Statt einer Hochzeitreise machten wir einen Wanderurlaub mit Rucksack. Wir fuhren mit dem Bus nach Aschaffenburg und starteten von dort aus unsere Wanderung vom Spessart in den Odenwald. Jeden Abend suchten wir uns nach einer anstrengenden Tageswanderung eine Unterkunft. Als wir an einem Abend bei der Zimmervermieterin Rosa Roth vor der Tür standen – staubig, hungrig, durstig und müde – musterte sie uns von oben bis unten mit kritischen Blicken. Nachdem wir uns vorgestellt hatten und sie gehört hatte, dass mein Mann als Architekt einen ordentlichen Beruf hatte und sie sich sicher war, dass wir unsere Rechnung würden bezahlen können, wurde sie freundlich und bereitete uns am nächsten Morgen ein gutes Frühstück zu.

Ein Jahr später meldete sich unser erster Nachwuchs an. Um uns darauf gut vorzubereiten, meldeten wir uns überglücklich zu einem Säuglingskurs an. Außer zehn schwange-

Hochzeit 1970 — ganz in weiß, wie erträumt. Und die Pferdekutsche fuhr ein paar Extra-Runden.

ren Frauen nahm Karl-Dieter als einziger Mann teil, was schon etwas Besonderes war. Er machte seine Sache gut, was ihm die Kursleiterin mehrfach bestätigte.

Zu einer werdenden jungen Mutter hatten wir von Anfang an einen besonderen Draht. Nach der Geburt unserer Kinder begann eine wunderschöne lange Freundschaft, die inzwischen fast 50 Jahre besteht. Wir unternahmen viel, fuhren oft und gern gemeinsam in den Urlaub.

Als unser Sohn Jörg zwei Jahre alt und die Wohnung zu klein geworden war, zogen wir in ein anderes Haus, und auch dort konnte mein Mann als Architekt unsere Wohnung nach unseren Wünschen ausbauen, da es bei Besichtigung noch im Rohbau stand.

In die Souterrain-Wohnung zog später ein junges Paar ein. Sie feierten ein Sylvester-Fest, das wir nie vergessen werden. Ich war mit unserer Tochter Britta schwanger. Als die Party gegen Mitternacht so laut wurde, dass wir das Fernsehprogramm nicht mehr verstanden, wollte mein Mann mal nachschauen. Unten in der Wohnung lief eine Lichtorgel in den dunklen Räumen, wo sich halbnackte junge Männer und Frauen

Rosenmontag 1973

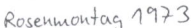

zur Musik bewegten. Es roch sehr seltsam. Es wurde viel geraucht und getrunken und getanzt. Und plötzlich war mein Mann mitten drin … Er wollte so schnell wie möglich wieder raus, was aber gar nicht so einfach war. Er war ja kein Partygast und wollte auch nicht erkannt werden. Ging das Licht an, sprang er schnell hinter eine Tür und arbeitete sich, wenn das Licht wieder ausging, stückchenweise weiter Richtung Ausgangstür. Ob diese Gesellschaft wirklich nichts gemerkt hat? Endlich geschafft, erzählte er mir von der „Sylvester-Haschparty".

Nachdem unser Töchterchen Britta auf der Welt war und uns nach einigen Jahren in dieser schönen Wohnung das zweite Kinderzimmer fehlte, bauten wir ein eigenes Haus.

Es war wieder Sylvester. Mein Mann und ich saßen beim Nachmittagskaffee. Schon bald knallte es draußen und wir dachten an verfrühte Sylvesterböller. Plötzlich standen Rauchschwaden vor unserem Fenster. Wir stürzten nach oben in Brittas Kinderzimmer und da saßen die Übeltäter. Britta und ihr Freund Peter hatten schon mal vorab harmlose Knaller ausprobiert. Peter machte sich schnell aus dem Staub. So mussten wir an diesem Sylvester-Nachmittag noch zum Arzt, denn Britta hatte sich an der Hand verbrannt und erhielt nach der ganzen Aufregung selbstverständlich eine Standpauke. Nachdem wir das Kinderzimmer nach verbliebenen Resten der Knaller durchsucht hatten, ging es abends zur Sylvester-Party zu unseren Freunden. Britta mit einem dicken Verband an der Hand.

Heike Saller

geboren 1949, Lauterbach

Die ganze Familie im Frühjahr 1979

Eine „Freundschaftspyramide",
1977 und die Faschingsfeier
mit dem Kegelclub im selben
Jahr.

****

Niemand

****

Die ersten Tage meiner Ausbildung zur Industriekauffrau in Friedberg. Es ist ein Tag im August 1977. In der Kantine stehen kleine Tische mit jeweils vier Stühlen. Wo setze ich mich hin? Zu den anderen Lehrlingen? Nein, denn die Plätze sind fest vergeben. Jeder Neuankömmling muss sich seinen Platz erst mühsam suchen.

„Ist hier noch frei?"
„Ja, aber nur heute, weil der Herr XY in Urlaub ist."
In der Mitte des Tisches steht eine Suppenterrine. Das ungeschriebene Tischgesetz besagt: Wer am Tisch der Rangniedrigste ist, trägt die Suppenschüssel in die Küche. Also ich!

In weiser Voraussicht schweift der Blick umher, wo sind noch Plätze frei? Für morgen oder vielleicht sogar dauerhaft? Nach einigen Tagen – oder waren es gar Wochen? – ist es geschafft: ein fester Sitzplatz! Jetzt gehört man schon ein kleines Stück mehr dazu. Aber diese Illusion verfliegt, wenn das Essen ausgeteilt wird. Der Rangniedrigste am Tisch – also wieder ich – bekommt die kleinste Portion, auch wenn die Bedienung dazu beim Austeilen die Arme überkreuzen muss.

Das Telefon klingelt. Niemand ist im Büro. Niemand? Doch, ich! Aber ich fühle mich angesichts dieser Aufgabe wie ein Niemand. Also gehe ich nicht an das Telefon, was ich schon wenig später bereue. Aus dem Nachbarzimmer kommt ein Kollege (ich nenne ihn Kollegen, obwohl ich als Rangniedrigste weit davon entfernt bin, jemanden als Kollegen zu bezeichnen, aber er hört es ja nicht).
„Hat hier nicht das Telefon geläutet?"
„Doch."
„Und warum haben Sie nicht abgenommen?"
„Äh ... ja ... hm." Ich stammele selbst für mich unverständliche Dinge.
„Wenn das Telefon wieder klingelt, gehen Sie dran und sagen, dass niemand da ist."
Super, welche Logik. Sogar er weiß, dass ich niemand bin. Ich hoffe, das verdammte Telefon geht kaputt. Wenigstens, solange ich hier alleine sitze.

Warum sind acht Stunden so lang? Die große Uhr im Büro ist bestimmt kaputt. Wie konnte ich jemals auf die Schule schimpfen? Um diese Uhrzeit war ich sonst schon zu Hause. Wie viele Jahre muss man arbeiten gehen? Als Frau bis 60? Also, noch 44 Jahre!

Nein, da stimmt etwas nicht. Hier bleib ich nur, bis ich ausgelernt habe, wenn überhaupt. Und danach? Nur nicht denken! Wenn du diesen Tag überstehst, bist du immun gegen Pest, Cholera und jegliche Naturkatastrophen.

Mittlerweile bin ich seit 41 Jahren in dem Unternehmen.

Sigrid Reichhold

geboren 1961, Florstadt-Stammheim

****

Zweimal 20 Mark

****

Nie mehr haben wir so viel Sport getrieben und gefeiert wie in den Siebzigern. Im Sommer wurde gesegelt, im Winter ging es zum Skifahren. Wir waren jung, frei und ungebunden und jedes Wochenende zogen wir los. Unser Segelboot, ein schnittiges, elegantes Zwei-Mann-Boot, ein Fireball aus England namens „Eumel", hängten wir an unseren „Frosch", einen 128er Fiat, und Freitagmittag starteten wir. Wenn es Richtung Süden ging, holte ich meinen Freund mit Auto und Boot in Frankfurt ab. Freie Fahrt – Freitagnachmittag Richtung Süden. Überholte uns ein Wohnwagen oder anderes Bootsgespann, winkte man sich freundlich zu. Wir waren gut gelaunt, zweieinhalb freie Tage lagen vor uns – diese Freude teilten wir mit anderen Wochenendausflüglern.

Am Zielort – Chiemsee, Bodensee, Tegernsee – räumten wir erst mal unser Boot, beladen mit Zelt, Luftmatratzen, Gaskocher, Dosenessen und Bier aus und bauten unser Zuhause auf. Meist kamen schon die anderen Segler und halfen mit. Wir kannten uns und waren eine große Familie. Beim Zeltaufbau wurde schon mal das eine oder andere Bier probiert, über die Windrichtungen und Drehungen gefachsimpelt und nicht immer hielt das Zelt die zwei Nächte durch, da wieder mal ein paar Heringe oder Spannseile vergessen wurden.

Wir riggten das Boot auf, führten stolz das neue Segel vor und segelten schon mal eine Runde. Ich war Vorschoter, „Fockaffe", und Helmut Steuermann. Wir waren gut und ehrgeizig. Und so wurde geübt: Starten – auf die Sekunde genau über die Startlinie fahren –, bei den Bojen schnell und effizient wenden oder halsen und dabei rechtzeitig den Kopf einziehen.

An Pfingsten fuhren wir immer zur großen Pfingstregatta an den Ruhrsee. Meist kam die ganze Traiser Segelmannschaft mit. Wir zelteten gemeinsam auf dem Ruhrberg und abends wurde beim Lagerfeuer Schifferklavier und Mundharmonika gespielt und Lieder wie „Wenn die bunten Fahnen wehen", „Old MacDonald had a farm, hia hia ho", „Ja, so warn's, die alten Rittersleut" bis spät in die Nacht hinein gesungen. Romantik pur.

Im Ruhrsee lag unsere „Angstboje". Eine Wendemarke, die immer im letzten Zipfel des Sees lag, meist in drehenden Winden und nah am Ufer. So auch Pfingsten 1972. Viel Wind, starke Böen, wir waren die Ersten und mussten um unsere „Angstboje". Ich stand im Trapez, das heißt, außen auf der Bootswand, hatte Fock- und Spinnakerschoten in der

1976: Ilona und Helmut Schmidt am Ruhrsee

1972: Segelregatta in den Vogesen

Hand und wir hatten einen irren Speed drauf. Helmut rief: „Wir machen keine Wende, sondern halsen, das ist ungefährlicher." Klar zur Halse, Ree und schon drehte das Boot. Ich hatte mich nicht schnell genug aus dem Trapezhaken ausgeklinkt, fiel kopfüber in Großsegel und Spinnaker und wir kenterten dadurch, das heißt, beide Segler im Wasser und das Boot kopfüber. Ich konnte mich schnell aus den Segeln und Schoten befreien und tauchte auf. Helmut war nirgends zu sehen. Ich versuchte unterzutauchen, kam aber nicht weit, da ich meine Schwimmweste noch an hatte. Hektisch zog ich sie aus und tauchte unter. Mein Steuermann war unter dem Boot in den Schoten gefangen und konnte nicht auftauchen. Er würde ertrinken, wenn nicht schnell Hilfe kam. Da kam ein DLRG-Boot angesaust und ein Besatzungsmitglied fragte: „Dürfen wir helfen?" So unglaublich das klingt, aber wenn bei einer Ranglisten-Regatta fremde Hilfe in Anspruch genommen wird, ist der Lauf ungültig. Ich schrie: „Mein Mann ist unter dem Boot gefangen", und schon sprangen zwei Männer rein und ruckzuck war mein Steuermann wieder über Wasser. Gemeinsam richteten wir das Boot auf und segelten an Land. Trotzdem der Lauf gestrichen wurde, belegten wir noch einen vorderen Platz und ich bekam eine Rose von der Regattaleitung für meinen Mut und meine Tapferkeit überreicht.

Nach einer Regatta am Gardasee fuhren wir schnellstens nach Hause, wollten zum Geburtstag meiner ältesten Schwester. 30 Jahre alt wurde sie und feierte das auch noch groß. 30 – unglaublich alt. Ich war 19 und der Spruch „Trau keinem über 30" war unser Mantra. Ich fuhr, Helmut schlief. Die ganze Zeit fuhr schon ein weißes Auto hinter mir her. Mir wurde es langsam unheimlich und ich weckte meinen Beifahrer: „Hinter uns fährt die ganze Zeit ein Auto, das hätte schon längst überholen können." „Oh je", sagte er, „das ist die Polizei. Brems ab." Da fuhr ein schicker weißer Porsche links neben mich, eine rote Kelle wurde aus dem Beifahrerfenster gehalten und mir wurde signalisiert, das Fenster herunter zu kurbeln. Ich wollte erst nicht, die sahen nicht wie Polizisten aus, wer weiß, was das für Typen waren. Doch der Porsche drängte mich sanft nach rechts. Also Scheibe runter, mir wurde gesagt, ich solle auf den nächsten Parkplatz rechts rausfahren. Dort stiegen zwei Männer in Zivil aus, hielten uns ihre Polizeimarken vor die Nase und fragten mich, ob ich überhaupt schon einen Führerschein hätte. Ich sah noch sehr jung aus, musste auch in Diskotheken immer meinen Ausweis vorzeigen. Mir wurde erklärt, dass ich von Kilometer soundso bis Kilometer soundso, also über eine Strecke von zehn Kilometern im Schnitt 110 Stundenkilometer gefahren sei. Ob ich nicht wüsste, dass nur 80 Stundenkilometer erlaubt seien. Dies führte zu einer Verwarnung, einem Bußgeld von 40 Mark und einem Punkt in Flensburg. Ich war sauer und sagte: „Fahren Sie doch mal vom Gardasee nach Oberhessen mit achtzig. Da kommen wir ja nie an." Der ältere Beamte lachte und sagte, er fahre mit seinem Wohnwagen auch so weite Strecken und wisse, wie langsam das sei. Er fragte, ob ich mit zweimal 20 Mark und dafür keinem Punkt in Flensburg einverstanden sei. Wir waren angenehm überrascht.

***

Unser erster Skiurlaub 1971 ging nach Saalbach in Österreich. Wir waren 20 Segler aus Trais-Horloff und hatten die Pension „Maria" für uns allein. Ich hatte als Kind auf dem Hoherodskopf etwas Skilaufen gelernt und dachte, das reiche aus. Der Schlepplift auf den „Kohlmais" war null Problem, die riesigen, zwei Meter langen, geliehenen Ski vom Schwager zu handhaben und oben auf der völlig vereisten Kuppe auszusteigen und abzufahren, schon schwieriger. Nach bereits zehn Metern stürzte ich und rutschte noch 50 Meter auf dem Hosenboden weiter. Anstatt zu helfen, wurde erst mal gelacht und fotografiert. Mir reichte es. Ich schnallte mühsam die Skier ab, schulterte sie und lief neben der Liftspur 1600 Meter herunter ins Dorf, zur Freude und zum Spott der Hochfahrenden. Dort ging ich zur Skischule, meldete mich an und lernte den „St. Antoner Skistil": Knie zusammen, Ski geschlossen und wedeln, wedeln, wedeln.

Ilona Schmidt

geboren 1952, Hungen

Der erste Skifahr-Versuch in Saalbach und mit Helmut auf der nahen Hinterhagalm

****

Sahne-Omelette punkt halb vier

****

Die Obergasse in Büdingen war noch eine Geschäftsstraße. Ich erinnere mich an die
Metzgerei Methfessel, in der eine gewundene Treppe aus dem Wohnbereich in das
Geschäft führte. Es folgten die Lebensmittelgeschäfte Pauly und Schröder, das Schuhgeschäft Müller, später als Orthopädiefachgeschäft in der Neustadt beheimatet. Auf der
gegenüberliegenden Seite der Friseur Hofmann, noch geführt vom Großvater des jetzi-
gen Inhabers, der das Geschäft erst schräg gegenüber und dann bis heute in der Vorstadt
fortführte. Dann die Bäckerei und Konditorei Grom, die samstags noch die Kunden belie-
fert. Meine Oma beklagte sich, wenn ihre bestellten Sahne-Omlettes zur Kaffeezeit um
halb vier nicht da waren. Anschließend der Schuhmacher Schnaubelt. Andere Geschäfte
wie die Bäckerei Klein und Gemüse- und Obsthandlungen gab es bereits zu meiner Zeit
nicht mehr und sie lebten nur noch in den Erinnerungen meiner Mutter und Großmutter.

Es war eine kleingliedrige Ladengesellschaft, die in einer Straße das bot, was es heute im
Supermarkt unter einem Dach mit nur einem Kassiervorgang, aber mit weniger mensch-
licher Beziehung gibt. Bekleidung gab es in der Neustadt bei Müller-Ditschler oder am
Marktplatz bei Herrn Egly, Schreibwaren in der Altstadt bei Frau Müller, deren weiße,
akkurat gewellten Haare unter dem Haarnetz mich faszinierten. Kurzwaren und Handar-
beitsbedarf lieferte die Familie Wagner, Drogeriewaren hielt Frau Hoffmann bereit. Das
war für mich wie ein kleiner Dschungel, so vollgestopft war ihr Laden. Am Kreisel gab es
bei der Firma Henzel die Schrauben und Nägel noch stückweise zu kaufen. Sie lagerten
in einer riesigen Schrankwand mit endlos vielen Schubladen.

Eine besondere Attraktion war es, wenn meine Mutter mittwochsvormittags um zwei
Uhr – weil da so wenig Betrieb war –, mit mir in den ersten Supermarkt Büdingens an
der Saline fuhr. Was es da alles zu schauen und kaufen gab ... da konnte die beschauliche
Altstadt nicht mithalten.

In der Adventszeit hingen noch Lichtergirlanden quer über der Obergasse. Die noch in
der Neustadt beheimatete Firma Müller-Ditschler hatte leuchtende Sterne, die mich
beeindruckten, die Firma Henzel erleuchtete mit ihrem Weihnachtsschmuck den Kreisel.
Abends wurde ich Richtung Lorbach durch die Housings der Kaserne gefahren und wir
bestaunten die bunt blinkende Weihnachtsbeleuchtung, die sich mit der heute auf dem
Markt befindlichen in keiner Weise messen konnte und uns damals unerhört kitschig und
doch faszinierend schön vorkam. Im Sommer bestaunten wir die vorhandenen Straßen-

kreuzer vor den Häusern. Die Autokennzeichen waren noch grün und wurden erst nach einigen Terroranschlägen in Weiß umgeändert.

Die Amerikaner fuhren mit ihren Panzern noch durch die Altstadt und durch das Jerusalemer Tor – nicht, ohne Schäden zu hinterlassen. Manchmal kamen sie auch an unserem Hause vorbei. Es war mir unheimlich und zu laut, auch wenn die Soldaten freundlich gewinkt haben. Die Umgehungsstraße am Schwimmbad war noch nicht so lange in Betrieb. Die Altstadt war noch quirlig und voller Leben. Es gab Parkplätze an den Geschäften und Parkuhren, die mit Groschen gefüttert werden wollten. Der Schlosspark wurde gepflegt und es gab die Schrebergärten der fürstlichen Angestellten. In meinen ältesten Erinnerungen ist der Fürst durch seinen Park geritten, später ist er nur noch spazieren gegangen. Gearbeitet hat er in der fürstlichen Rentkammer, die ich mit großem Respekt angeschaut habe.

Ich besuchte die Stadtschule in dem schönen alten Gebäude, mein Klassenzimmer war im ersten Stock. Heimatkunde hatten wir im Keller bei Rektor Müller. Ein Schulfach, das ich als schön und wichtig empfand. Handarbeit und Musik hatten wir im obersten Stockwerk. Obwohl ich immer gerne gestrickt und gestickt habe, war mir der Unterricht bei dieser Lehrerin eine einzige Qual. Nach der Grundschulzeit wechselte ich an das Wolfgang-Ernst-Gymnasium. Die Lehrer waren eine bunte Mischung von erzkonservativ bis 68er. Eine neue Perspektive für mich in meiner kleinen Welt behütetes und fern von allen Problemen aufgewachsenes Kind.

Caroline Bach

geboren 1968, Büdingen

****

Fransen als Gage

****

Meine Freunde und ich hatten eine Band gegründet. Wir nannten uns „Unblut", ein außergewöhnlicher Name, später benannten wir uns um in „Aunt Ellis Blues Band", nach einer Tante unseres Gitarristen. Zur Probe trafen wir uns anfangs mit Erlaubnis meiner gutmütigen Mutter in unserem Keller. Später hatten wir sogar einen Proberaum im Bürgerhaus. Die Amerikaner in ihrem hiesigen Club fanden Gefallen an unserer Musik und unseren Engagements. Sogar im Offiziers-Kasino hatten wir ein Gastspiel. Die Gage wurde immer in US-Dollar ausgezahlt. Wir spielten Songs von Bands wie Cream, Jimi Hendrix und den Stones. Auch in „Charlies Bierbar", einem beliebten Treffpunkt der GIs und für die Jugendlichen in Büdingen spielten wir am Wochenende Livemusik.

Während unserer Auftritte machten die Polizei, die direkt gegenüber stationiert war, und die Military Police (MP) manchmal eine Stippvisite, um zu schauen, ob alles in Ordnung war. Ihren Besuch statteten sie durch die Hintertür der Küche ab. Die Überschreitung der Sperrstunde um ein Uhr wurde um zwei bis drei Stunden toleriert. Meistens ging es dann bis vier Uhr morgens. Hier entstanden viele deutsch-amerikanische Ehen.

Ein Diskjockey namens Fred lud uns später in seine eigene Diskothek nach Bad Brückenau ein. Unsere Instrumente wurden von dem Vater unseres Gitarristen, dem Besitzer der „Pressluft", und einem Stammgast nach Bad Brückenau befördert. Die Discothek war in einem alten Kino. Dort übernachteten wir nach unserem Auftritt in Schlafsäcken. Am nächsten Morgen sollten wir die Gage erhalten. Für mich als Drummer und Jüngsten der Band war aber kein Geld mehr da. Ich erhielt dafür die schöne, getragene Wildleder-Fransenjacke von Fred.

***

Trotz Anhörungen, um als Verweigerer anerkannt zu werden, wurde ich im Jahre 1973 zur Bundeswehr eingezogen. Ich erinnere mich an eine Übung, die im Hochsommer stattfand. Wir überquerten den Rhein bei Groß-Gerau und nahmen dort Quartier. Es vergingen etwa zwei Tage, aber der Versorgungstrupp kam nicht zu unserer Mann-schaft. Es hatte sich wohl schnell im Ort herumgesprochen, dass wir ohne Nahrung und Getränke waren. Die Leute aus der Ortschaft waren so nett und liebenswürdig und versorgten uns bald mit Lebensmitteln. Wir durften sogar eine heiß ersehnte Dusche in den Häusern nehmen.

Peter Moravec

geboren 1953, Büdingen

Peter Moravec zu
Zeiten seiner Band

Dem Flirt den Saft entzogen

Wir waren drei Freunde und wir liebten die moderne Musik. In Homberg war allerdings „nix los", nirgendwo wurde Musik gespielt, die uns gefiel, und wir wollten auch nicht immer zu Diskotheken in anderen Orten fahren und nicht jeder von uns hatte bereits ein Auto. So kam der Gedanke auf: „Wir eröffnen selbst eine Disco in Homberg." Erst mal war das „nur so 'ne Idee", aber bei jedem unserer Freunde und Bekannten, denen wir davon erzählten, kam Begeisterung auf. Also führten wir unsere Überlegungen weiter. Als Location schien uns der „Camp Saloon" auf dem Campingplatz geeignet und der war doch frei. So machten wir uns auf den Weg zum Besitzer des Campingplatzes und fragten ihn. Er lehnte unser Ansinnen jedoch ab. Eine Disco wäre zu viel Lärmbelästigung für die Camper. Wir hatten schon die Klinke in der Hand, als uns bewusst wurde, wir würden sowieso im Sommer keine Discos veranstalten wollen und da im Winter nicht gezeltet wurde, war schnell ein Kompromiss gefunden: von Oktober bis Mai am Samstag, Sonntag und Mittwoch Disco in Homberg.

Nun fehlten noch die Platten zum Auflegen. Keiner von uns hatte ausreichend viele davon oder es fehlte das Geld dafür. Wir hatten aber einen Bekannten in Marburg, der eine umfangreiche Plattensammlung besaß – er wurde zum vierten Mann unserer Betreiber-Crew. Wir schlossen mit dem Besitzer einen Vertrag ab, erledigten alle sonst erforderlichen Formalitäten und machten uns daran, den „Country Club" zu einer Disco umzugestalten.

Als Bedienungen fanden wir problemlos Schüler und Studenten, die etwas Geld verdienen wollten. Am 5. Oktober 1974 war es soweit – die Disco „Flash" öffnete ihre Türen. Wie es zu dem Namen kam, weiß ich nicht mehr so genau, aber vermutlich, weil es ein Gedankenblitz war und unsere Disco sollte natürlich „einschlagen." Genauso kam es, die Jugend nahm die Disco sofort an. Wir öffneten um 19 Uhr und schnell füllte sich das „Flash", besonders die Sitzplätze waren begehrt.

Damit wir unseren Gästen gute Musik bieten und die neuesten Hits auflegen konnten, fuhr unser Discjockey regelmäßig samstags nach Gießen in das Schallplatten-Fachgeschäft und durchforstete stundenlang das Angebot nach Musik, die fürs „Flash" geeignet war. Unsere Gäste mochten hauptsächlich Schlager und Popmusik, die der DJ mit ein paar Rocksongs durchmischte. Nicht zu vergessen die Wunschtitel – die Gäste konnten zum DJ gehen und sich Titel wünschen, was besonders die jungen

Frauen taten. Unser DJ nutzte das gerne zum Plaudern und um ein wenig zu flirten. Das fanden wir anderen, die wir alle Hände voll zu tun hatten, nicht so toll. Vielleicht waren wir auch nur ein wenig neidisch auf ihn und eines Abends stellten wir ihm in einem solchen Moment den Strom ab. Unser Plan ging auf, nichts war mehr mit dem Erfüllen von Wünschen und alle schauten ihn fragend an. Nach kurzer Zeit stellten wir den Strom natürlich wieder an. Wir hatten danach ein schlechtes Gewissen.

Eintritt nahmen wir keinen, das Ganze musste sich über den Getränkeverkauf rechnen. Das Getränkeangebot war übersichtlich und umfasste das, was üblich und angesagt war: Bier, Limo, Cola, Whisky-Cola, Bacardi-Cola, Cognac-Cola und Martini. Als eines Abends ein fein gekleideter Mann mit Tuch um den Hals – er kam wahrscheinlich aus Frankfurt – einen „Longdrink" bestellte, waren wir überfordert, wir kannten nicht mal diese Bezeichnung, geschweige denn die Zutaten und antworteten ihm: „So was haben wir hier nicht." Er nahm schließlich einen Bacardi-Cola und wir nahmen diese Episode zum Anlass, uns auf den aktuellen Stand zu bringen und unser Getränkeangebot ein wenig aufzupeppen. Da wir auch den Einkauf der Getränke mit allem Drum und Dran selbst erledigten, hatte das alles seine Grenzen. Schließlich war jeder von uns berufstätig und noch anderweitig engagiert – die Disco machten wir alle nebenher. So kam es einmal vor, dass ich an einem Samstag erst recht spät nach einem Handballspiel ins „Flash" kam und vergessen hatte, unterwegs die Eiswürfel zu besorgen. An diesem Abend gab es dann eben keine Drinks „on the rocks."

Die Tanzfläche, natürlich unter einer Discokugel, war fast immer voll. Getanzt wurde meist zusammen, der damals in Mode gekommene Discofox, zu dem die Männer die Frauen aufforderten. Wir hatten die Idee, kleine Pausen beim Abspielen der Musik einzulegen. Das brachte „Bewegung" in die Tanzpaar-Bildung, denn nach einer Pause mussten die Frauen neu aufgefordert werden. Natürlich fand in unserer Disco so manches Paar zusammen. Aber nicht nur das. Das „Flash" war ein Treffpunkt der Jugend, hier wurden Neuigkeiten ausgetauscht, am Wochenende kamen Burschenschaften oder ganze Vereine, so etwa sonntags die Fußballer des Ortes.

Legendär wurde der „Pyjamaball", bei dem die jungen Leute in Nachthemd und Schlafanzug in die Disco kamen, über die Tanzfläche wirbelten und feierten.

Das Ende eines jeden Discoabends wurde mit dem Lied „Gute Nacht Freunde" von Reinhard Mey eingeläutet. Das funktionierte – um ein Uhr war Schluss und wir konnten die Sperrstunde eigentlich immer einhalten. Das Saubermachen erledigten wir meist erst am anderen Morgen, was frühes Aufstehen bedeutete. Das war anstrengend und nach einer Weile ging es an die Substanz. Unsere eigentlichen Jobs wollten wir aber auch nicht aufgeben und so stiegen einer meiner Freunde und ich nach einem halben Jahr wieder aus.

Ulrich Heschkat

geboren 1952, Homberg/Ohm

Hoodoo-Man-Gefühl

Augen zu und Ohren auf – einfach nur hören, alles durch die Ohren fließen lassen, alles wahrnehmen – die Instrumente, die Stimmen, wie die Jungs von der Band reden, singen, ihre Instrumente spielen. So habe ich den Sound der Band Birth Control in mich aufgenommen, um ihn dann am Mischpult umzusetzen. Jedes der Bandmitglieder hatte seine Eigenarten – beim Musizieren und im Leben. Ich hatte den Anspruch, das in einen Sound zu „übersetzen." Den Sound von Bubu, Nossi, Bruno, Koschi. Das war Anfang der Siebziger in Burkhards, in der Nähe von Schotten, in der alten Molkerei. Eine verrückte Zeit. Birth Control war ja eine Berliner Band, aber dort war alles schon abgegrast und überfüllt. Also machten wir uns auf den Weg in den Rest der Republik. Das war von Berlin aus gar nicht so einfach. Da waren große Strecken zurückzulegen und die DDR-Grenze zu überqueren.

Ach je, was wir so alles an der Grenze erlebt haben – ewig lange Wartezeit, oft mussten wir alles auspacken, sogar die Boxen mussten wir manchmal aufschrauben. Die VoPo's dachten wohl tatsächlich, dass wir da einen Menschen hineingeschraubt haben könnten. Nein, wir wollten nur unsere Musik spielen und Konzerte geben. Das alles wurde uns dann zu umständlich und beschwerlich. Wir hatten inzwischen einen guten Draht zu Ellen Schaaf, die in Lauterbach so etwas wie einen kulturellen Tante-Emma-Laden hatte. Dort bekam man Schallplatten und Bücher zu kaufen, manches Konzert wurde vermittelt und Ellen war immer eine gute Adresse für alle möglichen Anliegen. So fragten wir sie, ob sie sich nach einem geeigneten Haus für die Band umhören und -schauen könnte.

Im August 1971 mietete Birth Control die ehemalige Molkerei in Burkhards. Von außen war das Haus ein „Gruselkabinett" – alt und schäbig, innen aber waren das Bad und die Heizung neu und das Beste: für alle und alles war Platz. Die Band konnte sich auf 280 Quadratmetern ausbreiten. Unten waren Gemeinschaftszimmer und Räume zum Musikmachen; oben hatte jeder von der Band sein eigenes Zimmer und ein großes Grundstück gehörte zum Haus. Wir konnten also alle zusammenkommen, ebenso konnte sich jeder zurückziehen und für Besuch war auch noch Platz. Wir hatten viel Besuch in der alten Molkerei. Besonders an den Wochenenden füllte sich das Haus mit Freundinnen, Freunden, Geschwistern. Auch meine Freundin kam an den Wochenenden fast immer.

Melitta hatte ich bei einem der ersten Konzerte in dieser Gegend kennengelernt. Das war 1970 in Lauterbach in der Adolf-Spieß-Halle. Ich sah sie in der Halle, sie half Ellen bei der Konzertorganisation, und sie gefiel mir sofort. Bald gab es die erste Verabredung und wir wurden ein Paar. Und klar war Melitta ein wichtiger Grund, warum es mich in diese Gegend zog.

1972 und 1973 änderte sich die Bandbesetzung. Bubu hatte Heimweh nach Berlin und auch aus gesundheitlichen Gründen ging er dorthin zurück. Für ihn kam Wolfgang „Wölle" Neuser als neuer Organist zu Birth Control. Wenig später stieg „Wölle" wieder aus und Bernd „Zeus" Held nahm seinen Platz ein. Für Koschi kam Peter Föller am Bass.

Die Dorfbewohner schauten zu Beginn natürlich sehr skeptisch, als die Langhaarigen in Burkhards in die Molkerei einzogen. Bald war das kein großes Thema mehr. Wir luden sie zu uns ein und lernten uns gegenseitig kennen. Beim Dorfwirt durften wir dann sogar anschreiben, falls notwendig, oder er hat nach der Molkerei geschaut, wenn wir zu Gigs unterwegs waren. Gelegentlich haben Bernd und ich sogar in der Fußballmannschaft von Burkhards mitgespielt, wenn mal Not an Spielern war.

Das Musikmachen und die Konzerttouren waren ein harter Job. Zwar hatten wir einen neuen Mercedes-Bus und die Molkerei eine Rampe, aber an den Auftrittsorten mussten wir das Equipment immer selbst schleppen, auf- und abbauen, und die Wege waren manchmal weit und holprig, die Auftrittsgegebenheiten oft schlicht. Regelmäßig waren wir bis spät in die Nacht- oder gar Morgenstunden unterwegs. Die Molkerei in ihrer Abgeschiedenheit und räumlichen Großzügigkeit war ein Gegenpol zu all dem. Dort störten wir keine Nachbarn, wenn wir probten und an unserem neuen Album arbeiteten. Hier konnte sich die Kreativität der Band entfalten. Ich zog mich zum Runterkommen oder auch zum Soundtüfteln gerne mit meinem Hund Nellie in mein Zimmer oder an ein ruhiges Plätzchen im Garten zurück. Und immer wieder machte ich zwischendurch mal die Augen zu und die Ohren auf. Den Jungs ging es immer mal nicht schnell genug und sie nannten mich dann frotzelnd „Langsam-Lothar". Ich blieb mir treu; ich habe mir erst überlegt, wie es gehen kann, und dann gemacht. Das Ergebnis dieser Zeit war die wohl beste Birth Control-Platte „Hoodoo Man", 1972 kam sie auf den Markt. Mit dem Song „Gamma Ray" erlangten wir Kultstatus, nicht nur bei den Krautrockern. Aufgenommen haben wir die Platte allerdings nicht in Burkhards, sondern in Hamburg im Studio.

Dann war sie vorbei, die Zeit in der Molkerei. Ende 1973 zogen die Band, Melitta und ich nach Pohlhausen bei Siegburg. Ich war für Birth Control noch bis 1975 als Tontechniker im Einsatz.

Lothar Otto 1975 und seine Lieblings-
platte, Hoodoo Man von 1972

Lothars Schwester, ein Groupie
und Bernd vor der „Band-Wand-
zeitung" in der Alten Holkerei

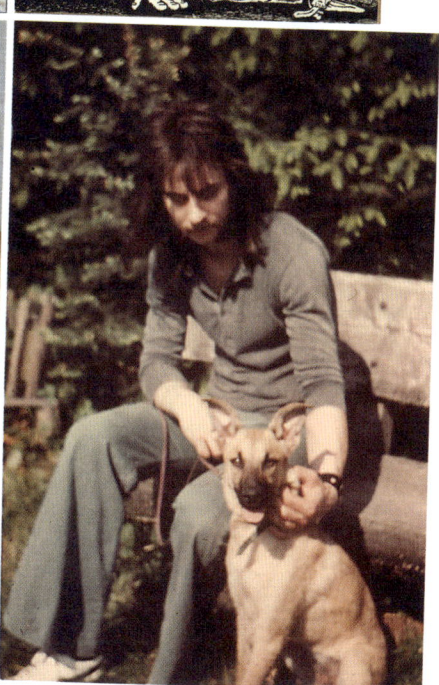

Melitta und ich heirateten 1979 in Köln. Wir kehrten 2003 in die alte Heimat zurück, in den Vogelsberg, nach Lauterbach, wo wir noch heute wohnen. Gerne denke ich an die Zeit in der Molkerei zurück und dann kommt immer dieses Hoodoo-Man-Gefühl in mir auf.

Lothar Otto

Lauterbach, Jahrgang 1949

Lothars Schwester, Melitta, Bernd
im Tourbus und Bruno vor der Alten
Molkerei, rechts Melitta und Ingrid
Mühlbeck

Landei in der Großstadt

Das waren „meine Jahre", die Jahre der Ausbildung, des Loslassens von zu Hause, das „Sichselbstfinden." Ich war 18 Jahre jung, voller Ideen und Neugierde. Meine Ausbildung, die erste von mehreren, war abgeschlossen. Und jetzt: Welt, wo bist Du? Für uns Rainröder Jugendliche war das „Steinerne Haus" der Dreh-und Angelpunkt. Bei Harry war eigentlich rund um die Uhr offen, wir haben dort beinahe gewohnt. 1971 war der ersehnte Führerschein da. Während der Prüfung habe ich mit einem Freund noch die Prüfungsunterlagen für einen anderen ausgefüllt. Dieser junge Mann war im Lesen keine Leuchte. Das wäre heute undenkbar. 300 Mark hat der Führerschein gekostet. Mein bester Freund Eduard kaufte sich einen Ford Capri. Das Auto war eine Sensation und nur ich durfte es fahren. Eines unserer Anlaufziele war Engelrod. In der dortigen Kneipe „Zur Post" wurde sich jedes Wochenende getroffen.

Sportlich war ich im TV Rainrod aktiv. Zuerst als Turnerin, später in der Leichtathletik. Sporthalle und Sportplatz waren mein Leben. Als Übungsleiterin war ich lange Zeit im Breitensport tätig. Fernweh kam auf. Ich strebte eine Weiterbildung im fernen Krefeld an. Aufregung: Landei geht in die Großstadt. Aber es war aufregend, interessant und erfolgreich. Es öffneten sich neue Horizonte. Das Fernweh war aber noch nicht ganz vorbei. Es folgte ein Aufenthalt in Frankreich. Das war eine schöne Zeit, von der ich immer noch zehre. Als 1973 meine Tochter geboren wurde, kam das Kind bei jedem Sportfest mit zum Wettkampf. Vermutlich wurde hier der gleiche Virus für die Sport-Begeisterung übertragen. Danach war Familie angesagt. Das Kind wurde eingeschult und Familie und Beruf rückten weiter in den Vordergrund. Doch trotz all dem war der Sport noch immer präsent. Leichtathletik und die allergrößte Begeisterung: Skifahren. Meine Tochter hat das Skifahren zwischen meinen Knien auf unseren Hausbergen Hoherodskopf und Herchenhainer Höhe gelernt. Es war nicht immer leicht, Familie und Beruf sowie die zahlreichen Ehrenämter unter einen Hut zu bringen. Aber irgendwie hat es immer geklappt. Die Siebziger haben mich bis heute geprägt, ich bin stolz, dass ich alles so gemeistert habe. Daher bin ich der festen Überzeugung: Die Siebziger ziehen sich bis heute durch mein Leben.

Margit Wallisch

geboren 1952, Schotten-Rainrod

Mit Schlag

Nach langem Hin und Her mit meinen Eltern durfte ich mir endlich eine Blue Jeans kaufen und damit sogar in meine Schule in die Kreisstadt fahren, obwohl man damals immer noch die Sonntagsgewänder für diese kleine Reise nach Friedberg bevorzugte und Blue Jeans – als gewöhnliche Arbeitshosen – bei der älteren Generation außerhalb von Arbeitsstätten und Baustellen eher verpönt waren. Zeitgleich kam ich mit Rock'n'Roll und Rock in Berührung; die passende Hose hierzu hatte ich ja jetzt. Die langen Haare ließen nicht lange auf sich warten (schließlich wuchsen die ja auch ohne mein Zutun) und mit der alten Schlaggitarre (so nannte man diese Bauform damals) von meinem Schwager Kalli war der „Rocker" fast perfekt. Blöd war nur, dass ich nicht Gitarre spielen konnte. Theoretisch wusste ich ja, wie es geht, schließlich probten im Rohbau nebenan die „Monkeys". Ja, genau, die Florstädter/Wetterauer „Monkeys", die es immer noch beziehungsweise wieder gibt. Die konnte ich aber leider nur hören; gesehen habe ich sie dort nie, weil die doch um einiges älter waren und ich mich nicht getraut habe, dort hineinzugehen.

Über den Konfirmanden-Unterricht Anfang der Siebziger lernte ich den ältesten Sohn unseres Pfarrers Harry Bormann, Günther, kennen, der dann nicht nur mein erster (und letzter) Gitarrenlehrer wurde, sondern auch ein sehr guter Freund, an den ich auch heute noch oft denke, obwohl er schon sehr lange in Berlin lebt. Über Günther habe ich dann nicht nur seine Band „Gunpowder" und später auch „Parabol" kennengelernt, die zu dieser Zeit alle in Florstadt ihren Ursprung hatten, sondern auch eine Musik, die mir bis dahin völlig fremd war: Blues und Bluesrock.

Auf einem alten Tonband, das Günther für mich repariert hatte, nahm er zu Testzwecken eine Schallplatte der Gruppe „Taste" auf; die erste Band des irischen Gitarristen Rory Gallagher. Diese Aufnahmen zu hören, war für mich ein absolut prägendes Aha-Erlebnis. Rory Gallagher wurde für viele Jahre mein größtes musikalisches Vorbild; die Fender Stratocaster (die natürlich auch Jimi Hendrix und Eric Clapton spielten) mutierte schlagartig zu meiner Traumgitarre (heute besitze ich zwei davon) und der bis dahin nie gehörte stampfende Rhythmus der Songs von der LP „On the boards" von 1970 sollte ein Leben lang meinen persönlichen Musikgeschmack beeinflussen.

Es muss so um 1973/1974 gewesen sein, als ich endlich mit Begeisterung und großem inneren Antrieb Gitarre lernen wollte; schließlich wusste ich jetzt, wofür: um so spielen zu können wie Rory Gallagher. Günther war hierfür der ideale Lehrer und ich bin ihm für seine unendliche Geduld und Langmut noch heute dankbar; besonders, weil es aus heutiger Sicht nicht nur vermessen war, auf einer alten Schlaggitarre mit riesigem Saitenabstand Rock und Blues lernen zu wollen – und dann auch noch gleich mit dem Anspruch, Rory Gallagher nachspielen zu können.

Sehr bald hatte ich bereits im zarten Mofa-Alter meine ersten Bühnenerfahrungen in der Wetterau. Genauer gesagt, im Pfarrsälchen in Bönstadt und bei den „Drei Hasen" in Ilbenstadt, wo ich im Vorprogramm von Gunpowder meine ersten Solo-Auftritte hatte. Damals dachte ich noch, ich könnte singen (auch hier war mir Rory ein Vorbild), sehr bald musste ich aber feststellen, dass ich dies besser anderen überlasse und mich lieber auf die Gitarre konzentriere.

So habe ich dann in der Folge in verschiedenen Bands und Projekten mitgespielt – am bekanntesten war da wohl „Magnum Force", die ich Ende der Siebziger zusammen mit meinem Freund und Mitgitarristen K. W. Schreitz gründete. Diese Band gibt es zwar schon lange nicht mehr, aber die „Honey Twins" Renate Gantz-Bopp und Gerry Reutzel sind daraus hervorgegangen und halten für uns alle den Spirit der Siebziger am Leben.

Die Siebziger waren eine tolle Zeit. Ungeachtet der Baader-Meinhof-Problematik, der Öl-Krise und des Attentats bei den Olympischen Sommerspielen 1972 in München war es das Jahrzehnt, als die Flower-Power-Hippie-Welle über den Atlantik nach Deutschland schwappte. Lange Haare, Bärte, selbst-gebatikte T-Shirts und Jeans mit „Schlag", also weit ausgestellten Beinen, waren unsere Mode und wir jungen „Spät-Achtundsechziger" profitierten von der lockeren Aufbruchstimmung, die in den 68er-Studentenunruhen ihren Ursprung hatten.

Neben der Musik fing ich an, mich für Politik zu interessieren und letztlich waren es fast ausschließlich befreundete Musiker wie Mickey, Zulu, dem besagten Günther und andere, die mich mit zu den Jusos nahmen und aus mir einen aufgeklärten toleranten und aufrichtigen Sozialdemokraten formten, der ich heute noch bin. So kann ich mit Fug und Recht behaupten, dass die 1970er Jahre für meine Person das prägendste Jahrzehnt in meinem Leben waren.

Herbert Unger
geboren 1958, Florstadt

Die Band „Livejoy": Horst Weber,
Uwe Kammer, Herbert Unger

****

Money, Money, Money

****

Wenn ich an die Siebziger denke, sehe ich in Gedanken ein Schwarz-Weiß-Foto. Zwei Mädchen und ein Hund sind darauf abgebildet. Das eine Mädchen bin ich. Ich stehe im Sonnenlicht und trage eine Krawatte mit großen Blumen, das andere ist meine Schwester Judith. Sie schaut von der Sonne weg auf ihre Füße. Der Hund, ein Mix mit sandfarbenem kurzem Fell und Knopfaugen, hieß Bobby. Als ich zehn Jahre alt war, trug ich im Winter gerne eine rot-grüne Zipfelmütze. Bobby mochte diese Mütze nicht und wann immer er mich damit sah, sprang er hoch, biss sanft in die Bommel, riss sie mir vom Kopf und rannte damit weg. Eine wilde Jagd war die Folge. Ich eroberte mir die Mütze immer wieder zurück. Im Sommer begleitete Bobby meine Eltern, Großeltern, meine Schwester und mich gerne in den Garten zur Ernte der Süßkirschen. Er liebte Kirschen, pflückte sie durch gewagte Hochsprünge selbst und spuckte den Kern aus.

Im Sommer trugen Judith und ich Hot Pants und im Frühjahr giftgrüne Schlaghosen und Ringel-Pullover. Mit meiner Schwester teilte ich mir ein Jugendzimmer. Weil ich dieses farbenfrohe und bunte Jahrzehnt auch in den eigenen vier Wänden erleben wollte, überredete ich meine Eltern zu einer Tapete mit unzähligen kleinformatigen, lilafarbenen Herzen. Meiner Mutter wurde beim Anblick dieser Tapete regelmäßig schwindlig und meinem Vater zauberten die vielen Herzen jedes Mal ein Lächeln auf die Lippen. Mit welchen Erlebnissen er diese Motive assoziierte, verriet er nicht.

Mitte der Siebziger bekamen Judith und ich je einen Kassettenrekorder geschenkt. Er hatte ein silbernes Gehäuse, war klein und handlich und verfügte über Tasten für den Vor-und Rücklauf, die Aufnahme und das Abspielen der Musiktitel. Wir waren überglücklich, legten den Kassettenrekorder auf unsere Schultern und unternahmen „lautstarke" Dorfspaziergänge im Limeshainer Ortsteil Hainchen, wo wir aufwuchsen. Da wir die Farbe des Gehäuses als zu langweilig empfanden, verpassten wir diesem einen neuen Anstrich. Ich bemalte meinen Kassettenrekorder mit rosa Nagellack und meine Schwester ihren mit grünem Nagellack. Ich hörte stundenlang Musik von ABBA. Am liebsten hörte ich die Songs „Chiquitita" und „Money, Money, Money".

Ich war im Besitz eines roten Fotoalbums. In dieses Album klebte ich alle Zeitungsausschnitte und Fotos, die ich über die Popgruppe finden konnte. Zur Recherche blätterte ich Zeitungen und die Zeitschrift „Bravo" durch, die ich mir von meinem Taschengeld kaufte. In der „Bravo" standen viele aktuelle Informationen über Stars aus

Musik und Fernsehen. Heimlich schlich ich mich über die Ruck-Zuck-Treppe auf den Dachboden unseres Hauses, wo ich ungestört sein konnte. Agnetha, Björn, Benny und Frida wurden meine neuen Freunde, zumindest auf dem Papier. Ich liebte ihre bunten, poppigen Kostüme und ihre Songs. Sie entsprachen meinem Lebensgefühl der damaligen Zeit. Meine Schwester favorisierte Songs der britischen Musikgruppe Bay City Rollers. Über unseren unterschiedlichen Musikgeschmack stritten wir oft. Doch gelegentlich hörte sie einen Song von ABBA und ich einen der Bay City Rollers.

In diese unbeschwerten Momente mischten sich in den Siebzigern aber auch einige ernste Begebenheiten. Die Ölkrise 1973 entfachte Diskussionen am heimischen Herd. Meine Eltern fuhren damals einen VW-Käfer. Und auch von diesem Auto und mir gibt es ein Schwarz-Weiß-Foto. Ich blicke aus dem Fenster. Um meinen Mund sind Spuren von dunkler Schokolade zu erkennen. In der rechten Hand halte ich eine Eistüte. Während der Ölkrise stiegen die Benzinpreise drastisch an. Autofahrten nach Büdingen in das Eiscafé oder zum Spaziergang rund um den Wilden Stein fielen aus. Es galt ein Fahrverbot für vier aufeinander folgende Sonntage. Zum Trost reiste ich mit dem „Raumschiff Enterprise" durch die unendlichen Weiten der Galaxien und hielt Mister Spock die Daumen bei seiner Weltraummission.

Als ich neun Jahre alt war, sprach die ganze Welt vom Olympia-Attentat. Bei den Anschlägen auf das Olympia-Dorf in München starben 17 Menschen. Die Rote-Armee-Fraktion (RAF) erschütterte die Bundesrepublik. Ich hatte mir damals angewöhnt, die Bild-Zeitung zu lesen. Sie informierte mich auch über das Attentat von Hans-Martin Schleyer und die Entführung der Lufthansa-Maschine Landshut nach Mogadischu. Weniger der Text, als vielmehr die Fotos haben mir damals die Informationen über den Terrorismus vermittelt. Ich erlebte zum ersten Mal, dass die Bundesrepublik angreifbar war, und das beunruhigte mich zutiefst.

Auch die „Sportschau" in der ARD war ein Thema in unserer Familie. Wir besaßen ein einziges Fernsehgerät. Während mein Vater jeden Samstag Fußballspiele im Fernsehen verfolgte, erledigte meine Mutter in dieser Stunde den Haushalt und ich flüchtete zu meinen Großeltern im benachbarten Wohnhaus, die mir die Langeweile mit Malen oder Basteln vertrieben. Meine Großmutter Marie war eine gütige und liebevolle Person. Jeden Samstagmittag nahm sie sich Zeit für ihre Enkel und brachte ihnen Rezepte der böhmischen Küche näher. Und während mein Vater bei einer Flasche Bier mit seiner Lieblingsmannschaft mitfieberte, genoss ich im Ofen gebackene Buchteln mit Puderzucker und trank einen heißen Kakao dazu. Ich war mir sicher, dass mein Vater nicht gewusst hat, was ihm an diesen Samstagen kulinarisch verloren gegangen ist. Hätte er es gewusst, hätte der Sport in unserem Wohnzimmer sicher eine andere Dimension angenommen.

Doch auch meine Großmutter liebte Sport, jedoch Boxsport. Wann immer sie Zeit hatte, schaute sie sich Boxkämpfe mit Mohammed Ali alias Cassius Clay an. Bedingt durch die Zeitverschiebung der übertragenen Boxkämpfe saß sie oft auch morgens vor dem TV-Gerät, um Cassius Clay mental zu unterstützen.

Ich interessierte mich weder für Fußball noch für Boxkämpfe. Doch einmal beschäftigte auch mich ein Sportereignis. 1976 gab es einen schrecklichen Feuerunfall auf dem Nürburgring. Formel-1-Weltmeister Niki Lauda überlebte mit schwersten Verbrennungen. Als ich ihn dann Monate später in einer Zeitschrift abgebildet sah, musste ich weinen. Im Erwachsenenalter trat ich mit Niki Lauda Air einen Kurzstreckenflug an und erinnerte mich an diese Zeit. Noch einmal. Kurz. Ich begriff, dass ein Jahrzehnt nie nach zehn Jahren zu Ende ist, sondern weiter in die Zukunft reicht, als man denkt. So wie der kiloschwere Katalog des Quelleversands. Er begleitete mich viele Jahre lang. Im Teenageralter schnitt ich aus ihm Abbildungen von Gardinen, Möbeln, Teppichen und Lampen aus und klebte sie in eine Schuhkiste. So sollte meine zukünftige Wohnung aussehen.

Und noch etwas geschah in den Siebzigern, das keine politischen oder gesellschaftlichen Auswirkungen gehabt hat, aber vielleicht sogar mein Leben überdauern wird. Irgendwann, an einem Tag in meiner Kindheit, kam mein Vater von der Arbeit aus Frankfurt nach Hause und hielt je eine griechische Landschildkröte in seiner linken und rechten Hand, die er meiner Schwester und mir schenkte. Wir waren sehr aufgeregt, als er die geschlossenen Finger unter unseren Blicken langsam öffnete und wir auf zwei Fünf-Mark-Stück große Reptilien mit Panzer blickten. Eine Schildkröte der beiden überlebte und lebt noch immer. Wir nannten sie Maxi. Der Name blieb, auch als wir nach Eiablage feststellten, dass es ein Weibchen war. Wir konnten mit Maxi weder kuscheln noch Spaziergänge unternehmen, doch wir ölten ihren Panzer jedes Jahr nach Ende der Winterstarre regelmäßig mit Salatöl ein, damit sie herausgeputzt das Sonnenbaden genießen konnte. Wir schälten Bananen und legten sie auf den Rasen unweit des Hauses. Maxi liebte Bananen. Einmal retteten wir ihn vor einer Elster, die ihn attackierte.

Maxi ist heute der noch sichtbare Teil unserer Kindheit und ein stummer Zeuge der Siebziger Jahre, die so waren, wie er nie sein wird: bunt, grell und aufregend.

Georgia Lori

geboren 1963, Büdingen

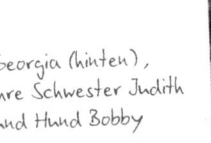

Georgia (hinten),
ihre Schwester Judith
und Hund Bobby

Bandsalat

Ich ging zu Fuß zum Kindergarten, mit meiner Mutter und später zusammen mit anderen Kindergartenfreunden. Auch zur Grundschule im Ort gingen wir zu Fuß und wurden nicht gefahren. Wir waren viel draußen, ließen selbstgebaute Drachen steigen, fuhren mit den Rollerskates. Auf dem Schulhof hüpften wir Gummitwist und spielten Fingerspiele mit Bändern. Bei schlechtem Wetter spielten wir Mau-Mau, Monopoly, Mensch-ärgere-dich-nicht, schrieben Geschichten, spielten Rollenspiele und malten.

Mein größtes Geschenk zu Weihnachten – ich war zehn Jahre alt – war ein „ITT"-Kassettenrecorder mit zwei Kassettendecks und integriertem Radio! Da konnte man von der einen zur anderen Kassette etwas aufnehmen und darauf sprechen, denn das Gerät verfügte über ein Mikrofon. Mit viel Sorgfalt und Liebe und Kreativität stellte ich Aufnahmen zusammen und beschriftete die Kassetten. Bei Bandsalat wussten wir uns mit einem kleinen Schraubenzieher zum Aufschrauben, Bleistift und Tesa-Film (zum Kleben, falls was gerissen war) zu helfen.

Im Alter von zehn Jahren bekam ich auch meine erste Popmusik-Platte geschenkt! Sie war von ABBA und hieß „Arrival". Einfach grandios. Meine Eltern hatten einen Plattenspieler und ein Tonband, da lief regelmäßig Musik. Mein Vater hatte eine ganze Sammlung von Singles, die er gerne auflegte. Er hörte viel Beatles und dergleichen. Das mochte ich auch, zum Beispiel „Sergeant Pepper". Auch Elvis war klasse. Bei mir waren es eben ABBA, Boney M. und ich schaute gerne „Disco" mit Ilja Richter im Fernsehen. Der absolute Knaller.

Als Kind, als ich noch jünger war, liefen „Die Rappelkiste" mit unkonventionellen Beiträgen (betrafen das Verhältnis von Kindern zu Eltern), die mein Vater sogar mal kritisierte, und natürlich die „Sesamstraße", „Heidi", „Die Sendung mit der Maus". Abends schauten wir gemeinsam „Einer wird gewinnen", „Am laufenden Band", „Dick und Doof", „Bonanza", „Winnetou". Übernachtete ich bei meiner Oma, lief eine Show mit Peter Alexander.

Zuhause gab es ein grünes Telefon mit langem Kabel, das Telefonieren war relativ teuer und daher durfte man das zeitlich nicht überstrapazieren.

In den Ferien fuhren wir mit dem Auto an die Ostsee und Nordsee, in die Berge und auch mal nach Südfrankreich und bis nach Südtirol zum Skifahren. Man übernachtete in bezahlbaren Unterkünften, in Ferienwohnungen und kleineren Hotels. Mal fiel das Wort „Ölkrise" und am Rande bekam ich durch das Fernsehen, besonders durch die dritten Programme, etwas von der Politik mit, aber ich war noch zu jung, und das Bewusstsein für Politik, Umwelt und Gesellschaft erwachte bei mir erst in den Achtzigern.

Meine Kindheit in den Siebzigern war eine unbeschwerte, naturverbundene und träumerische Zeit. Es gab Zeit, abends auf dem Fensterbrett zu sitzen und in den Himmel zu schauen, wo unendlich viele Schneeflocken fielen, Zeit für Rübenmännchen statt Halloween, für Knetmännchen und selbstgebackene Plätzchen.

Sandra Löw

geboren 1968, Biebertal (heute Weiden)

Heiraten mit Gott

1970 hausten wir als Studenten aus dem Vogelsberg in Frankfurt, alle vom Alexan-der-von-Humboldt-Gymnasium in Lauterbach. Wir kamen aus einer „Spezialklasse", die 1966 als Obersekunda eingerichtet wurde. Sie bestand aus Schülern der Mittelschule, des „zweiten Bildungswegs" an der Berufsschule in Lauterbach sowie einigen ‚normalen' Schülern, die zuvor schon das Gymnasium besucht hatten. Lernbegierig, teilweise über-motiviert, haben wir die Lehrer gut beschäftigt, das waren die nicht gewohnt. Jedenfalls waren wir was Besonderes.

Wir studierten an der Goethe-Universität. Unser privates Hauptquartier war zu dieser Zeit eine ehemals hochherrschaftliche Wohnung ganz nahe der Universität, in der Schwind-straße im Westend. Deren Türen waren so hoch, dass man den Arm senkrecht anheben musste, um die Türklinke zu erreichen. Unsere Wohnung war als Party-Adresse bekannt und es kam vor, dass wir in einem der Frankfurter Szene-Lokale an der Theke hockten und von wildfremden Leuten auf eine Party eingeladen oder darüber informiert wurden, wobei sich dann herausstellte, dass das unsere Adresse war. Unsere Wohnung quoll dann über, wildfremde Passanten stießen dazu, und wenn die Vorstellungen im Theater oder der Oper vorbei waren, brachte Taxi um Taxi weitere illustre und manchmal bekannte Gäste.

Zu den Partygästen gehörte vor allem mein Bruder Wolfgang Udo, der schon lange vor uns als Postlehrling vom Land nach Frankfurt gekommen war, das Postwohnheim in der Waldschmittstraße kräftig aufgemischt hatte, dauernd in andere Mädchen verliebt und ein „Hingucker" war: Die Mädchen- und Frauenköpfe flogen herum, wenn er eine Kneipe betrat. Er hatte mit Erreichen der Volljährigkeit das Wohnheim verlassen und bereits vor uns mit seinem sehr großen Freundeskreis seine Wohnung in Sachsenhausen als bekannte Partyhöhle etabliert.

Jürgen („Dille") war der Sohn vom Oberförster im Oberwald. Durch ihn hatten wir schon während der Schulzeit Zugang zu einem Blockhaus am See, wo wir einige wilde Partys gefeiert hatten, insbesondere an Sylvester. Weil nie einem Mädchen etwas passierte, hat-ten viele Eltern Vertrauen zu uns, brachten sogar ihre Töchter in die „Wildnis" und holten sie spät in der Nacht oder am nächsten Morgen wieder ab. Nach dem Abitur hatte Dille seinem Unteroffizier bei der Bundeswehr wiederholt das Gewehr auf die Füße geschmissen, wenn er dazu aufgefordert wurde, „seine Waffe" in die Hand zu nehmen, und hatte des-wegen einige Zeit in Haft verbracht. Als Dille nach dem Jahreswechsel 1969/1970 wieder

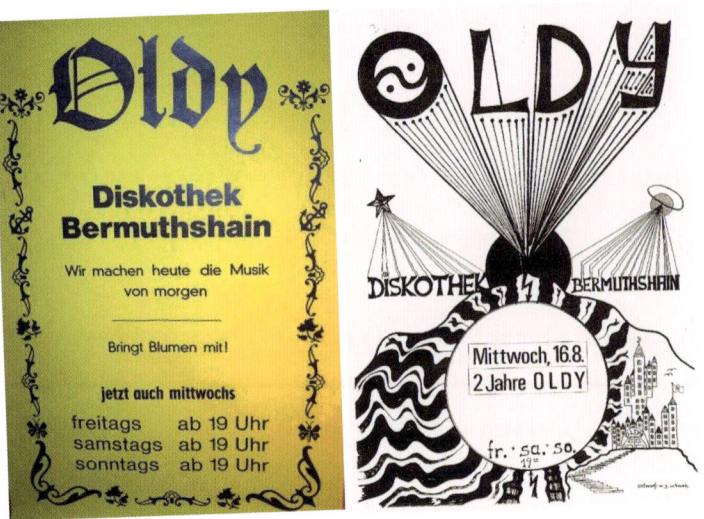

nach Frankfurt kam, erzählte er beiläufig, das Gasthaus „Zum Goldenen Stern" in Bermuthshain stehe leer und sei zu verpachten. Prompt erklärte ich: „Gut, machen wir eine Disco auf." Alle lachten, aber niemand nahm das ernst.

Damals waren auf dem Land noch „Tanz-Cafe" oder „Bonanza-Diskothek" üblich. Die waren für uns eher langweilig, weil dort überwiegend Schlager gespielt wurden, was auf uns wie kalte Duschen wirkte. Musikmäßig war das Angebot in den Frankfurter Szene-Diskotheken zwar deutlich besser, aber die riesigen Schuppen waren völlig überfüllt und die Drinks sehr teuer. Als Besucher gingen wir in der Masse völlig unter, abgesehen von den zwei, drei „Hinguckern" unserer Gruppe. Der Besuch von Festivals, beispielsweise auf dem Herzberg, verschaffte uns nur gelegentlich das, was wir suchten. Udo und ich verhandelten dann mit der Lauterbacher Burg-Brauerei, die das Lokal in Bermuthshain verpachtete, obwohl wir keinerlei Startkapital hatten.

Bei der Besichtigung sahen wir ein um einen großen Innenhof in U-Form gruppiertes Fachwerk-Gebäude. Im größten, linken Seitenflügel befanden sich im Erdgeschoss zwei große Gastzimmer, eine hinter der Theke liegende Küche mit einem großen Vorratsraum und am Ende des Flurs ausreichende Toiletten. Im Obergeschoss (über einem Scheunenraum) war rechts ein kleiner Saal mit einer Theke von rund 130 Quadratmetern und links befanden sich vier Zimmer. Nnach den vorhandenen Waschbecken handelte es sich um ehemalige Gästezimmer, die für Wohnzwecke nutzbar waren. Im schmaleren rechten Seitenflügel im Erdgeschoss gab es ehemalige Stallungen und im Obergeschoss zwei bewohnbare, große Räume, die früher für das „Gesinde" bestimmt waren. Im hinteren „Querriegel" eine große Scheune mit landwirtschaftlichen Maschinen und ehemalige Stallungen. Auf der gegenüberliegenden Straßenseite gab es noch eine Kegelbahn.

Die Brauerei erwartete, dass die Gastwirtschaft „normal" betrieben wurde, also praktisch mit täglicher Öffnung. Nach einiger Bedenkzeit erklärte sich Udo bereit, das zu übernehmen, obwohl er eigentlich auf eine Reise um die Welt gehen wollte. Nachdem ein

Brauerei-Darlehen und ein Vorschuss von einem Geräteaufsteller geklärt waren, stand der Vertragsunterzeichnung im Frühjahr 1970 nichts mehr im Wege – dachte ich. Es zeigte sich jedoch, dass meine Kumpels zwar von der Idee und dem zukünftigen Spaß begeistert, aber nicht bereit waren, dafür ein Risiko einzugehen und mit zu unterzeichnen. Sie waren aber – na klar – bereit zu helfen, so gut sie konnten. Also unterschrieben Udo und ich den Pachtvertrag alleine. Die Gaststättenerlaubnis beantragte ich, womit ich (mit 22 Jahren) der gaststättenrechtlich alleinige Verantwortliche war.

Eine aufwendige, glitzernde Einrichtung für den Saal wollten wir nicht und hätten wir uns auch gar nicht leisten können. Stattdessen inserierten wir in der „Frankfurter Rundschau": „Studenten suchen für einen guten Zweck kostenlos alte Sofas, die umgehend abgeholt werden." Der Erfolg war groß und in den nächsten Wochen schafften wir mit Leih-Last-wagen teils sehr schöne, wirklich alte Prachtstücke nach Bermuthshain. Diese wurden im Saal mit kleinen Bierfässern zu Sitzgruppen arrangiert. Die Fenster versiegelten wir mit blauem, durchscheinendem Lack (Crosby, Stills, Nash & Young: „Blue, blue windows, behind the stars …"). Das war völlig neu, diese Gemütlichkeit gab es nirgendwo sonst. Die alten Sofas und das alte Gebäude waren der Hintergrund für die Namensgebung: „OLDY".

Das meiste (für die damalige Zeit sehr viel) Geld investierten wir in die Musikanlage, denn darum ging es ja. Wir schafften Plattenspieler mit professionellem Mischpult und für die Beschallung einer ganzen Halle ausreichende Heco-Lautsprecherboxen an und hängten sie so auf, dass man auf der in der Mitte des Saales befindlichen Tanzfläche eine akustische Hölle mit trotzdem hervorragendem, klaren Sound erzeugen konnte. Ohne die Anlage ganz aufzudrehen, konnten wir das Gebäude vibrieren lassen, weswegen wir später wegen der Statik eine Begrenzung der Lautstärke einbauen mussten, damit nicht überschäumende Discjockeys den Saal zum Einsturz brachten.

Vor der Eröffnung der Disco musste ich noch eine Ehrenschuld einlösen. Borek, ein Studien-freund, der 1968 beim Einmarsch der Sowjets zur Niederschlagung des Prager Frühlings mit seiner Familie aus der Tschechoslowakei geflüchtet war, hatte mir Anfang 1970 von seiner dortigen Freundin erzählt. Weil Boreks Vater ein bekannter Mediziner war, wurde die „republikflüchtige" Familie auch in der Bundesrepublik vom tschechischen Geheimdienst überwacht und er konnte nicht mehr in die CSSR reisen. Andererseits war der Vater seiner Verlobten ein höherer Polizeioffizier, weswegen diese nicht nach Deutschland reisen und auch nicht einfach ausreisen konnte. Die beiden hatten also große Probleme.

Ich sagte, wieder einmal spontan: „Na ja, ist doch kein Problem; dann fahre ich halt hin und heirate sie!" Alle lachten und wieder nahm mich keiner ernst. Einige Wochen später sprach Borek mich aber wieder darauf an, weil die Familie seiner Verlobten politische Schwierig-keiten bekam. Es musste ein vollständiger Bruch mit dem republikflüchtigen Verlobten und seiner Familie inszeniert werden. Da ich grundsätzlich zu meinen Worten stehe, begannen seine Verlobte und ich also einen fingierten Liebesbrief-Wechsel, den meinerseits natürlich Borek verfasste und der an eine erfundene Begegnung in Prag anknüpfte.

Im April 1970 war es soweit. Nach einem Notartermin, auf den Borek bestanden hatte und in dem ich von allen Folgen „freigezeichnet" wurde, reiste ich mit Mike aus Wölfersheim und einer Studienfreundin zunächst nach Wien und nach einem mehrtägigen Aufenthalt dort in die kleine Stadt T. nördlich von Prag, um zu heiraten. Die Verlobte kannte ich nur von Bildern. Als wir bereits im Dunkeln in T. eintrafen, sahen wir auf der Straße ein Mädchen laufen. Ich glaubte, Boreks Verlobte zu erkennen. Wir hielten an und ich stürzte aus dem Auto auf sie zu und wollte sie umarmen und küssen, schließlich sollte alles echt aussehen. Das Mädchen wich jedoch erschrocken zurück und zischte mir in jenem sagenhaften böhmischen Akzent, den ich so liebe, zu: „Ich bin die Schwester!"

Am nächsten Abend machten wir mit Boreks Verlobter eine Kneipentour durch das Städtchen, denn natürlich musste sie ihren Ausstand geben und für die Glaubwürdigkeit war wichtig, dass ich vorgestellt wurde. Soweit man mir später berichtete, war unser kleines Theater wohl überzeugend genug und wir beide konnten auch tatsächlich gut miteinander und haben viel gelacht. Damit begann bereits meine Beihilfe zur Republikflucht, die mich durchaus ins Gefängnis hätte bringen können.

Am Tag darauf, am 4. April 1970, fand die Trauung in einem nahe gelegenen Kloster statt, das die tschechischen Kommunisten in eine regionale „Hochzeitsfabrik" umfunktioniert hatten, wo reihenweise Paare getraut wurden. Bei der durchaus würdevollen Zeremonie, natürlich mit weinenden Schwiegereltern, unter den Augen des tschechischen Geheimdienstes, sprach auch jemand von der deutschen Botschaft in Prag. Allerdings jagte es mir einen kalten Schauer über den Rücken, als plötzlich ein Lied ausgerechnet von Karel Gott erklang (zum Glück auf Tschechisch). Der war damals bei uns noch mehr verpönt als viele andere deutsche Schlagersänger. So habe ich schließlich in der kommunistischen Tschechoslowakei doch noch „mit Gott" geheiratet. Am Abend machten wir als frisch getrautes Ehepaar nochmals eine Runde durch die Kneipen im Städtchen T. und schmissen Runde um Runde, bis dem Publikum spät in der Nacht vor lauter Seligkeit sowieso alles egal war.

Am Sonntag fuhren wir nach Prag in die „Flitterwochen". Auch das war aus Gründen der Glaubwürdigkeit wichtig, insbesondere für den Geheimdienst, der ständig umherschwirrte. Wir verbrachten einige Tage in einem noblen Hotel am Wenzelsplatz, besichtigten ausgiebig Prag und Boreks (nunmehr Ex-) Verlobte erwies sich als kundige, einfallsreiche und lustige Führerin. Nicht ganz einfach waren die Nächte im Hotel, denn wir mussten damit rechnen, dass der Geheimdienst mithörte; damals waren alle Touristenhotels „verwanzt." Ich will keine Einzelheiten berichten – jedenfalls wurden wir nicht verhaftet. Wir brachten die Freundin (meine erste offizielle Ehefrau) nach Hause, denn mit mir ausreisen durfte sie noch nicht. Erst, nachdem sie dem tschechischen Staat eine recht hohe Summe gezahlt hatte – unter anderem für ihre „Ausbildungskosten" –, konnte ich sie etwa ein Jahr später aus der Tschechoslowakei abholen.

Als ich nach Hause kam und meiner Mutter, die keine Ahnung gehabt hatte, erzählte, dass ich eine Tschechin geheiratet hatte, fiel die aus allen Wolken und verabreichte mir eine schallende Ohrfeige.

Es folgten für den tschechischen Geheimdienst ein paar Jahre fingierten „Zusammenlebens", bis wir uns scheiden lassen und Borek und seine Freundin endlich auch offiziell ein Ehepaar werden konnten, das danach zwei wundervolle Kinder bekam und schon lange wieder in Tschechien lebte.

Die Arbeiten am und im „OLDY" waren während meiner Abwesenheit fortgeschritten. Ein begabter Freund malte uns an die Stirnwand der Disco in Leuchtfarben den Kopf von Marsha Hunt, einer afroamerikanischen Rock-Soul-Ikone, die vom Schwarzlicht angestrahlt mit ihrem Afro-Look über die ganze Disco leuchtete.

Die Eröffnung war für Mitte August 1970 geplant und wurde in einer aufwendigen Aktion im ganzen Vogelsberg, der Wetterau und dem Fuldaer Land plakatiert. Die Eröffnung des „OLDY" geriet zu einem überwältigenden Erfolg. Aus einem Umkreis von bis zu 200 Kilometern kamen überwiegend als Hippies zu erkennende, friedliche junge Leute angereist. Die Kneipe und der Saal (die Disco) waren viel zu klein. Vor der Tür, im Innenhof und vor dem

Die Außenwand des „OLDY" mit dem Konterfei der Rock-Soul-Ikone Marsha Hunt

Grundstück warteten mehr Leute, als drinnen waren; das Gedrängel war unbeschreiblich und zeitweise beängstigend. Wenn Leute gingen (das waren nicht viele), konnten andere endlich hinein. Die wartenden jungen Leute veranstalteten derweil draußen im Innenhof und vor dem Grundstück ein überschäumendes, aber friedliches Happening. Für viele beschränkte sich ihr erster Besuch im „OLDY" auf die Party vor dem Haus. Mit tatkräftiger Hilfe aller Kumpels aus unserer Gruppe und weiterer Freunde, etwa Mike aus Wölfersheim und ein hünenhafter GI namens Rob, bewältigten wir mit viel Glück die Eröffnung ohne ernsthafte Zwischenfälle.

Das zunächst nur an den Wochenenden (Freitag bis Sonntag ab 19 Uhr) geöffnete „OLDY" wurde in den nächsten Wochen ein in ganz Hessen bekannter ‚Knüller' für hippiemäßig (also vor allem friedlich) orientierte junge Leute, die laut „progressive Musik" hören und frei tanzen wollten. Wir spielten ausschließlich aktuelle progressive Rockmusik, auch die gerade aufkommenden psychedelischen Bands wie Pink Floyd. Udo und ich hingen stundenlang in Plattenläden in Frankfurt und bei Ellen Schaaf in Lauterbach herum und hörten uns die Neuerscheinungen an, darunter auch seinerzeit noch als experimentell angesehene Bands und Platten, die man noch nicht im Radio hörte oder im Fernsehen sah. Für unsere jungen Gäste wurde so mancher Abend im „OLDY" zu einem akustischen ‚Urknall'.

Von Anfang an war Udo der am häufigsten auflegende und beliebteste Diskjockey, der am besten die Wünsche des Publikums traf, aber auch die Neuheiten vorzustellen verstand. Udo konnte an guten Abenden das Publikum führen wie ein Marionettenspieler seine Puppen an den Fäden. Auch andere aus der Gruppe und manchmal besondere Gäste legten gelegentlich Platten auf, so wie ich auch. Mein Musikgeschmack und mein Interesse an experimentellen Nummern stießen dabei gelegentlich zunächst auf Zurückhaltung des Publikums (um es vornehm auszudrücken). Mit der Zeit wurden aber auch viele von mir entdeckte und vorgestellte, zunächst kritisch gehörte Platten zu Rennern, wenn die Gäste sich erstmal hineingehört hatten. Gelegentlich gelang es mir, das Publikum gleichsam akustisch-magisch zu steuern und mit der ausgewählten Musik die Stimmung hochzu-

fahren, um dann vor dem Überschäumen die Euphorie langsam wieder herunterzufahren. Ein solches psychedelisches Stück war „Cellophane Symphony" von Tommy James & The Shondells, und es wurde sogar berühmt. Alsbald hatte sich herausgestellt, dass es fast unmöglich war, die Gäste zur Schließung aus der Disco zu bekommen. Auch dringliche Aufforderungen, sogar (seltene) Flüche und Drohungen nutzten oft nichts. Schließlich kam ich auf folgendes Ritual: Wir spielten als letztes Stück des Abends immer „Cellophane Symphony", was die Gäste bald als absolute Schlussnummer erkannten, danach ging nichts mehr. Zusätzlich wendeten wir einen ziemlich fiesen Trick an. Die textlose, vor allem mit Synthesizern erzeugte Komposition verleitet an sich mit ihren sturmartigen sphärischen Klängen zum Träumen und völligem Abheben. Als gezielte Schockwirkung dagegen schalteten wir das während des Betriebs absolut verbotene, wirklich sehr grelle Neonlicht ein. Das bewirkte, dass die Gäste fast schlagartig das „OLDY" verließen, weil sie den schrillen Widerspruch zwischen ihren musikalisch angeregten Emotionen und der krassen Realität nicht aushalten konnten. Wer schon einmal eine relativ kleine, normalerweise im Schummerlicht liegende Kneipe in plötzlich grellem Licht gesehen (und gerochen) hat, kann das Entsetzen der Gäste vielleicht nachempfinden.

Unsere Gäste brachten auch oft neue Platten mit oder wiesen uns auf interessante Bands hin. Schlager wurden gelegentlich aus Jux gespielt, was regelmäßig zu überschäumender Erheiterung des Publikums führte. Musik wie im „OLDY" gab es sonst nirgends und nicht wenige Diskotheken in der Region griffen allmählich den eher noch populären Teil unseres Musikprogramms teilweise auf.

Die Umgebung von Bermuthshain, um den Obermooser-, Niedermooser- und Gederner See und den Wiesen und Wäldern dazwischen, verwandelte sich bei gutem Wetter in einen riesigen Campingplatz. Die Hotels und Pensionen in der Gegend waren nicht nur, aber besonders in den kälteren Monaten stark belegt, teilweise ausgebucht, denn junge Leute reisten aus weit über 100 Kilometern Entfernung an und buchten sich gleich für das Wochenende ein. Da wir ein völlig eigenständiges Publikum hatten, gab es keine wirkliche Konkurrenz.

Unter der Woche, wenn wir Studenten in Frankfurt waren, betrieb Udo die Gaststätte „Zum Goldenen Stern", die von dorfansässigen Gästen gut besucht wurde und mit denen Udo vielfache Freundschaften einging. Viele Bermuthshainer und Erwachsene aus den Nachbardörfern kamen anfangs auch aus Neugierde an den Wochenenden in die Kneipe, um einen Blick in die Disco und auf die „Langhaarigen" zu werfen. Da es nicht sehr hell war und sie es in dem „Krach" nicht lange aushielten, bekamen sie nicht viel zu sehen, insbesondere nicht das, was in der Gegend natürlich alsbald gemunkelt wurde, was es tatsächlich aber gar nicht gab: haschischrauchende Kinder im Drogenrausch. Wenn solche – nicht selten angetrunkene – Erwachsene sich daneben benahmen, wurden sie von uns dezent und mit gutem Zureden in die Kneipe im Erdgeschoss zurück begleitet und bekamen einen ausgegeben.

Entsprechend meiner von Anfang an erteilten und auch durch Aushänge bekannt gegebenen Anweisung wurde von uns allen kontrolliert, dass es im ganzen Haus und auf unserem Grundstück keinen Konsum oder Handel mit Drogen gleich welcher Art gab (außer Alkohol natürlich). Was außerhalb unseres Grundstücks geschah, konnten wir nicht kontrollieren und das musste uns auch nichts angehen. Wenn wir allerdings durch Gäste Kenntnis von Handel mit „harten" Drogen in der näheren Umgebung erhielten, schritten wir zum Schutz unserer jungen Gäste dort ein, regelmäßig unter Einsatz unseres hünenhaften GI-Freundes Rob, mit dem sich niemand wirklich anlegen wollte. Soweit solche Dealer identifizierbar waren (beispielsweise durch ein Kfz-Kennzeichen), gab ich das auch an die Kripo in Alsfeld weiter.

Die Jugendlichen hielten sich – bis auf wenige Vorfälle an den ersten Öffnungstagen – an dieses Verbot, denn keiner wollte das ansonsten unweigerlich folgende, dauernde Hausverbot riskieren, das in den ersten Wochen einige Male erteilt werden musste. Für fast alle Gäste war das „OLDY" schon nach wenigen Wochen zum wichtigsten wöchentlichen sozialen Treffpunkt avanciert, auf den niemand von den Stammgästen mehr verzichten wollte.

Wie ich später im Lauf der Gerichtsverfahren in den Polizei- und Verwaltungsakten feststellte, waren diese Tatsachen von Anfang an auch bei der Kriminalpolizei in Alsfeld und der Verwaltung in Lauterbach bekannt. Der Amtsrichter in Lauterbach hatte unter Hinweis auf mein von den Behörden selbst dokumentiertes Verhalten mehrere offensichtlich unbegründete Anträge der Kriminalpolizei in Alsfeld auf „Durchsuchung des OLDY" abgeschmettert. Die Spießer bei der Alsfelder Kripo und dem Lauterbacher Landrat, noch voller Vorurteile gegen alle „Langhaarigen", hatten noch nicht begriffen, dass die Frontlinie im Kampf gegen die Drogen schon längst nicht mehr zwischen Drogenkonsum und Nicht-Drogenkonsum verlief. Das private Rauchen von Haschisch und Marihuana war nicht nur unter Jugendlichen längst etabliert. Die entscheidende Frontlinie verlief 1970 schon längst zwischen den „weichen Drogen" (Haschisch, Marihuana usw.) und den „harten Drogen" (Kokain, Heroin usw.). Ich selbst habe mich mit dem totalen Verbot von Drogenhandel und Drogenkonsum im OLDY nicht beliebt gemacht und hatte es deswegen manchmal schwer, aber letztlich haben die Leute mich respektiert und sogar unterstützt.

Viele Jugendliche aus der näheren Umgebung wurden von ihren Eltern gebracht und abgeholt, nachdem diese das OLDY selbst im Betrieb besichtigt und mit mir oder mit Udo gesprochen hatten. Alsbald blieben auch immer wieder „Ausreißerinnen" bei uns hängen, das heißt, junge Mädchen, die aus irgendwelchen Einrichtungen weggelaufen waren, sich nach Bermuthshain durchgeschlagen hatten und bei uns bleiben wollten, was natürlich so nicht ging. Wir boten diesen Mädchen zunächst für das Wochenende Schutz und in unserer Gruppe war klar, dass diese Mädchen absolut tabu waren. Ich sprach ausführlich mit den Mädchen, erkundete den Hintergrund und erklärte ihnen, dass sie nicht einfach bleiben konnten, insbesondere, wenn sie noch nicht volljährig waren. Die Angabe der Einrichtung, aus der sie entwichen waren und der dortigen Verantwortlichen war absolute Vorbedingung für den Verbleib zunächst nur über das Wochenende im „OLDY". Mir war durchaus bewusst, dass ich mich damit in einem Grenzbereich bewegte, meinte aber, dies verantworten zu können. Es hat deswegen auch nie Probleme gegeben. In allen Fällen erreichte ich die Zustimmung der Mädchen, dass ich am nächsten Werktag mit der jeweiligen Einrichtung und den dort Verantwortlichen telefonischen Kontakt aufnahm. Ich teilte dann mit, dass sich das oder die Mädchen im „OLDY" aufhielten, aber nach Gesprächen bereit seien, zurückzukehren. Die Einrichtungen stimmten dem in allen Fällen zu, bei älteren Mädchen wurde gelegentlich sogar ein Wochenaufenthalt bei uns, also bis nach dem nächsten Wochenende, erlaubt. Udo oder ich selbst brachten die Mädchen wie vereinbart mit unserem VW-Bus persönlich zurück. Da wir schon bald bei einigen Einrichtungen in Hessen bekannt waren und uns Vertrauen erworben hatten, wurden unsere Angaben nur ein einziges Mal in drei Jahren vereinbarungsgemäß von der Polizei überprüft und der Einrichtung bestätigt.

Nicht selten halfen wir unseren jugendlichen Gästen auch vorsichtig bei Problemen mit ihren Eltern, wenn sie von zu Hause weggelaufen oder fortgeblieben waren. Auch dann kontaktierten Udo oder ich die Eltern telefonisch, informierten sie über den Aufenthalt ihrer Kinder bei uns und vereinbarten einen Abholungstermin, der dann häufig zeitlich großzügig vereinbart wurde.

Natürlich feierten wir, wenn alle Gäste das Grundstück verlassen hatten, mit einigem Abstand nach Betriebsschluss und der sofortigen Grundreinigung privat weiter, oft bis zum Morgengrauen. Solange das Wetter dies zuließ, geschah das fast immer draußen in der Umgebung. Es gibt wohl keinen Teich oder See oder Steinbruch im hohen Vogelsberg, wo wir nicht gefeiert haben, ohne das Disco-Publikum. Diese nächtlichen Feiern umfassten meist 20 bis 30 Leute, nämlich die eigentliche „OLDY"-Gruppe mit Freunden und Freundinnen und einige Stammgäste, die ständig beim Betrieb halfen und so auch Freunde geworden waren. Regelmäßig suchte an den Sonntagmorgen ein völlig übernächtigter und angeschlagener Haufen in mehreren Fahrzeugen die Gasthäuser und Restaurants der Umgebung im hohen Vogelsberg heim, um ausgiebig zu frühstücken. Bezahlt wurde das von Udo und mir als Dank für die (manchmal wirklich anstrengende) Hilfe in der Disco.

Diese „Überfälle" in der Gegend führten wahrscheinlich mit zu den wilden Gerüchten, die über das „OLDY" im Umlauf waren. Einmal, im Restaurant am Hoherodskopf, hatten wir uns in den Kopf gesetzt, soviel Schnaps zu trinken, bis der Wirt keine Schnapsgläser mehr haben würde. Wir bestellten also Runde um Runde und bestanden jedes Mal auf neue Gläser. Das Personal war zwar äußerst irritiert, kam aber unserem Wunsch nach. Wir bauten kunstvoll ganze „Tannenbäume" aus verschiedenen leeren Gläsern, bis der Wirt kam und gestand, dass er in seinem nicht gerade kleinen Lokal keinerlei Schnapsgläser mehr habe. Wir amüsierten uns köstlich und bestellten noch eine Schlussrunde in Wassergläsern. Der Wirt wurde durch eine sehr hohe Rechnung und das Personal für unseren Auftritt mit einem recht hohen Trinkgeld entschädigt, denn schließlich waren wir ja irgendwie Kollegen.

Daneben betrieben wir zusammen mit Ellen Schaaf aus Eichenrod die Konzertagentur „Basis", veranstalteten Rockkonzerte in Lauterbach und Fulda und organisierten Busreisen zu großen Konzerten in Frankfurt. Das war Jugendarbeit im besten Sinne, die damals von den für die Jugend eigentlich zuständigen Behörden überhaupt noch nicht geleistet wurde und kein Geld einbrachte, sondern im Gegenteil meist (unser) Geld kostete. Gelegentlich holten wir auch Solokünstler und Kabarettisten direkt ins „OLDY". Dies alles stärkte das Zusammengehörigkeitsgefühl.

Nach etwa einem Jahr, als das „OLDY" in ganz Hessen berühmt war, fragten andere Brauereien an, ob wir nicht Interesse daran hätten, eines ihrer Objekte zu betreiben. Zunächst lehnten wir das stets ab, weil wir den Spaß nicht in pure Arbeit umwandeln wollten. Als uns die Marburger Brauerei im Jahr 1972 allerdings eine sehr große Diskothek in Gießen-Wieseck anbot, ein früheres Kino, das als „Ponderosa" eingerichtet war, entschloss ich mich mit Zustimmung meines Bruders, nach Gießen zu gehen. Ich hoffte, dort parallel zur Nachtarbeit in der Disco mein wirtschaftswissenschaftliches Studium wieder betreiben zu können, denn natürlich wollte ich nicht den Rest meines Lebens als Gastwirt verbringen. Das Studium war während der „OLDY"-Zeit doch etwas ins Hintertreffen geraten, weswegen auch die Freunde aus der alten Frankfurter Gruppe sich allmählich aus dem eigentlichen Betrieb zurückgezogen hatten. In Gießen-Wieseck entstand dann das „Karma", aber das ist eine andere, eigene Geschichte. Jedenfalls war ich ab da wenig in Bermuthshain im „OLDY", das nun weitgehend von Udo allein geführt wurde.

Im „OLDY" war es immer weitgehend friedlich, denn auch unsere Gäste hatten an Krach oder gar Schlägereien keinen Bedarf. Im Frühjahr 1973 kam es an einem frühen Sonntagabend aber zu einem sehr schweren Zwischenfall. Eine Rockerbande aus dem östlichen Rhein-Main-Gebiet erschien im „OLDY" und versuchte, die Mannschaft und das Publikum zu terrorisieren. Mein Bruder Udo verständigte sofort die Polizei in Lauterbach, die aber fast eine Stunde brauchte, bis sie erschien und die Rocker vertrieb. Vor ihrem Abzug demolierten die Rocker noch den Polizei-Käfer auf der Straße, der mit zahlreichen Beulen und ohne Blaulicht-Knubbel liegen blieb. Auf ihrem weiteren Weg durch den Vogelsberg zerschossen die Rocker ein paar Kilometer weiter eine Kneipentür mit einer Maschinenpistole. Wir hatten also großes Glück gehabt.

Ich weiß nicht, welche kruden Überlegungen bei der Kripo in Alsfeld und beim Landrat in Lauterbach angestellt wurden, denn die Mannschaft des „OLDY" und dessen Gäste traf mit Sicherheit keinerlei Verantwortung für diesen Vorfall. Man sah aber einen Vorwand, die vom Amtsgericht mehrfach abgelehnte „Durchsuchung wegen angeblicher Gefahr im Verzuge" auch ohne richterlichen Durchsuchungsbeschluss endlich durchziehen zu können. Noch vor Schließung erschien eine martialisch mit Maschinenpistolen bewaffnete und behelmte Polizeitruppe, umstellte das Gelände, durchsuchte das Personal und alle Besucher und nahm deren Personalien auf. Nach der Entfernung der Gäste vom Grundstück wurde der gesamte Gebäudekomplex durchsucht, einschließlich ehemalige Stallungen und bis in die einzelne Toilettenschüssel hinein, wozu Udo den Herren sogar noch Gummihandschuhe aus unseren Vorräten zur Verfügung stellte. Gefunden wurde nichts – keine Drogen, keine Hinweise auf Drogenkonsum oder Drogenhandel, weder in den Räumen, noch beim Personal, noch bei den Gästen.

Auf dem Hof stand allerdings ein Opel-Rekord, der niemandem vom Personal gehörte und auch keinem der Gäste zugeordnet werden konnte. Die Polizei stellte fest, dass der nicht zurückgegebene Leihwagen als gestohlen registriert war und schleppte das Auto noch in der Nacht zur Polizeistation in Lauterbach. Am Montag wurde das Auto dort geöffnet. Im Kofferraum fand man 15 Kilogramm Haschisch. Wem das Auto gehörte, wurde nicht festgestellt und es gab keinerlei Hinweise auf Verbindungen zu mir, meinem Bruder oder sonst irgendjemandem aus unserer Gruppe oder unseren Gästen. Dennoch reichte dieser Fund dem sogenannten „Rechtsrat" beim Landrat in Lauterbach, mir die Gaststättenerlaubnis zu entziehen und das „OLDY" mit sofortiger Wirkung zu schließen. Bei der Anhörung zu meinem Widerspruch erklärte ich dem sogenannten „Rechtsrat" des Landrats, dass wir uns vor Gericht wiedersehen würden und er sein Verhalten noch bitter bereuen werde. Wieder nahm niemand das ernst.

Da ich mich in der Folge ohnehin dauernd rechtlich auseinandersetzen musste, wechselte ich das Studienfach, studierte Rechtswissenschaften in Marburg und vertrat mich vor dem Verwaltungsgericht in Darmstadt selbst; lediglich formal hatte ich auch einen Rechtsanwalt. Das Verwaltungsgerichtsverfahren und das vom Land Hessen angestrengte Berufungsverfahren beim Verwaltungsgerichtshof in Kassel dauerten weit über ein Jahrzehnt – und ich gewann eindeutig alle Verfahren. Danach erhob ich Amtshaftungsklage gegen das Land Hessen wegen des vorsätzlichen, pflichtwidrigen Verhaltens des „Rechtsrats" beim

Landrat in Lauterbach, der den Verwaltungsakt begründet hatte. Nach 17 Jahren stand der mittlerweile pensionierte Rechtsrat als Zeuge stotternd und mit Tränen in den Augen vor dem Landgericht in Fulda. Bei einer vorsätzlichen Amtspflichtverletzung, die dort zur Diskussion stand, kann der Beamte nämlich in Regress genommen werden, was zu erheblichen Kürzungen seiner Pension führen kann. Das Landgericht Fulda entschied auch den Zivilprozess zu meinen Gunsten und sprach mir Schadenersatz wegen der rechtswidrigen und schuldhaften Entziehung der Gaststättenerlaubnis in sechsstelliger Höhe zu.

Während des Verfahrens beim Landgericht Fulda hatte ich 1986 eine einstweilige Verfügung auf eine Abschlagszahlung in Höhe von 30.000 Mark gegen das Land Hessen erwirkt. Da das Land Hessen nicht zahlte, beauftragte ich den zuständigen Gerichtsvollzieher mit der Zwangsvollstreckung beim zuständigen Regierungspräsidenten in Gießen. Das war damals der frühere Frankfurter Polizeipräsident Knut Müller. Diesmal hatte ich Glück, der Gerichtsvollzieher hieß Eisenkolb und hatte keine Angst vor großen Tieren. Als Gläubiger war ich berechtigt, bei der Zwangsvollstreckung anwesend zu sein. Als der Gerichtsvollzieher dem Regierungspräsidenten in dessen Dienstzimmer den Vollstreckungstitel präsentierte und ihn zur Zahlung aufforderte, lehnte dieser (etwas hochnäsig) jegliche Zahlung ab, was angeblich mit dem Innenministerium geklärt sei. Der Gerichtsvollzieher war nur eine Sekunde überrascht über dieses dreiste Verhalten und erklärte Herrn Müller, dass er einen sofort vollstreckbaren Titel in der Hand habe, den er auch vollstrecken werde. Herrn Müller verging das Grinsen, als der Gerichtsvollzieher ihn aufforderte, ihm unverzüglich eine Liste seiner Dienstfahrzeuge (nicht: Einsatzfahrzeuge) mit den aktuellen Standorten zu übergeben, ansonsten werde er die Fahrzeuge von der Polizei suchen lassen. Der still gewordene Regierungspräsident veranlasste das und teilte mit, dass er nochmals mit dem Innenministerium telefonieren werde. Der Gerichtsvollzieher erklärte ihm, dass er jetzt so viele Fahrzeuge pfänden werde, bis meine Forderung voraussichtlich durch deren Verwertung gedeckt sei. Wir fuhren in Begleitung meines Bruders mit dem Gerichtsvollzieher zu einer Garagenanlage in Gießen. Der Gerichtsvollzieher klebte seinen Kuckuck auf (nach meiner Erinnerung) drei Fahrzeuge des regierungspräsidentialen Fuhrparks. Natürlich hatte ich schon vorher die Presse informiert und so wurde der Gerichtsvollzieher bei seiner in der deutschen Rechtsgeschichte einmaligen „Untat" auch noch fotografiert. Zurück bei Herrn Müller, der sich angeblich mit dem Innenministerium noch nicht einig geworden war, wies er diesen darauf hin, dass er gegen 16 Uhr nochmals wegen der Zahlung nachfragen, ansonsten die Fahrzeuge abschleppen lassen und versteigern werde. Schließlich fragte er noch, ob mein Bruder und ich irgendwo bis 16 Uhr warten könnten. Wir wurden in einen Büroraum geführt, in dem Computer und Drucker standen und stapelweise Überweisungsformulare mit verschiedenen Kontonummern des Regierungspräsidenten. Ich rief umgehend Herrn Eisenkolb an und gab ihm die Kontonummern durch. Der ging direkt zum Amtsgericht Gießen und erwirkte Pfändungs- und Überweisungsbeschlüsse für drei oder vier RP-Konten. Damit hätte er diese Konten jederzeit blockieren können.

Als wir gegen 16 Uhr wieder beim Regierungspräsident eintrafen, wollte dieser immer noch nicht zahlen. Daraufhin stellte der Gerichtsvollzieher dem Regierungspräsidenten persönlich den inzwischen erwirkten Pfändungs- und Überweisungsbeschluss über dessen Konten zu, womit dieser wirksam wurde.

Da wurde der Herr Müller doch sehr blass um die Nase und zog einen vorbereiteten Scheck aus der Schublade. Er hatte also einfach gegen den Gerichtsvollzieher gepokert und verloren. Gerichtsvollzieher Eisenkolb, der ob des unsäglichen rechtswidrigen Verhaltens des Regierungspräsidenten doch recht erbost war, setzte daher noch einen drauf und erklärte mir in aller Ruhe, dass ich in dieser Situation keinen Scheck akzeptieren müsse und ich als Gläubiger auf der Zwangsverwertung der Fahrzeuge bestehen könne. Der Regierungspräsident hätte also bar zahlen müssen, aber 30.000 Mark hatte er nicht in bar. Herr Müller wurde immer kleiner in seinem Chefsessel. Ich wollte es aber nicht übertreiben und erklärte mich mit der Scheckzahlung einverstanden, wenn er zusichere, dass der Scheck gedeckt sei und nicht gesperrt würde, was Herr Müller auch tat. Der gute Herr Müller war nach den bundesweiten Presseberichten über seinen in der deutschen Rechtsgeschichte einmaligen Schildbürgerstreich nur noch zwei oder drei Wochen als Regierungspräsident im Amt. Ich liebe seitdem Gerichtsvollzieher, die Eisenkolb heißen und das Gesetz nicht nur gegen kleine Leute voll anwenden.

Im Gegensatz zu meinen Freunden und den Gästen des „OLDY", für die 1973 die Geschichte endete, hat es mich also noch zwei Jahrzehnte beschäftigt und war mit ursächlich dafür, dass ich Jurist wurde. Als ich später, inzwischen im Staats- und Verwaltungsrecht an der Universität Konstanz promoviert, Anfang der Neunzigerjahre auf Empfehlung des Frankfurter OLG-Präsidenten, der mich im 2. Staatsexamen geprüft hatte, Richter in Hessen werden sollte, zahlte das Land Hessen zur Beendigung eines weiteren Verfahrens beim Europäischen Gerichtshof für Menschenrechte wegen der unsäglichen Verfahrensdauer vergleichsweise nochmals einen fünfstelligen Schadenersatz-Betrag an mich. Ich wurde dann Richter am Landgericht Frankfurt und wenig später Professor für Rechtswissenschaften. Mein Bruder Udo wurde engagierter Gewerkschafter und später Arbeitnehmervertreter im Aufsichtsrat einer der (damals) größten deutschen Banken.

Karl-Joachim Schmelz
geboren 1948,
Bad Vilbel

Die OLDY-Mannschaft am Hoherodskopf

Ich trinke Jägermeister, weil …

Mit 18 Jahren volljährig. Ich erstmal nicht. Ich musste warten bis zum 21. Geburtstag. Denn erst 1974 wurde die Volljährigkeit auf 18 Jahre herabgesetzt. Ich wurde somit erst mit 21 Jahren „von Rechts wegen erwachsen." Das war 1971. Vor mir lagen da die Siebziger in voller Länge. Zunächst geprägt vom Feinwerk-Studium und ab 1975 vom ersten festen Job als Fotograf in einem Gießener Verlag.

Egal, ob als Anzeige gedruckt, ob als Großplakat geklebt oder als Spot im Fernseher oder im Kino gezeigt – ich interessierte mich für Werbung. Auch. Ich war Fan der rauchenden „Marlboro"-Cowboys im Sonnenuntergang, vom Dromedar auf der „Camel"-Packung, vom tobenden „HB"-Männchen, vom Slogan der Deutschen Bahn, die nie, wie alle anderen, vom Wetter redete, oder vom Kurzfilm mit dem Käfer, der rollt und rollt und rollt und rollt.

Sehr aufmerksam verfolgte ich die Anzeigenkampagne von „Jägermeister": „Ich trinke Jägermeister, weil …", und dann folgten Erklärungen oder Gründe der mit Flasche und Glas porträtierten Personen, die Aufschluss gaben, warum sie zum Verzehr dieses Kräutertrunks aufriefen. Großartige Sprüche vermittelten wöchentlich in fast allen großen Wochenmagazinen jedem mit einem Augenzwinkern die absurden Umstände für diesen besonderen Alkoholgenuss. Beispiele: Eine Frau bekundet, den Kräuterlikör zu trinken, „weil ich den Numerus Clausus nicht geschafft habe, dafür aber die Nummer mit Claus." Oder eine andere Frau, „weil mir vorhin eine Lokomotive nachgepfiffen hat", oder ein Kapitän, „weil unser Schiff im Hafen eingelaufen ist. Und jetzt nur noch 14 Meter misst." Großartiger Wortwitz.

„Als aufmerksamer Beobachter Ihrer Werbekampagne und stiller Genießer Ihres Produktes übersende ich Ihnen meinen Spruch", begann ein kurzes Schreiben, das ich an den „Jägermeister"-Boss Günter Mast in Wolfenbüttel adressierte. Eher aus einer Bierlaune heraus entstanden. Die Antwort aus der Chefetage ließ nicht lange auf sich warten. Ich erfuhr: „Unsere Werbeagentur wird sich mit Ihnen in Verbindung setzen."

Wenige Wochen später stand ich in Düsseldorf in einem Fotostudio, mit Flasche und Glas in der Hand, um (gefühlt) 100 Mal vor braunem Hintergrund fotografiert zu werden. Als einer der vielen 100 Jägermeister-Modelle war ich damit „im Kasten." Als ganzseitige Anzeige war ich dann nur wenige Monate später in der „HörZu" bundesweit in Millionen-Auflage zu sehen. „Ich trinke Jägermeister, weil ich beim Zoologie-Examen gesagt habe, daß ein Hirsch aus 56 Kräutern und 35 Prozent Alkohol besteht", erfuhren nun alle Leser. Aus mir hatte die Werbeagentur einen Studenten gemacht.

Ins „Jägermeister"-Spiel gebracht hatte ich mich ursprünglich mit dem Spruch: „Ich trinke Jägermeister, weil Uschi im Skiurlaub mit mir Schlitten gefahren ist." Den Kopf hingehalten für „meinen Spruch" hat schließlich einige Monate später ein anderer Typ. Mit dem man Schlitten fahren konnte. Das sei mit mir ja nicht möglich gewesen, so die Werbeexperten.

Peter Hillgärtner

geboren 1950, Pohlheim

Peter Hillgärtner
mit „seinem"
Spruch in der
HörZu

227

Ich war Anni

Lange Zeit bekamen mein Zwillingsbruder und ich kein Taschengeld – dafür durften wir uns beinahe jeden Tag etwas aus dem Kaugummiautomaten ziehen. Sei es jenen Gegenstand, der diesem Automaten seinen Namen gegeben hat oder in kleinen Plastikkapseln verborgene Gegenstände wie Ringe, Figürchen und dergleichen. Der Gang zum Automaten als tägliche Belohnung. Überhaupt: Am Wochenende fuhr meine Mutter sehr gerne mit uns in den Frankfurter Stadtwald, wo wir – nach meinem damaligen Empfinden – kilometerlange Spaziergänge absolviert haben. Als Belohnung wurde ein Besuch bei „McDonalds" in Aussicht gestellt – das muss damals wohl einer der ersten überhaupt in der gesamten Region gewesen sein.

Ich erinnere mich an die ersten Schultage, als mein Bruder auf dem Weg zur Schule eine orangenfarbene Kappe und ich ein orangenfarbenes Kopftuch tragen mussten. Ich erinnere mich daran, dass wir im Freibad Badegäste fragten, ob wir ihre Flaschen haben dürften und dass wir uns vom Pfandgeld Eis kauften, das sich in einem Plastiktrichter mit einem Kaugummi am Boden befand. Ich erinnere mich, dass mein Bruder und ich nach der Ermordung von Jürgen Ponto durch die RAF bei einem Verwandtenbesuch in Frankfurt um dessen Villa liefen und nach Blutspuren suchten. Uns war natürlich die Tragweite dieses Verbrechens nicht bewusst. Ich erinnere mich, wie ich bei einem Spaziergang mit meiner Mutter an einem Kiosk vorbeikam und meine Mutter schockiert stehen blieb. Denn auf dem Titel einer Tageszeitung stand in fetten Buchstaben: „Der King ist tot" (von dem ich vorher noch nie gehört hatte).

Ich erinnere mich, dass ich in dieser Zeit von meiner Großmutter eine alte Musiktruhe geschenkt bekam. In dem Plattenteller steckte eine Art Spieß, dort konnte man Singles stapeln und nach und nach fielen die zum Abspielen auf den Plattenteller. Mit den Platten meiner Großmutter konnte ich nicht viel anfangen. Da gab es eine darunter, besungen von einem Opernsänger. Dieser trug einen dichten Bart und stammte wohl aus dem Taunus. An den Namen kann ich mich nicht mehr erinnern. Aber wenn meine Großmutter dessen Platte auflegte, fingen mein Bruder und ich an zu weinen. Das war so ein dunkles Lied, das uns Angst einjagte ... Meine erste selbst gekaufte Platte war „Hallo Engel" von Stefan Waggershausen. Auf dem Plattenspieler meiner Großmutter spielte ich auch meine Hörspiel-Langspielplatten ab. „Tischlein deck dich", „Der Froschkönig", „Hanni und Nanni", „Robin Hood" und so etwas. Die Texte konnte ich nach einer gewissen Zeit größtenteils mitsprechen, „Tischlein deck dich" sogar mitsingen, weil das eine

Klassikvertonung war. Meine Lieblingsgruppe war allerdings ABBA. Ich war Anni, meine Freundin war Agneta. Wir standen in meinem Zimmer, jeder hielt eine Haarbürste als Mikrofon in der Hand, wir ließen die Platten laufen, die ich von meinen Eltern geschenkt bekommen hatte und imitierten die beiden. Und dann durften wir beide – ich war gerade mal neun Jahre alt – zum Konzert von ABBA in die Frankfurter Festhalle! Mein Vater fuhr uns hin. Zuerst saßen wir oben auf dem Rang. Im Laufe des Konzerts wagten wir uns ins Parkett mitten in die Menschenmasse. Wir standen schließlich sehr nah an der Stelle, wo die Künstler auf ihrem Weg zur Bühne entlang kamen. Meine Idole zum Greifen nah. Ich glaube, ich fiel beinahe in Ohnmacht. Nach dem Konzert holte uns mein Vater wieder ab.

Mein Vater war übrigens großer Fan von Eintracht Frankfurt, mein Bruder von Borussia Mönchengladbach. Mein Bruder hat ab und zu die Mannschaftsaufstellung von Mönchengladbach abgefragt. Und wenn ich das nicht gut konnte, hat er mit mir geschimpft. Bei einem Spiel hat Lothar Matthäus, der damals noch bei Mönchengladbach gespielt hat, den Frankfurter Jürgen Grabowski derart gefoult, dass der daraufhin seine Karriere beenden musste. Danach haben mein Vater und Bruder wochenlang nicht miteinander gesprochen.

Marion Mitchell

geboren 1969, Bad Vilbel

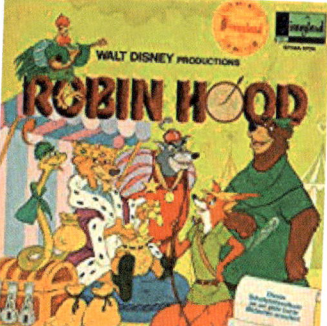

****

Chronik der Siebziger Jahre

****

(... ohne Anspruch auf Vollständigkeit oder Objektivität ...)

1970 • Der deutsche Bundeskanzler Willy Brandt trifft sich in Erfurt mit dem Ministerpräsidenten der DDR, Willi Stoph *** Gründung der Terrororganisation Rote Armee Fraktion: Ulrike Meinhof, Gudrun Ensslin und andere befreien Andreas Baader aus der Haft *** Der Moskauer Vertrag wird zwischen der Sowjetunion und der Bundesrepublik Deutschland geschlossen *** Unterzeichnung des Warschauer Vertrags durch die Bundesrepublik Deutschland und Polen, Bundeskanzler Brandts Kniefall von Warschau *** Im Werk Saarlouis rollt der erste Ford Escort vom Band *** In Friedrichsdorf eröffnet der erste toom-Markt *** Jimi Hendrix stirbt infolge seines Alkohol- und Drogenkonsums *** Der erste „Tatort" („Taxi nach Leipzig") wird in der ARD ausgestrahlt *** Der Deutsche Sportbund startet die Trimm-dich-Bewegung *** Borussia Mönchengladbach wird deutscher Fußball-Meister *** Das Finale der Fußball-Weltmeisterschaft in Mexiko gewinnt Brasilien 4:1 gegen Italien; die deutsche Mannschaft wird Dritter *** Kickers Offenbach gewinnt den DFB-Pokal durch einen sensationellen 2:1-Sieg gegen den 1.FC Köln *** Jochen Rindt verunglückt beim Training zum Großen Preis von Italien in Monza tödlich. Sein großer Punktevorsprung reicht jedoch aus, um als einziger Formel 1 Pilot posthum Weltmeister zu werden ***

1971 • Während des Vietnamkrieges startet letztmals ein Flugzeug zu einem Sprüheinsatz mit dem Entlaubungsmittel Agent Orange *** Aktives und passives Wahlrecht für Frauen in der Schweiz *** Bundesverteidigungsminister Helmut Schmidt liberalisiert mit dem Haarnetz-Erlass das Tragen langer Haare bei der deutschen Bundeswehr *** Die Fernsehsendung „Die Sendung mit der Maus" wird erstmals ausgestrahlt *** Walter Ulbricht tritt als Erster Sekretär des Zentralkomitees der SED zurück. Sein Nachfolger wird Erich Honecker ***

In der Zeitschrift „Stern" erscheint die Kampagne „Wir haben abge-
trieben!" *** Die „New York Times" beginnt mit dem Abdruck geheimer Pentagon-Papiere über den Vietnamkrieg. US-Präsident Richard
Nixon und Justizminister John N. Mitchell versuchen, mit einer Klage
vor Gericht weitere Veröffentlichungen zu unterbinden, scheitern
aber vor dem Obersten Gerichtshof der USA *** In München wird der
erste Banküberfall mit Geiselnahme in Deutschland begangen (Täter
ist unter anderem Dimitri Todorov). Bei dem Schusswechsel werden
die Geisel und ein Mittäter getötet *** Mit der UN-Resolution 2758
wird die Volksrepublik China in die UNO aufgenommen, Taiwan dagegen ausgeschlossen *** Der deutsche Unternehmer Theo Albrecht
wird von Heinz Joachim Ollenburg und Paul Kron entführt *** Im
Vereinigten Königreich wird das erste Frauenhaus Europas gegründet *** „McDonald's" eröffnet in München seine erste deutsche Filiale
*** Der Boxer Joe Frazier gewinnt den Weltmeistertitel im Schwergewicht gegen Muhammad Ali im Madison Square Garden, New York ***
Horst-Gregorio Canellas enthüllt, dass Spiele im Abstiegskampf der
Fußball-Bundesliga durch Geldzahlungen beeinflusst waren *** Eddy
Merckx gewinnt zum dritten Mal hintereinander die Tour de France ***
Willy Brandt erhält den Friednsnobelpreis

1972

• Kurt Waldheim wird Generalsekretär der Vereinten Nationen *** Ein
Konstruktives Misstrauensvotum gegen Bundeskanzler Willy Brandt
schlägt fehl *** Erste deutsche Schwulendemo in Münster *** Unterzeichnung der SALT I-Verträge durch Richard Nixon und Leonid Bre-
schnew *** Andreas Baader und andere Mitglieder der Rote Armee
Fraktion werden in Frankfurt nach einer Schießerei verhaftet ***
Das Transitabkommen zwischen den beiden deutschen Staaten tritt
in Kraft *** Ulrike Meinhof und Gerhard Müller von der Rote Armee
Fraktion werden bei Hannover verhaftet *** Einbruch ins Waterga-
te-Gebäude in Washington D.C., Auslöser der Watergate-Affäre ***
Geiselnahme von München: Acht Mitglieder der palästinensischen

Terrororganisation „Schwarzer September" nehmen elf Athleten des Israelischen Olympia-Teams als Geiseln und fordern die Freilassung von 232 Palästinensern. Die Geiselnahme endet mit einer gescheiterten Geiselbefreiung auf dem Flugplatz Fürstenfeldbruck, bei der alle Geiseln, fünf Terroristen und ein Polizist sterben *** Aufnahme diplomatischer Beziehungen zwischen der Bundesrepublik Deutschland und Polen *** Willy Brandt stellt im Bundestag die Vertrauensfrage, die von diesem abschlägig beantwortet wird: Es finden vorgezogene Neuwahlen statt. Die SPD unter Brandt erhält erstmals mehr Wählerstimmen als die CDU; Brandt bleibt Bundeskanzler *** Der Club of Rome veröffentlicht seinen Bericht „Die Grenzen des Wachstums" *** Start der Apollo-17-Mission, der letzten Mond-Mission *** Die Magnavox Odyssey, die erste Spielkonsole, kommt auf den Markt *** Radio Bremen zeigt in der ARD die erste Folge der für jüngeres Publikum gedachten Musikshow „Musikladen" *** Vicky Leandros gewinnt in Edinburgh mit dem Lied „Après toi" für Luxemburg die 17. Auflage des Eurovision Song Contests *** Die Firma Hewlett-Packard bringt mit dem HP-35 den ersten wissenschaftlichen Taschenrechner auf den Markt *** Am „goldenen Sonntag" siegen bei den Olympischen Spielen in München Klaus Wolfermann im Speerwerfen, Hildegard Falck im 800-Meter-Lauf und Bernd Kannenberg im 50-km-Gehen *** Die deutsche Nationalelf gewinnt die Fußball-Europameisterschaft in Belgien *** FC Schalke 04 gewinnt den DFB-Pokal, FC Bayern München wird Deutscher Fußballmeister *** Anden, Uruguay: Absturz der Fuerza-Aérea-Uruguaya-Flug 571. Von den 45 Menschen an Bord überleben 16 die 72 Tage in den schneebedeckten Bergen auf über 4.000 Meter, indem sie die Verstorbenen verspeisen *** Heinrich Böll erhält den Literatur-Nobelpreis ***

1973

• Der Grundwehrdienst in der Bundesrepublik wird von 18 auf 15 Monate verkürzt *** Dänemark, Irland und das Vereinigte Königreich werden Vollmitglieder der Europäischen Gemeinschaft *** Waffenstillstandsabkommen zwischen den USA und Nordvietnam. Rückzug aller US-Einheiten bis Ende März 1973 *** Helmut Kohl wird zum Vorsitzenden der CDU gewählt *** In Rom wird der 17-jährige John Paul Getty III entführt. Die Täter verlangen ein Lösegeld von 3,4 Millionen US-Dollar. Sein Großvater, der Milliardär J. Paul Getty lehnt eine Zahlung ab, bis das dem Enkel abgeschnittene und einer Zeitung übersandte Ohr eine Meinungsänderung bewirkt *** Militärputsch in Chile: Die demokratisch gewählte Regierung von Salvador Allende fällt einem vom US-amerikanischen Auslandsgeheimdienst CIA initiierten und unterstützten Putsch unter der Führung Augusto Pinochets zum Opfer. Allende nimmt sich in seinem von der Chilenischen Luftwaffe bombardierten Präsidentenpalast das Leben. Den putschenden Militärs fallen in den ersten Tagen etwa 3.000 Chilenen zum Opfer *** Beginn des Jom-Kippur-Krieges im Nahen Osten: Ägypten und Syrien greifen auf den Golanhöhen und am Suezkanal die israelische Front an *** Die OPEC beschließt, den Ölpreis um 70 Prozent anzuheben; Beginn der ersten großen Ölkrise *** Weltweit erstes Telefongespräch über ein Mobiltelefon durch Martin Cooper *** Das World Trade Center in New York City wird eröffnet *** Der Geldautomat wird patentiert *** Auf Hawaii findet das legendäre Konzert „Aloha from Hawaii" von Elvis Presley statt. Erstmals in der Geschichte findet eine Live-Übertragung eines solchen Ereignisses in viele Länder statt *** Der Bayerische Rundfunk blendet sich bei dem Film „Nicht der Homosexuelle ist pervers, sondern die Situation, in der er lebt" von Rosa von Praunheim aus dem gemeinsamen ARD-Programm aus *** Mit der Uraufführung des Erotikstreifens „Liebesgrüße aus der Lederhose" wird das Genre der Lederhosenfilme begründet *** Die britische Rockband Pink Floyd veröffentlicht das legendäre Album „The Dark Side of the Moon" *** Das Musical „The Rocky Horror Picture Show" hat in London Premiere *** Alexander Solschenizyns Werk „Der Archipel Gulag" erscheint in russischer Sprache in einem Pariser Emigrantenverlag *** In der deutschen Fußball-Bundesliga hält die Trikotwerbung Einzug. Eintracht Braunschweig tritt erstmals in einem Spiel mit „Jägermeister"-Reklame an. Das Firmenlogo wurde wegen Widerstands des DFB kurzerhand ins Vereinswappen integriert *** Der FC Bayern München wird zum vierten Mal Deutscher Fußballmeister *** Jackie Stewart wird zum dritten und letzten Mal Formel 1-Weltmeister ***

1974

• Einigung über die Einrichtung ständiger Vertretungen der Bundesrepublik Deutschland in Ostberlin und der DDR in Bonn *** Der Bundestag beschließt, das Alter für Volljährigkeit von 21 auf 18 zu senken. Mit dieser Gesetzesänderung werden somit alle in den Jahren 1954 bis 1956 Geborenen auf einen Schlag volljährig *** Golda Meir tritt als Israels Premierministerin zurück, ihr Nachfolger wird Jitzchak Rabin *** Günter Guillaume, persönlicher Referent von Bundeskanzler

Willy Brandt, wird als Spion der DDR entlarvt. Brandt tritt zurück *** Sturz der Diktatur in Portugal durch die „Nelkenrevolution". Die Militärjunta „Bewegung der Streitkräfte" übernimmt die Macht. *** Walter Scheel wird zum deutschen Bundespräsidenten gewählt *** Helmut Schmidt wird vom Bundestag zum Bundeskanzler gewählt *** Türkische Invasion in Zypern. Beginn des Zypernkriegs *** Der französische Hochseilartist Philippe Petit geht achtmal über ein in 417 Metern Höhe gespanntes Stahlseil zwischen den Zwillingstürmen des World Trade Centers. Die illegale Aktion hat seine Festnahme zur Folge *** US-Präsident Richard Nixon tritt wegen der Watergate-Affäre zurück *** Die Bundesrepublik Deutschland hebt die Preisbindung für Markenartikel auf *** Die Beschäftigten der Metallindustrie in der Bundesrepublik Deutschland erhalten elf Prozent Lohnerhöhung *** Die Herstatt-Bank in Köln wird geschlossen *** In Biblis geht der größte Kernreaktor der Welt ans Netz *** Der russische Schriftsteller Alexander Solschenizyn wird aus der Sowjetunion ausgewiesen und nach Frankfurt am Main ausgeflogen *** ABBA gewinnen mit dem Titel „Waterloo" den Grand Prix d'Eurovision de la Chanson *** „Lucy", das bisher besterhaltene Skelett eines Australopithecus afarensis, wird gefunden *** Kodak führt den Super-8-Film mit Tonspur ein *** Die Bundesrepublik Deutschland ist nicht nur Gastgeber der Fußball-Weltmeisterschaft, sondern gewinnt auch das Endspiel gegen Holland, nachdem sie zuvor in einem Gruppenspiel 0:1 gegen die DDR verloren hat *** Der FC Bayern München gewinnt den Europapokal der Landesmeister *** Im „Rumble in the Jungle" in Kinshasa gewinnt Muhammad Ali die Box-Weltmeisterschaft im Schwergewicht gegen Titelverteidiger George Foreman *** Eddy Merckx gewinnt sowohl die Tour de France als auch den Giro d'Italia zum fünften Mal *** Die amerikanische Verleger-Tochter Patricia Hearst wird von der sozialutopischen Gruppe SLA (Symbionese Liberation Army) entführt. Die Gruppe will Lösegeld erpressen, um damit Lebensmittel für arme und bedürftige Menschen in Kalifornien zu kaufen. Patricia Hearst schließt sich ihren Entführern an *** Erster Einsatz des finalen Rettungsschusses mit tödlichem Ausgang beim Hamburger Banküberfall *** Um Verstöße gegen die Straßenverkehrsordnung besser kontrollieren zu können, beginnt das Kraftfahrt-Bundesamt in Flensburg in der „Verkehrssünderkartei" Strafpunkte aufzuzeichnen ***

1975

• Die OPEC erhöht die Ölpreise um zehn Prozent *** Der Berliner CDU-Vorsitzende Peter Lorenz wird von Mitgliedern der Bewegung 2. Juni entführt. In Begleitung von Pastor Heinrich Albertz werden fünf Strafgefangene nach Aden ausgeflogen, um Peter Lorenz freizubekommen *** Phnom Penh, Hauptstadt von Kambodscha, wird von den Roten Khmer unter Pol Pot eingenommen *** Geiselnahme von Stockholm: Ein RAF-Kommando unter Holger Meins überfällt die deutsche Botschaft in Stockholm *** Der Vietnamkrieg endet mit der Einnahme Saigons durch die kommunistischen Streitkräfte. Die Regierung von Südvietnam kapituliert bedingungslos, die letzten US-Amerikaner wurden am Tag zuvor aus der Stadt geholt *** Beginn des Libanesischen Bürgerkriegs *** Unterzeichnung der Schlussakte von Helsinki und Gründung der KSZE *** Angola erhält die Unabhängigkeit von Portugal *** Mit dem Tod General Francos endet in Spanien die 36-jährige Diktatur. Als Nachfolger steht seit 1969 Prinz Juan Carlos fest *** Das Unternehmen Microsoft wird von Bill Gates und Paul Allen gegründet *** Der offenbar mehrfach von einem Auto überfahrene Filmregisseur Pier Paolo Pasolini wird am Strand von Ostia aufgefunden. Der Mord ist trotz eines Geständnisses von Pino Pelasi über die Tat nicht vollständig aufgeklärt *** Die erste Ausgabe der deutschen Comic-Zeitschrift YPS erscheint *** Borussia Mönchengladbach holt erstmals den UEFA-Cup gegen den FC Twente Enschede, Bayern München verteidigt den Europapokal der Landesmeister nach einem 2:0-Sieg über Leeds United *** Thriller in Manila: Muhammad Ali gewinnt seinen Boxkampf und behält seinen Weltmeistertitel im Schwergewicht gegen Joe Frazier in Quezon City (Philippinen) *** Borussia Mönchengladbach wird deutscher Meister in der Fußball-Bundesliga, Eintracht Frankfurt gewinnt den DFB-Pokal *** Niki Lauda gewinnt seinen ersten Formel 1–Weltmeistertitel

1976

• In der Bundesrepublik wird die Gurtpflicht auf Vordersitzen von PKW eingeführt *** Die argentinische Präsidentin Isabel Perón wird von Militärs festgenommen und unter Hausarrest gestellt. Die Militärs übernehmen die Macht und beginnen den Prozess der Nationalen Reorganisation, in dem bis 1983 etwa 30.000 Menschen ermordet werden, überwiegend linke Oppositionelle *** Ulrike Meinhof wird in ihrer Zelle im Gefängnis Stuttgart-Stammheim erhängt aufgefunden *** Das Erste Gesetz zur Reform des Ehe- und Familienrechts wird erlassen, mit dem in Deutschland bei der Ehescheidung das

Verschuldens- durch das Zerrüttungsprinzip ersetzt wird *** Carl XVI. Gustaf von Schweden heiratet die deutsche Silvia Sommerlath *** Nach einer Zwischenlandung in Athen wird ein Air France-Flugzeug auf dem Weg von Tel Aviv nach Paris von vier Terroristen, darunter zwei Deutschen, nach Entebbe in Uganda entführt. Aus Israel nach Uganda eingeflogene Eliteeinheiten befreien am Flughafen 102 Geiseln der entführten Maschine *** Ende der langjährigen diktatorischen Herrschaft von Mao Zedong in China mit seinem Tod *** Helmut Schmidt bleibt nach der Bundestagswahl Bundeskanzler einer SPD-FDP-Koalition *** In den USA wird Jimmy Carter zum neuen Präsidenten gewählt *** Der hessische Ministerpräsident Albert Osswald muss wegen seiner Rolle im Helaba-Skandal zurücktreten *** Erich Honecker wird von der Volkskammer zum Vorsitzenden des Staatsrates der DDR gewählt *** Der Student Richard Oetker wird von Dieter Zlof in Freising mit dem Ziel entführt, Lösegeld zu erpressen *** Ende der chinesischen Kulturrevolution (1966–1976) *** Steve Jobs und Steve Wozniak gründen die Firma Apple *** Der unbemannten NASA-Sonde Viking 1 gelingt die erste erfolgreiche Landung auf dem Planeten Mars *** Der Konzertauftritt Wolf Biermanns bei einer Veranstaltung der IG Metall in Köln wird genutzt, den Liedermacher aus der DDR auszubürgern *** Der FC Bayern München gewinnt durch ein 1:0 gegen AS Saint-Étienne zum dritten Mal in Folge den Europapokal der Landesmeister, Borussia Mönchengladbach wird Deutscher Meister im Fußball *** Formel 1-Weltmeister Niki Lauda wird bei einem Unfall auf dem Nürburgring schwer verletzt ***

1977

• In Karlsruhe ermorden Terroristen der RAF Generalbundesanwalt Siegfried Buback *** Bei einem Entführungsversuch der RAF wird Jürgen Ponto, Vorstandssprecher der Dresdner Bank AG, in seinem Haus in Oberursel erschossen *** Ein RAF-Kommando entführt und ermordet den deutschen Arbeitgeberpräsidenten Hanns Martin Schleyer *** Letzte Hinrichtung mit der Guillotine in Frankreich, der Delinquent Hamida Djandoubi ist der letzte Mensch, der in Westeuropa hingerichtet wurde. Weltweit ist er der letzte Verurteilte, der durch eine Guillotine enthauptet wurde *** Der südafrikanische Bürgerrechtler Steve Biko stirbt nach Folterungen der Polizei einen Tag nach Einlieferung ins Gefängniskrankenhaus von Pretoria. Sein Tod wird bald darauf zum Symbol der Widerstandsbewegung gegen das Apartheids-Regime und löst später ein Waffenembargo des Weltsicherheitsrats gegen das Land aus *** Entführung des Flugzeugs Landshut nach Mogadischu und Befreiung durch die GSG 9 *** Die in Stammheim inhaftierten Anführer der RAF, Andreas Baader, Gudrun Ensslin und Jan-Carl Raspe begehen in ihren Zellen Selbstmord *** In einer Rede vor der Knesset erkennt der ägyptische Präsident Anwar as-Sadat das Existenzrecht Israels an *** Jean-Bédel Bokassa lässt sich zum Kaiser des Zentralafrikanischen Kaiserreiches krönen *** Die Deutsche Bundesbahn mustert ihre letzte Dampflokomotive aus *** Das US-amerikanische Unternehmen Apple bringt den Apple II auf den Markt, der als Erster komplett mit Tastatur und Bildschirm ausgestattet ist *** Eröffnung der legendären Diskothek Studio 54 in New York *** Zusammenstoß zweier Boeing 747 in der Flugzeugkatastrophe von Teneriffa. Wegen einer Bombendrohung auf Gran Canaria wird eine Maschine der Pan American Airways nach Los Rodeos auf Teneriffa umgeleitet. Dort stößt sie bei dichtem Nebel mit einer Boeing 747 der niederländischen Gesellschaft KLM zusammen, die ohne Erlaubnis startet. Bei diesem schwersten Unglück in der Luftfahrtgeschichte kommen 583 Menschen ums Leben ***

1978

• Der frühere italienische Ministerpräsident Aldo Moro wird von der Terrorgruppe Brigate Rosse (Rote Brigaden) entführt und später ermordet *** In London wird das erste Retortenbaby geboren *** Hans Filbinger tritt als Ministerpräsident von Baden-Württemberg zurück: Als Marinerichter hatte er in unnötiger Schärfe Todesurteile verfolgt, sowie ein Urteil gegen Wehrkraftzersetzung erst nach der Kapitulation gefällt, was er seit April stückweise zu leugnen versucht bzw. „vergessen" hat ** Johannes Paul I. wird zum Papst gewählt und stirbt nach 33 Tagen. Johannes Paul II. wird zum Papst gewählt *** Sigmund Jähn fliegt als erster deutscher Raumfahrer in den Kosmos *** Abschluss des Camp-David-Abkommens *** Bayern: Nachdem die Landtagswahlen vom 15. Oktober 1978 der CSU über 59 % der Stimmen gebracht hatten, wird Franz Josef Strauß als Nachfolger von Alfons Goppel zum Ministerpräsidenten gewählt *** In den USA strahlt der Fernsehsender CBS die erste Folge der Serie „Dallas" aus *** Die deutsche Handballnationalmannschaft der Herren siegt im Finale der Weltmeisterschaft in Dänemark und erringt ihren zweiten WM-Titel nach 1938 *** Leon Spinks gewinnt seinen Boxkampf und Weltmeistertitel im Schwergewicht gegen Muhammad Ali in Las Vegas (USA) *** Der 1. FC Köln wird deutscher Fußballmeister *** Reinhold Messner und Peter Habeler besteigen als erste Menschen den Mount Everest ohne Sauerstoffgerät *** Im Endspiel der Fußball-Weltmeisterschaft bezwingt Gastgeber Argentinien die Niederlande mit 3:1 *** Starke Schneefälle in Norddeutschland weiten sich zur Schneekatastrophe aus ***

1979

• Die USA und die Volksrepublik China nehmen diplomatische Beziehungen auf. Die diplomatischen Beziehungen zu Taiwan werden abgebrochen *** Die vietnamesische Armee nimmt die kambodschanische Hauptstadt Phnom Penh ein und beendet damit die Herrschaft der Roten Khmer *** Schah Mohammad Reza Pahlavi verlässt den Iran. Ajatollah Chomeini kehrt nach 15 Jahren im Exil wieder in den Iran zurück und ruft die Islamische Republik Iran aus *** Margaret Thatcher wird von Königin Elisabeth II. zur neuen britischen Premierministerin ernannt *** Karl Carstens (CDU) wird zum Bundespräsidenten gewählt *** Papst Johannes Paul II. unternimmt seine erste Apostolische Reise nach Polen *** Erste allgemeine Wahlen der 410 Mitglieder zum Europäischen Parlament *** Die „Cap Anamur" erreicht das Südchinesische Meer und nimmt die ersten vietnamesischen Flüchtlinge auf. Es ist der Beginn einer siebenjährigen Rettungsaktion, bei der über 11.000 Flüchtlinge vor dem Ertrinken und dem Hungertod gerettet werden *** Die Bremer Grüne Liste erhält als erste grüne Partei Mandate in einem Landesparlament und zieht mit vier Abgeordneten in die Bremische Bürgerschaft ein *** Geiselnahme in der US-amerikanischen Botschaft in Teheran. Gefordert wird die Auslieferung des ehemaligen Schahs an den Iran *** In Mekka wird die Große Moschee von Bewaffneten besetzt, die tausende Geiseln nehmen. Die Besetzer verlangen den Sturz des saudischen Regimes und den Stopp von Erdöllieferungen an die Vereinigten Staaten *** NATO-Doppelbeschluss zur Nachrüstung von Atomwaffen *** Sowjetische Invasion in Afghanistan. Präsident Amin wird ermordet und Babrak Karmal neuer Präsident *** Erste Weltklimakonferenz in Genf *** Sony kommt mit dem weltweit ersten Walkman namens TPS-L2 auf den Markt *** Die Raumstation Skylab verglüht in der Atmosphäre *** Zwei Familien gelingt mit einem selbstgebauten Heißluftballon eine spektakuläre Flucht aus der DDR nach Westdeutschland *** Eckart Witzigmanns „Aubergine" erhält als erstes Restaurant Deutschlands drei Sterne im Guide Michelin *** Borussia Mönchengladbach wird UEFA-Cup Sieger gegen Roter Stern Belgrad *** Der Hamburger SV wird deutscher Fußballmeister ***

Harrisburg, Pennsylvania, USA. Auf Three Mile Island ereignet sich der bis dahin schwerste Zwischenfall in einem Kernkraftwerk, als es im Reaktorblock 2 zu einer partiellen Kernschmelze kommt, in deren Verlauf zirka ein Drittel des Reaktorkerns fragmentiert wird oder schmilzt ***

Die Hits eines Jahrzehnts

(… auf den Schallplattenspielern … in den Discos … in den Kassettenrecordern)

1970
- Led Zeppelin – Whole Lotta love *** Simon & Garfunkel – Bridge over troubled water *** Peter Maffay – Du *** Mungo Jerry – In the summertime *** Miguel Rios – Song of Joy *** Black Sabbath – Paranoid *** James Last – Nonstop dancing 9 *** Shocking Blue – Venus *** Michael Holm – Mendocino *** Daliah Lavi – Oh wann kommst du? *** Chris Roberts – Ein Mädchen nach Maß *** Katja Ebstein – Wunder gibt es immer wieder *** Erik Silvester – Zucker im Kaffee *** George Harrison – My sweet Lord *** Edwin Starr – War *** Simon & Garfunkel – El Condor Pasa *** The Kinks – Lola *** Mary Roos – Arizona Man *** Adamo – Ein kleines Glück *** Steam – Na Na Hey Hey Kiss Him Good-bye *** Archies – Sugar Sugar

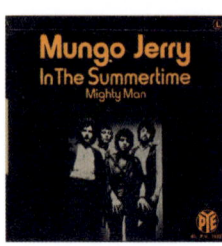  

1971
- Creedance Clearwater Revival – Hey tonight *** Middle of the road – Chirpy Chirpy Cheep Cheep *** Daniel Boone – Beautiful Sunday *** Lynn Anderson – Rose Garden *** Daniel Gérard – Butterfly *** Neil Diamond – I'm sad … I said *** The Rolling Stones – Brown Sugar *** Mouth & McNeal – Hello-A *** Windows – How do you do? *** Tom Jones – She's a lady *** Ricky Shane – Mamy Blue *** Lobo – Me And You And A Dog Named Boo *** T. Rex – Get It On *** Aretha Franklin – Spanish Harlem *** Tony Christie – Is This The Way To Amarillo *** The Sweet – Co-Co *** Santana – Black Magic Woman *** Jürgen

Marcus – Eine neue Liebe ist wie ein neues Leben *** **Tony Marshall** – Schöne Maid *** **Christian Anders** – Es fährt ein Zug nach Nirgendwo *** **Wolfgang** – Das Lied vom Trödler Abraham *** **Bata Illic** – Michaela *** **Roy Black & Anita** – Schön ist es auf der Welt zu sein *** **Chris Roberts** – Ich bin verliebt in die Liebe *** **Heintje** – Schneeglöckchen im Februar, Goldregen im Mai *** **Karel Gott** – Einmal um die ganze Welt *** **Udo Jürgens** – Zeig mir den Platz an der Sonne *** **Ulli Martin** – Ich träume mit offenen Augen von dir

1972

• **Hot Butter** – Popcorn *** **Sweet –** Wig Wam Bam *** **Middle Of The Road** – Samson and Delilah ** **Daisy Door** – Du lebst in deiner Welt *** **Udo Jürgens** – Lieb Vaterland *** **Tony Marshall** – Komm gib mir deine Hand *** **Daliah Lavi** – Willst du mit mir gehen? *** **The Cats** – One way wind *** **Vicky Leandros** – Ich hab´ die Liebe gesehen *** **Jürgen Marcus** – Eine neue Liebe ist wie ein neues Leben *** **Don MacLean** – American Pie *** **Alice Cooper** – School´s out *** **Juliane Werding** – Am Tag als Conny Kramer starb *** **Garry Glitter** – Rock´n´Roll *** **Marianne Rosenberg** – Er ist nicht wie du *** **Imca Marina** – Viva Espana *** **The New Seekers** – Beg, Steal Or Borrow *** **Barry Ryan** – Zeit macht nur vor dem Teufel halt *** **Chris Roberts** – Hab´ Sonne im Herzen ***

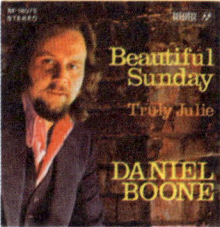  

1973

• Les Humphries Singers – Mama Loo *** The Sweet – Blockbuster *** Kincade – Dreams Are Ten A Penny *** Suzi Quatro – Can The Can *** Gilbert O'Sullivan – Get Down *** Osmonds – Crazy Horses *** Elton John – Crocodile Rock *** Slade – Cum On Feel The Noize *** Rolling Stones – Angie *** Albert Hammond – It Never Rains in southern California *** Stevie Wonder – You Are The Sunshine Of My Life *** Carly Simon – You're so vain *** Garry Glitter – I'm The Leader Of The Gang *** Uriah Heep – Easy Livin' *** Ike & Tina Turner – Nutbush City Limits *** Golden Earring – Radar Love *** Middle Of The Road – Yellow Boomerang *** The Temptations – Papa Was A Rollin' Stone *** Dan – The Banjo Man *** Bernd Clüver – Der Junge mit der Mundharmonika *** Demis Roussos – Goodbye, My Love, Goodbye *** Freddy Breck – Rote Rosen *** Wums Gesang – Ich wünsch' mir ne kleine Miezekatze *** Jürgen Marcus – Ein Festival der Liebe *** Katja Ebstein – Der Stern von Mykonos *** Rex Gildo – Fiesta Mexicana *** Heino – Blau blüht der Enzian *** Oliver Onions – Flying Through The Air *** Chris Roberts – Mein Schatz du bist 'ne Wucht

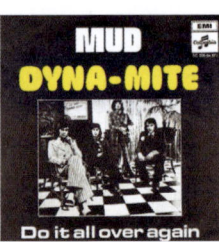
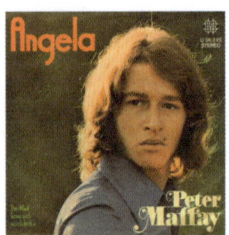

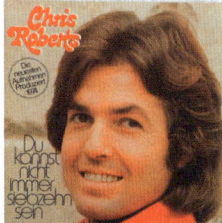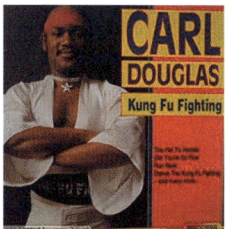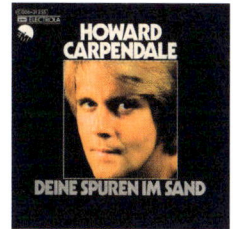
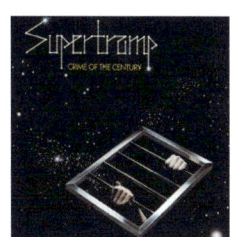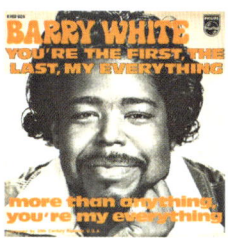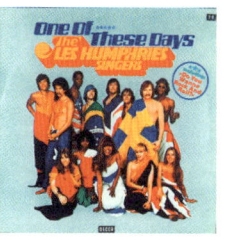

1974

• **Rubettes** – Sugar Baby Love *** **George McCrae** – Rock Your Baby *** **ABBA** – Waterloo *** **Terry Jacks** – Seasons In The Sun *** **Carl Douglas** – Kung Fu Fighting *** **Les Humphries Singers** – Kansas City *** **Grand Funk** – The Loco-Motion *** **Hollies** – The Air That I Breathe *** **Lobo** – I'd Love You To Want Me *** **Alvin Stardust** – My Coo CaChoo *** **Maggie Mae** – My Boy Lollipop *** **Albert Hammond** – I'm A Train *** **Mud** – Tiger Feet *** **Sparks** – This Town Ain't Big Enough For Both Of Us *** **Eric Clapton** – I Shot The Sheriff ** **Suzi Quatro** – Devil Gate Drive *** **Nazareth** – This Flight Tonight *** **Sweet** – Ballroom Blitz *** **Slade** – Far Far Away *** **Nina & Mike** – Fahrende Musikanten *** **Gunter Gabriel** – Hey Boß ich brauch' mehr Geld *** **Bachman-Turner Overdrive** – You Ain't Seen Nothin' Yet *** **Cozy Powell** – Dance With The Devil *** **Chris Roberts** – Du kannst nicht immer 17 sein *** **Cindy & Bert** – Spaniens Gitarren *** **Bernd Clüver** – Der kleine Prinz *** **Vicky Leandros** – Theo wir fahr'n nach Lodz *** **Walter Scheel** – Hoch auf dem gelben Wagen *** **Michael Holm** – Tränen lügen nicht *** **Santabarbara** – Charly *** **MFSB** – The Sound of Philadelphia *** **Nick MacKenzie** – Juanita *** **Paper Lace** – The Night Chicago Died *** **Garry Glitter** – Angel Face

1975

• **5000 Volts** – I'm On Fire *** **George Baker Selection** – Paloma blanca *** **ABBA** - S.O.S. *** **Shirley & Company** – Shame, Shame, Shame *** **The Sweet** – Fox On The Run *** **Penny McLean** – Lady Bump *** **Billy Swan** – I Can Help *** **Fox** – Only You Can *** **Neil Diamond** – Longfellow Serenade *** **Alain Barrière & Noelle Cordier** – Tu t'en vas *** **Mud** – Oh Boy *** **Van McCoy** – The Hustle *** **Rod Stewart** – Sailing *** **Hamilton Bohannon** – Disco Stomp *** **Tornero** – I Santo California *** **Gloria Gaynor** – Reach Out I'll Be There *** **Frank Zander** – Ich trink' auf dein Wohl Marie *** **Albert Hammond** – Down By The River *** **Barry White** – You're The First The Last My Everything *** **Status Quo** – Down Down *** **Bay City Rollers** – Bye Bye Baby *** **Harpo** – Moviestar *** **Ralph McTell** – Streets Of London *** **Leonard Cohen** – Lover Lover Lover *** **Smokie** – If You Think You Know How To Love Me *** **Queen** – Killer Queen *** **Labelle** – Voulez Vous Coucher Avec Moi Ce Soir *** **Peter Maffay** – Josie *** **Slade** – Thanks For The Memory *** **Silver Convention** – Fly Robin Fly *** **Esther Phillips** – What A Diff'rence A Day Makes *** **Udo Jürgens** – Griechischer Wein *** **Howard Carpendale** – Deine Spuren im Sand *** **Jürgen Marcus** – Ein Lied zieht hinaus in die Welt *** **Juliane Werding** – Wenn du denkst du denkst *** **Demis Roussos** – Schön wie Mona Lisa *** **Nina & Mike** – Paloma blanca *** **Rudi Carrell** – Wann wird's mal wieder richtig Sommer? *** **Cindy & Bert** – Wenn die Rosen erblühen in Malaga *** **Adam & Eve** – Du gehst fort *** **Bata Illic** – Ich hab' noch Sand in den Schuh'n aus Hawaii *** **Gitte** – So schön kann doch kein Mann sein *** **The Carpenters** – Please, Mr. Postman *** **Kraftwerk** – Autobahn

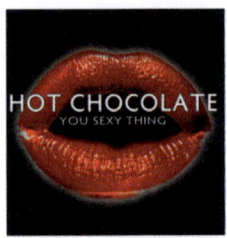
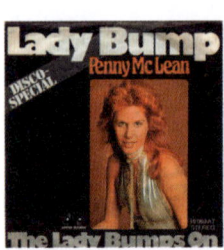

1976

• **Pussycat** – Mississippi *** **Boney M.** – Daddy Cool *** **Frank Farian** – Rocky *** **Bellamy Brothers** – Let Your Love Flow *** **Sailor** – Girls Girls Girls *** **ABBA** – Dancing Queen *** **Johnny Wakelin** – In Zaire *** **KC & The Sunshine Band** – Shake Your Booty *** **Brotherhood Of Man** – Save Your Kisses For Me *** **Bryan Ferry** – Let's Stick Together *** **David Dundas** – Jeans On *** **Ricky King** - Verde *** **Tavares** – Heaven Must Be Missing An Angel *** **Peter Alexander** – Die kleine Kneipe *** **Jürgen Drews** – Ein Bett im Kornfeld *** **Nico Haak** – Schmidtchen Schleicher *** **Gunter Gabriel** – Komm' unter meine Decke *** **Udo Jürgens** – Aber bitte mit Sahne *** **John Miles** – Music *** **Vicky Leandros** – Ich liebe das Leben *** **Gilla** Tu es! *** **Queen** – Bohemian Rhapsody

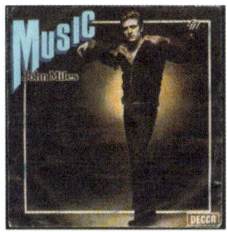

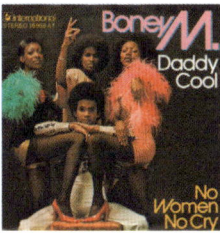

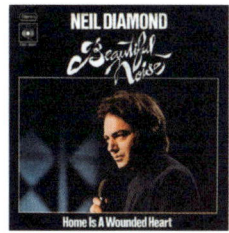

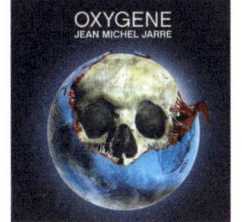

1977

• **ABBA** – Money, Money, Money *** **Uriah Heep** – Lady In Black *** **Boney M.** – Ma Baker *** **Stevie Wonder** – Sir Duke *** **Smokie** – Living Next Door To Alice *** **Santa Esmeralda** – Don't Let Me Be Misunderstood *** **Jeanette** – Porque te vas *** **Space** – Magic Fly *** **Baccara** – Yes Sir, I Can Boogie *** **Bonnie Tyler** – Lost In France *** **Hot Chocolate** – So You Win Again *** **Ricky King** – Le rêve *** **Lynsey de Paul & Mike Moran** – Rock Bottom *** **Luisa Fernandez** – Lay Love On You *** **Neil Diamond** – Beautiful Noise *** **Glen Campbell** – Southern Nights *** **Kenny Rogers** – Lucille *** **Don Williams** – Some Broken Hearts Never Mend *** **Costa Cordalis** – Anita *** **Tony Holiday** – Tanze Samba mit mir *** **Karel Gott** – Die Biene Maja *** **Marianne Rosenberg** – Marleen *** **Jürgen Drews** – Barfuß durch den Sommer *** **Howard Carpendale** – Tür an Tür mit Alice *** **Village People** – YMCA *** **Rose Royce** – Car Wash *** **Eagles Hotel** – California *** **Chicago** – If you leave me now *** **Donna Summer** – I feel love *** **Electric Light Orchestra (E.L.O.)** – Livin' Thing *** **David Bowie** – Sound and Vision *** **Raffaella Carrà** – A Far L'amore Comincia Tu (Liebelei) *** **Hoffman und Hoffmann** – Himbeereis zum Frühstück

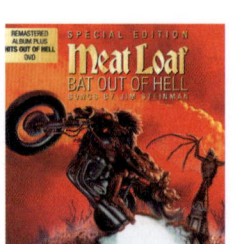

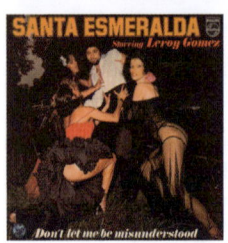
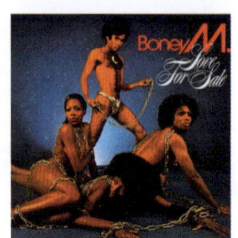

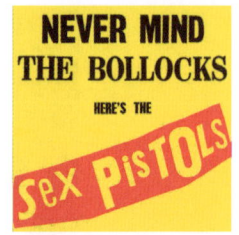

 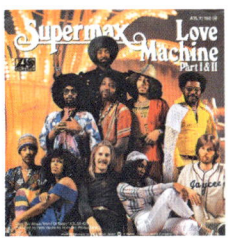  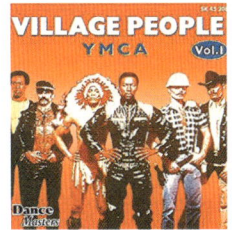

   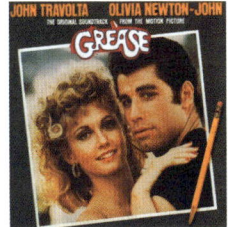

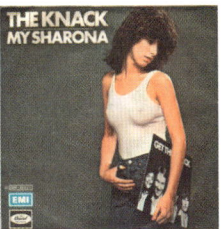  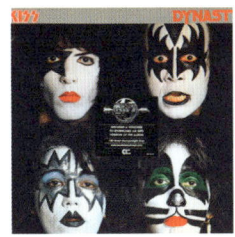

1978

• **Bee Gees** – Saturday Night Fever *** **Paul McCartney & The Wings** – Mull Of Kintyre *** **Udo Jürgens** – Buenos Dias Argentina *** **Boney M.** – Rivers Of Babylon *** **Vader Abraham** – Das Lied der Schlümpfe *** **Clout** – Substitute *** **Marshall Hain** – Dancing In The City *** **Truck Stop** – Ich möcht so gern Dave Dudley hör'n *** **Johanna von Koczian** – Das bisschen Haushalt *** **Helga Feddersen & Dieter Hallervorden** – Du, die Wanne ist voll *** **Bino** – Mama Leone *** **Eruption** – I can't stand the rain *** **John Travolta & Olivia Newton-John** – You're The One That I Want *** **Amanda Lear** – Follow Me *** **Genesis** – Follow You Follow Me *** **Queen** – We Are The Champions *** **Gerry Rafferty** – Baker Street *** **Plastic Bertrand** – Ça Plane Pour Moi ***

ABBA – Take A Chance On Me *** **La Bionda** – One For You, One For Me *** **John Paul Young** – Love Is In The Air *** **Suzi Quatro** – If You Can't Give Me Love *** **Bonnie Tyler** – It's A Heartache *** **The Teens** – Gimme Gimme Gimme Gimme Gimme Your Love *** **Supermax** – Lovemachine (Part 1) *** **Henry Valentino und Uschi** – Im Wagen vor mir *** **Howard Carpendale** – Ti Amo

1979

• **ABBA** – Chiquitita *** **Dschinghis Khan** – Dschinghis Khan *** **Patrick Hernandez** – Born To Be Alive *** **Blondie** – Heart Of Glass *** **Racey** – Some Girls *** **Kiss** – I Was Made For Lovin' You *** **Amii Stewart** – Knock On Wood *** **Nick Straker Band** – A Walk In The Park *** **Eruption** – One Way Ticket *** **Umberto Tozzi** – Gloria *** **Anita Ward** – Ring My Bell *** **M** – Pop Muzik *** **Rod Stewart** – Da Ya Think I'm Sexy *** **Michael Holm** – El Lute *** **Donna Summer** – Hot Stuff *** **Clout** – Save Me *** **Chic** – Le Freak *** **Richard Clayderman** – Ballade Pour Adeline *** **Supertramp** – The Logical Song *** **Gloria Gaynor** – I Will Survive *** **Barry** – Manilow Mandy *** **Cliff Richard** – We Don't Talk Anymore *** **Luv** – You're The Greatest Lover *** **Boomtown Rats** – I Don't Like Mondays *** **Electric Light Orchestra (E.L.O.)** – Don't Bring Me Down *** **Gebrüder Blattschuß** – Kreuzberger Nächte *** **Village People** – In The Navy *** **Tubeway Army** – Are Friends Electric *** **Earth, Wind & Fire** – September *** **Gibson Brothers** – Cuba *** **10CC** – Dreadlock Holiday *** **Dire Straits** – Sultans Of Swing *** **Status Quo** – Whatever You Want *** **Jonny Hill** – Ruf Teddybär eins-vier *** **Karat** – Über sieben Brücken mußt Du gehen *** **Manuel & Pony** – Das Lied von Manuel *** **Pink Floyd** – The Wall

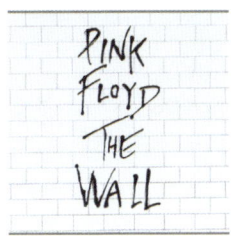

****

Neu auf der Leinwand

****

1970   • Topas *** Airport *** M.A.S.H. *** Woodstock *** Love-Story *** Rückkehr zum Planet der Affen *** Schulmädchen-Report: Was Eltern nicht für möglich halten *** Unsere Pauker gehen in die Luft *** Wenn die tollen Tanten kommen ***

1971   • Catch 22 – Der böse Trick *** James Bond – Diamantenfieber *** Das Mädchen und der Kommissar *** Der Tod in Venedig *** Dirty Harry *** Little Big Man *** Klute *** Les Mans *** Uhrwerk Orange *** Und Jimmy ging zum Regenbogen ***

1972   • French Connection – Brennpunkt Brooklyn *** Camouflage – Hasch mich, ich bin der Mörder *** Willi wird das Kind schon schaukeln *** Cabaret *** Der Pate *** Der diskrete Charme der Bourgeoisie *** Frenzy *** Getaway *** Der große Blonde mit dem schwarzen Schuh *** Is´ was, Doc? *** Der letzte Tango in Paris *** Mach´s noch einmal, Sam *** Vier Fäuste für einen Halleluja ***

1973   • Der Untergang der Poseidon *** James Bond – Leben und Sterben lassen *** Das große Fressen *** Paper Moon *** Der Exorzist *** American Graffiti *** Der Schakal *** Mein Name ist Nobody *** Jesus Christ, Superstar *** Papillon *** Pat Garret jagt Billy the Kid *** Serpico *** Wenn die Gondeln Trauer tragen ***

1974

• Die Legende von Paul und Paula *** James Bond – Der Mann mit dem goldenen Colt *** Der Clou *** Herbie groß in Fahrt *** Chinatown *** Emanuelle *** Ein Mann sieht rot *** Stoppt die Todesfahrt der U-Bahn 123 ***

1975

• Der weiße Hai *** Der Pate II *** Giganten am Himmel *** Plattfuß räumt auf *** Nobody ist der Größte *** Die verlorene Ehre der Katharina Blum *** Die Geschichte der O *** Mandingo *** Flammendes Inferno *** Erdbeben *** Rollerball *** Der große Gatsby *** Die 120 Tage von Sodom *** Barry Lyndon *** Fahr zur Hölle, Liebling *** Der rosarote Panther kehrt zurück ***

1976

• Taxi Driver *** Einer flog übers Kuckucksnest *** Brust oder Keule *** Das Omen *** 1900 *** Der Greifer *** Im Reich der Sinne *** Das Mädchen am Ende der Straße *** Der Marathon-Mann *** Die Unbestechlichen *** Rocky I ***

1977

• Bernhard und Bianca – Die Mäusepolizei *** The Rocky Horror Picture Show *** James Bond – Der Spion, der mich liebte *** Der Stadtneurotiker *** Die Brücke von Arnheim *** Bilitis *** Krieg der Sterne *** Mel Brooks' Höhenkoller *** Steiner – Das Eiserne Kreuz *** Verschollen im Bermuda-Dreieck ***

1978

• Krieg der Sterne *** Grease *** Der weiße Hai II *** Tod auf dem Nil *** 12 Uhr nachts – Midnight Express *** Die durch die Hölle gehen *** Eis am Stiel *** Halloween – Die Nacht des Grauens *** Ein Käfig voller Narren *** Unternehmen Capricorn *** Watership Down ***

1979

• Die Blechtrommel *** Alien *** James Bond – Moonraker *** Star Trek – Der Film *** Rocky II ***

****

Fernsehprogramm

****

Es war die Zeit, als ziemlich früh – nach heutigen Maßstäben – das Grisselbild den Fernsehabend beendete.

Samstag, 1. Februar 1975

ARD

Vormittagssendungen von ARD und ZDF
10.00 Erste Meldungen der Tagesschau
10.05 Die Drehscheibe
10.25 Bericht aus Bonn
10.50 Was bin ich?
11.35 Denken - lernen - vergessen
12.20 Die Umschau
12.50 Die Presseschau
13.00 - 13.20 Tagesschau
ARD
19.10 Die Grashüpfer
18.35 Sport-Journal
19.10 Die Grashüpfer
20.00 Tagesschau - Wetter
20.15 Zum Blauen Bock
21.45 Ziehung der Lottozahlen, Tages-
    schau - Wetter, Das Wort zum Sonntag
22.05 Die letzte Kugel trifft
23.25 Tagesschau

ZDF

13.45 Programmvorschau
14.15 Cordialmente dall'Italia
14.58 heute
15.00 Lassies neue Freunde
15.20 Zugeschaut und mitgebaut -
    Heute: „Vogelfutterhaus"
15.30 Abenteuer unter dem Wind
16.00 Sparring
17.00 heute
17.05 Länderspiegel
17.52 Herr Daniel paßt auf - Verkehrstips
18.00 DISCO 75
19.00 heute
19.30 Die große Liebe von Balzac
20.15 Abrechnung in Saratoga
21.55 heute
22.00 Das aktuelle Sport-Studio
23.15 Scheibenschießen - Komödie
00.55 heute

Hessisches Fernsehprogramm

18.00 Les Gammas! Les Gammas! (17)
18.30 Irrtum eingeschlossen
19.00 Ikebana

19.15 Wohin mit den Obdachlosen -
    Ein Bericht über die Situation in Hessen
20.00 Wetter
20.15 Der Geizige
21.45 Nachrichten

Sonntag, 2. Februar 1975

ARD

Vormittagssendungen von ARD und ZDF
09.45 Erste Meldungen der Tagesschau
09.50 Auslandsjournal

ARD
10.45 Programmvorschau
11.00 ARD-Ratgeber Recht
11.30 Info-Show - Musik/Unterhaltung/
Information
12.00 Internationaler Frühschoppen
12.45 Tagesschau - Wochenspiegel
13.15 Magazin der Woche
14.00 Glashaus - TV intern
14.45 Die Sendung mit der Maus
15.15 Krempoli - Ein Platz für wilde
Kinder - Heute: „Die Explosion"
16.05 Begegnung mit Cindy & Bert
16.50 Die geheimnisvolle Insel - Nach
dem Roman von Jules Verne, 5. Folge
„Die schwarze Flagge"
17.45 Das Wasser des Lebens - oder
„Kinder brauchen Märchen"
18.30 Tagesschau
18.33 Die Sportschau
19.20 Weltspiegel - Moderator: Dieter
Kronzucker
20.00 Tagesschau - Wetter
20.15 Die Reise nach Wien - Zwei junge
Frauen im Kriegsjahr 1943 (mit Mario
Adorf, Elke Sommer, Hannelore Elsner)
21.55 Skiflugschanze Planiza - Porträt
des Schweizer Skispringers Steiner,
Film von Werner Herzog
22.40 Tageschau - Wetter

ZDF

09.45 Programmvorschau
10.15 Kalimera - Sendung für Griechen
und Deutsche
11.00 Peter ist der Boß - Heute: „Carlo
und Pauline" (Wh.)
11.30 heute - Chronik der Woche
12.00 Das Sonntagskonzert
12.50 Fragen zur Zeit - „Was kann man
vom Jahr der Frau erwarten?"
13.00 Die Drehscheibe
13.35 Im Reich der wilden Tiere - Heute:
„Schwankende Erde"
14.00 Rappelkiste - Heute: „Von großen
Kleinen"
14.30 Wenn Interessen aufeinander-
stoßen – 4. „Konflikte in der Schule"
15.00 heute
15.05 Tagesschicht im 7. Revier
15.35 Sport aktuell - Europameister
schaften im Eiskunstlauf und Eistanz
17.00 Die Sportreportage
18.00 heute
18.05 Aktion Sorgenkind
18.10 Bonanza - Heute: „Ben Cartwright
hat Vertrauen"
19.00 heute
19.15 Tagebuch - Aus der katholischen
Kirche
19.30 Bonner Perspektiven
20.15 Ein Fall für Sie - Kriminalspiel zum
mitmachen
22.15 heute - Sport am Sonntag
22.30 Silbermannorgeln in Sachsen
23.05 heute

Hessisches Fernsehprogramm

18.00 Tele-Skigymnastik
18.30 Maxifant und Minifant
19.00 Jim Knopf und die wilde 13 (1. Folge)
19.30 horizonte - Ein ökumenisches
    Magazin

20.00 Tagesschau - Wetter
20.15 Die Hamburg Oldtime All Stars
21.00 Der Sportkalender
21.45 Grausame See - Spielfilm Kuwait
    1971

Montag, 3. Februar 1975

ARD

Vormittagssendungen von ARD und ZDF
10.00 Erste Meldungen der Tagesschau
10.05 Die aktuelle Schaubude
10.45 Expeditionen in Tierreich
11.30 Was bin ich?
12.15 Die Umschau
12.35 Die Presseschau
12.40 - 13.20 Weltspiegel
ARD
09.30 Sesamstraße
16.15 Tagesschau
16.20 Schaukelstuhl
17.05 Plumpaquatsch
17.55 Tagesschau
18.00 Nachrichten aus Hessen
18.10 Graf Yoster gibt sich die Ehre
19.20 Hessenschau
20.00 Tagesschau - Wetter
20.15 Panorama
21.00 Ein Lied für Stockholm –
    Deutsche Vorentscheidung zum Grand
    Prix Eurovision
21.55 Weltuntergang in 50 Jahren? -
    Thesen und Antithesen zum Club of
    Rome
22.40 Tagesschau
23.00 Ein Lied für Stockholm – Bekannt
    gabe des Siegertitels

ZDF

16.30 Studienprogramm Chemie
17.00 heute
17.10 Kara Ben Nemsi Effendi - Heute:
    „Der Tschakan der Skipetaren"
17.40 Drehscheibe
18.20 Trickfilmzeit mit Adelheid -
    Mr. Magoo und Captain Kid
18.55 Mainzelmännchen: Gewußt wie
19.00 heute
19.30 Tagesausflug - Heute: „Polizisten
    besuchen Häftlinge"
20.15 Gesundheitsmagazin Praxis
21.00 heute
21.15 Teenagerliebe - Aus der Reihe
    „Jugend heute", Film von Klaus Lemke
22.40 heute

Hessisches Fernsehprogramm

08.05 Schulfernsehen
18.00 Sesamstraße
18.30 Sozialkundlich-politischer Unterricht - Alle Menschen sind gleich
18.50 Programm der Woche
19.00 Russisch für Sie
19.30 Ada

20.00 Tagesschau
20.15 Task Force Police – Schnitzeljagd
21.05 Nachrichten
21.15 Blickpunkt Gesellschaft – Wenn
Tiere zum Psychiater müssen
21.45 ARD-Ratgeber Recht

Dienstag, 4. Februar 1975

ARD

Vormittagssendungen von ARD und ZDF
10.00 Erste Meldungen der Tagesschau
10.05 Die Drehscheibe
10.25 Tatort Heute: „Ein ganz gewöhnlicher Mord"
12.05 Panorama
12.50 Die Presseschau
13.00 - 13.20 Tagesschau
ARD
09.30 Sesamstraße
16.15 Tagesschau
16.20 Hit-Journal
17.05 Stülpner-Legende - Der Rebell aus
dem Erzgebirge, Heute: „Das Bataillon"
17.55 Tagesschau
18.10 Schöne Zeiten
18.40 Ein Fall für Männdli
20.00 Tagesschau - Wetter
20.15 Kein Kommentar - Geschichten...
Schau ... Geschäfte
21.00 Unter Denkmalschutz - Lebens-
beschreibung aus einem Frankfurter
Bürgerhaus
23.30 Tagesschau – mit Kommentar und
Wetterkarte

ZDF

16.30 Mosaik
17.00 heute
17.10 Abiturient wohin?
17.40 Die Drehscheibe
18.20 Männerwirtschaft
18.55 Barbapapa
19.00 heute
19.30 Glückskinder – Dt. Spielfilm, 1936
21.00 heute
21.15 Blickpunkt
22.00 Neues vom Film
22.45 heute

Hessisches Fernsehprogramm

08.05 Schulfernsehen
18.00 Sesamstraße
18.30 Wirtschaft - Politik - Recht
18.50 Herrchen gesucht
19.00 AdA
19.30 Les Gammas! Les Gammas!
20.00 Tagesschau
20.15 Kultur aktuell - Filmmagazin
21.00 Nachrichten
21.10 Sich fügen heißt lügen
21.55 Der ewige Spießer
22.25 Vor 40 Jahren - Machtkämpfe in Japan

Mittwoch, 5. Februar 1975

ARD

Vormittagssendungen von ARD und ZDF
10.00 Erste Meldungen der Tagesschau
10.05 Die Drehscheibe
10.30 Parabel
10.40 Sensationen unter der Zirkus-
      kuppel
11.05 Titel, Thesen, Temperamente
11.50 Das Rote Shanghai
12.20 Die Umschau
12.50 Die Presseschau
13.00 - 13.20 Tagesschau
09.30 Sesamstraße
16.15 Tagesschau
16.20 Rückblick auf ein Jahr
17.05 Aha! Die Sendung mit der Punkt
      maschine
17.55 Tagesschau
18.10 Bridget und Bernie - Heute:
      „Stürmische Nacht"
18.40 Unter einem Dach
19.20 Hessenschau
20.00 Tagesschau - Wetter
20.15 BR Im Brennpunkt
21.00 Musikladen – Mit Manfred
      Sexauer und Uschi Nerke
21.45 NDR Kap ohne Hoffnung –
      Südafrika nach dem Machtwechsel in
      Portugal
22.30 Tagesschau mit Kommentar und
      Wetterkarte

ZDF

16.20 Turn mit
16.30 Rappelkiste (Wh. von Sonntag)
17.00 heute
17.10 Geschichten aus einer Klasse - Von
      Helga Feddersen Heute: „Bonbon"
17.40 Die Drehscheibe - Max Inzinger
      serviert das Spargericht „Tomateneier"
18.20 Im Auftrag von Madame
18.55 Geschichten aus der Geschichte:
      Herakles
19.00 heute
19.30 Der Sport-Spiegel - Heute:
      „Bürger als Würger" Catcher und ihr
      Publikum
20.15 ZDF Magazin
21.00 heute
21.15 Friedrich Gulda - Portrait eines
      „unbequemen" Musikers
22.00 Das kleine Fernsehspiel - Adam II
      Ein gezeichneter Film von Jan Lenica

Hessisches Fernsehprogramm

08.05 Schulfernsehen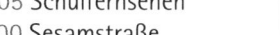
18.00 Sesamstraße
18.30 Wirtschaft – Politik – Recht – Ist
      unsere Marktwirtschaft sozial?
18.50 Elternschule (5) – Reihung der
      Geschwister
19.00 Einmal dritte Welt und zurück (2)
      Warum Schätze der Natur nicht reich
      machen
19.45 News of the week
20.00 Tagesschau
20.15 Filmstudio - Das Wunder von
      Mailand

Donnerstag, 6. Februar 1975

ARD

Vormittagssendungen von ARD und ZDF
10.00 Erste Meldungen der Tagesschau
10.05 Die Drehscheibe
10.25 betrifft: Fernsehen – Warum singt
im Fernsehen niemand falsch?
11.05 Der Kommissar - Heute: „Am
Rande der Ereignisse" (Wh.)
12.05 ZDF Magazin
12.50 Die Presseschau
13.00 - 13.20 Tagesschau
ARD
09.30 Sesamstraße
16.15 Tagesschau
16.20 Alice Schwarzer kontra Esther
Vilar – Streitgespräch zwischen zwei
Autorinnen
17.05 SWF Sowieso – Allerlei um ein
Ding – Heute: Stein
17.55 Tagesschau
18.10 Krieg und Frieden – Heute:
„Heimkehr"
19.20 Hessenschau
20.00 Tagesschau – Wetter
20.15 Plusminus – Das ARD-Wirt-
schaftsmagazin
21.00 Einsatz in Manhattan – Heute:
„Weg ohne Wiederkehr"
21.45 Titel, Thesen, Temperamente – Ein
Kulturmagazin
22.30 Tagesschau mit Kommentar und
Wetterkarte

ZDF

16.30 Mensch und Machine (Wh.)
17.00 heute
17.10 In 80 Tagen um die Welt Zeichen-
trick-Geschichten nach Jules Verne –
Heute: „China"
17.40 Die Drehscheibe
18.20 Der Bastian - Heute: „Sieger im
Rückwärtslauf"
18.55 Mainzelmännchen: Mini-Krimi
19.00 heute
19.30 Hi-Hi-Hilfe – Englischer Spielfilm
von 1965 – Die Beatles im Film
21.00 heute
21.15 Kontrovers – Heute: „Der totale
Wahlkampf"
22.00 Der Philosoph mit der Lilie – Zum
400. Geburtstag von Jakob Böhme
22.30 heute

Hessisches Fernsehprogramm

08.05 Schulfernsehen
18.00 Sesamstraße
18.30 Nachbar Frankreich – Nimes
19.00 Russisch für Sie (43) – Heute:
„im Kino"
19.30 Die Selbermachers – Hänge-
schränke
20.00 Tagesschau
20.15 Politik live
21.45 Nachrichten
21.55 Konzerne, die die Welt regie-
ren (Wh.) – Die Herrschaft der sieben
Schwestern

Freitag, 7. Februar 1975

ARD

Vormittagssendungen von ARD und ZDF
10.00 Erste Meldungen der Tagesschau
10.05 Die Drehscheibe
10.25 Der Opernball – Operette von
   Richard Heuberger
12.05 Plusminus
12.50 Die Presseschau
13.00 – 13.20 Tagesschau
ARD
15.50 Tagesschau
15.55 Die zwo (Wh.)
16.40 Maxi und Mini ,75 Thema Selbst-
   ständigkeit
17.10 Joker 75 - Heute: „Warum verstehen meine Eltern mich nicht?"
17.55 Tagesschau
18.10 Der Fall von nebenan
18.40 Melodien von Michael Jary
19.15 Sandmännchen
19.20 Hessenschau
 20.00 Tagesschau – Wetter
20.15 Preisgekrönt – Der plötzliche
   Reichtum der armen Leute von
   Kombach – Kriminalfall aus dem Jahre
   1821
21.55 NDR Die Kriminalpolizei rät –
   Heute: „Wie sicher ist Ihr Zuhause"
22.00 WDR Bericht aus Bonn – Leitung:
   Friedrich Nowottny
22.25 Tagesschau – Wetter, mit Hinweisen für Wintersportler
22.40 ARD-Sport heute abend
23.05 Der-Studio-Film – Cousine
   Angélica – Spanischer Spielfilm von
   1973
00.50 Tagesschau

ZDF

11.00 Rappelkiste
16.30 Studienprogramm Chemie
17.00 heute
17.10 Robinzak – Heute: „Sind die Lehrer
   für die Schüler da?"
17.40 Die Drehscheibe
18.20 Väter der Klamotte – Heute: „Eine
   öffentliche Entkleidung"
18.55 Barbapapa
19.00 heute
19.30 Auslandsjournal
20.15 Mainz bleibt Mainz, wie es singt
   und lacht
23.15 heute

Hessisches Fernsehprogramm

08.05 Schulfernsehen
18.15 Actualités – Nachrichten der
   Woche in französischer Sprache
18.30 Unsere Freundin Violetta (5) –
   Violetta und der Plattenfresser
19.00 Biologie für Sie (10) – Bunte Falter
   wandern
19.30 Eltern, Kinder, Vorschulfragen –
   Kinderfernsehen und Gewalt
20.00 Tagesschau
20.15 Dokumentation Zeitgeschehen –
   Die chinesische Diaspora
21.00 Nachrichten
21.10 Und es blühen die Rosen – Milva
   singt Tangos und andere Lieder

****

Radioprogramm des Hessischen Rundfunks

****

vom 24. September 1975

hr1

5.30 Stationsansage, Wetterbericht und Programmhinweise
5.33 Musik für Frühaufsteher dazwischen:
5.45 Politische Informationen
6.00 Nachrichten und Wetterbericht
6.05 Zuspruch am Morgen Pfarrer Ernst Kirchgässner, Pfaffenwiesbaden
6.10 Guten Morgen allerseits!, dazwischen:
6.30 Rundschau aus dem Hessenland
7.00 Nachrichten und Wetterbericht Frühkommentar
7.30 Nachrichten in Schlagzeilen und Wetterbericht
8.00 Nachrichten und Wetterbericht
8.05 Pressestimmen
8.10 Ratgeber
8.15 Mit den besten Empfehlungen Werbefunk, dazwischen:
9.00 Nachrichten und Wetterbericht
9.50 Für Haus und Garten
10.00 Nachrichten und Wetterbericht
10.05 Unterwegs in Hessen Reportagen und Musik, dazwischen:
11.00 Nachrichten und Wetterbericht
11.50 Pressestimmen
12.00 Nachrichten und Wetterbericht
12.05 Mit den besten Empfehlungen Werbefunk
12.50 Rundschau aus dem Hessenland
13.00 Nachrichten und Wetterbericht
13.10 Passiert – notiert 1 – Ein aktuelles Magazin mit Musik

14.00 Nachrichten und Wetterbericht
14.03 Werben und wünschen Werbefunk
14.40 Wirtschaftsberichte
14.50 Börsenberichte
15.00 Nachrichten und Wetterberichte
15.05 Sendepause
15.10 Schlagerkassette
16.00 Nachrichten und Wetterbericht
16.05 Melodie und Rhythmus
17.00 Nachrichten und Wetterbericht
17.05 Passiert – notiert 2 – Ein aktuelles Magazin mit Musik
18.00 Nachrichten und Wetterbericht
18.05 Heute aktuell
18.30 Musik zum guten Abend
18.50 Rundschau aus dem Hessenland
19.00 Nachrichten und Wetterbericht, Kommentar, Aktuelle Berichte, Wilhelmsbader Produktion 1975
19.30 Fest-Spiele: „Präludium und Fuge für vier Damen und vierzig Finger". Ein Melodram von Hans Kasper und Frank Duval mit Irmgard Först, Sabine von Maydell, Marianne Mosa, Susanne Tremper, Kurt Bong, Rainer Brüningshaus, Sylvester Levai, Horst Jankowski, Kai Rautenberg, Roland Schneiderund Eberhard Weber, Regie: Werner Klein
20.40 Trios international
21.00 Die Tribüne Worüber man spricht – Worüber man sprechen sollte
22.00 Nachrichten und Wetterbericht, Aktuelle Berichte
22.20 Rund um den Sport
22.30 Leichte Musik vor Mitternacht, dazwischen:
23.00 Nachrichten und Wetterbericht
24.00 Nachrichten und Wetterbericht
0.10 Musik bis zum frühen Morgen, dazwischen:
zu jeder vollen Stunde: Nachrichten und Wetterbericht

hr2

6.00–7.10 wie 1. Programm

7.10 Zuspruch am Morgen: Pfarrer Ernst Kirschgässner, Pfaffenwiesbach

7.15 Vor dem Alltag. Schumann: „Arabeske C-Dur op. 18" (Wilhelm Kempff, Klavier) Mussorgski: „Intermezzo in modo classico" (Münchner Philarmoniker / Marc Andreas) Saint-Säens: „Fantasie für Violine und Harfe op. 124" (Ruggiero Ricci / Gloris Agostini) Poulenc: „Zwei Märsche und ein Intermedium" (Kammerorchester der Laningrader Philharmonie / Roshdestwensky) Milhaud: „Sonatine für Flöte und Klavier" (Andras Adorjan / Ramon Walter) Schostakowitsch: „Ouvertüre über russische und kirgische Themen" (Großes Rundfunk-Sinfonie-Orchester der UdSSR / Maxim Schostakowitsch) Skrjabin: „5. Klaviersonate op. 53" (Roberto Szidon)

8.25 Programmvorschau

8.30 Nachrichten und Wetterbericht

8.35 Aus Kirche und Welt

9.00 Schulfunk Soziales Lernen – Rücksichtnahme (1): Einführung Rücksichtnahme (2): „Versteh das doch!"

9.30 Frankfurter Funkkonzert 1 Vivaldi: Flötenkonzert D-Dur op.10,3 „Der Stieglitz" (Michel Debost / Kammerorchester Toulouse / Louis Auriacombe

9.41 Messiaens „Vogelkatalog" (3): „Teichrohrsänger" (Jocy de Oliveria, Klavier)

10.13 Dvorak: 9. Sinfonie e-Moll „Aus der neuen Welt" (Philharmonia Orchester / Otto Klemperer)

11.00 Ost-West-Forum Politik – Wirtschaft – Ideologie

11.30 Gern gehört: Eduard Künneke-Melodien „Wer hat die Liebe uns ins Herz gesenkt" aus der Operette „Das Land des Lächelns", F. Lehar: Drei slawische Tänze aus der Operette „Bozena", Richard Straus: „Die Geige weint", Vittorio Monti: Dorfkinder-Walzer aus der Operette „Der Zigeunerprimas", Emmerich Kalman: „Komm in den Park von Sanssouci", Robert Stolz: Ouvertüre zu Operette „Lysistrata" (P. Lincke)

12.15 Sozialpolitische Informationen

12.45 Sendepause

12.50–15.00 wie 1. Programm

15.00 Schulfunk Rücksichtnahme (3): Konflikte auf Schulhof und Spielplatz, Rücksichtnahme (4): „Schon wieder hat Mutter nein gesagt!"

15.30 Rund um Kassel

16.00 Für Kinder

16.30 Musik für Kinder

16.40 Iwan Turgenjew: „Väter und Söhne" (15) Gelesen von Rolf Boysen

17.00 Nachrichten und Wetterbericht

17.05 Frankfurter Funkkonzert 2. Respighi: „Rossiniana" – Suite für Orchester

17.30 Rossini: „La Passegiata" und „Il Gondelierie" aus „l'Album Italiano", Balett „Der

Zauberladen", „La Regata Veneziana", Kanzonette in venezianischem Dialekt (Stock-
holmer Kammerchor / Eric Ericson / Kerstin Hindart, Klavier / Orchester der Wiener
Festwochen / Antonio Janigro / Christa Ludwig, Mezzosopran / Gerald Moore, Klavier)
18.25 Liszt: "Venezia a Napoli" aus „Annees de Pelerinage" (Mirka Pokorna, Klavier)
18.44 Berlioz: Römischer Karneval (Orchestre de la Suisse Romande / Ernest Asermot)
19.00 Rumänische Volksmusik (1) Manuskript: Miroslav Basta
19.30 Das Prisma. Aus dem kulturellen Leben in Hessen
20.00 Nachrichten und Wetterbericht
20.05 Besteller, Longseller, Nonseller: Zur Struktur des amerikanischen Buchmarktes
Von Robert von Berg
20.35 Der Musik-Kurler. Ein Konzert mit Informationen, Berichten und Gesprächen aus
dem Musikleben. Redakteur am Mikrofon: Leo Karl Gerhartz
21.45 Studio alter Musik. „Deutsche Sprüche von Leben und Tod" und andere zyklische
Vokalwerke von Leonhard Lechner. Manuskript: Heinz Meier (Kammerchor der Staatli-
chen Hochschule für Musik, Frankfurt / Frankfurter Kantorei / Frankfurter Kammerchor
/ Helmuth Rilling)
22.35 Internationale Rundfunk-Universität: Der Vogelzug: Methoden der Forschung.
Von Dr. Bruno Bruderer (Sempach/Schwelz). Raumprojekte: Anwendungsmöglichkeiten
für Satelliten. Von Jean-Pierre Contzen (Frankreich)
23.00 Nachtkonzert. Alte und Neue Musik zwischen Jazz, Folklore und Klassik (Kompo-
sitionen von Domenico Scarlatti, Anton Webern, Manfred School, Rolf Riehm, Gryphon,
Machaul, Manitas de Plata)
24.00 Nachrichten und Wetterbericht
Sendeschluss

hr3

5.55 Werbefunk
6.00 Nachrichten und Service
6.05 Auf Welle Hessen 3 (1) (Vom Bayrischen Rundfunk)
6.26 Werbefunk anschließend: Service und Segelflug- Wetterbericht
6.35 Auf Welle Hessen 3 (2) (Vom Bayrischen Rundfunk)
6.56 Werbefunk
7.00 Nachrichten und Service
7.05 Auf Welle Hessen 3 (3) (Vom Bayrischen Rundfunk)
7.26 Werbefunk anschließend: Service und Wetterbericht Wasserstandsmeldung
7.35 Auf Welle Hessen 3 (4) (Vom Bayrischen Rundfunk)

7.56 Werbefunk

8.00 Nachrichten und Service

8.05 Bitte recht freundlich (Von O 3 ORF)

dazwischen: 8.30 Service und Wetterbericht

8.56 Werbefunk 9.00 Nachrichten und Service

9.03 Die Musik-Boutique (Vom Bayrischen Rundfunk)

dazwischen: 9.30 Service und Programmtipps

9.56 Werbefunk

10.00 Nachrichten und Service

10.05 Stunde der Melodie (Vom Bayrischen Rundfunk) dazwischen:

10.30 Service und Wetterbericht

10.56 Werbefunk

11.00 Nachrichten und Service

11.05 Goldene Hits (Vom Bayrischen Rundfunk)

11.30 Service und Wetterbericht

11.56 Werbefunk

12.00 Nachrichten und Service

12.05 Der Reisekoffer dazwischen:

12.30 Service und Reisewetterbericht

12.56 Werbefunk

13.00 Nachrichten und Service

13.10 Die Mittags-Disko-Theke dazwischen:

13.30 Service und Veranstaltungskalender

13.56 Werbefunk

14.00 Nachrichten und Service

14.03 Sendepause

14.08 Rasthaus hr 3 mit volkstümlicher Musik

dazwischen: 14.30 Service und Wetterbericht Wasserstandsmeldungen

14.56 Werbefunk

15.00 Nachrichten und Service

15.05 Schlagerkasse

dazwischen: 15.30 Service und Terminkalender

15.56 Werbefunk

16.00 Nachrichten und Service

16.05 PS-Kurier

dazwischen: 16.30 Service und Wetterbericht

16.56 Werbefunk

17.00 Nachrichten und Service Sendungen für ausländische Arbeitnehmer: (Frequenzen siehe Titelseite)

17.05 Mit Musik in den Feierabend

dazwischen: 17.30 Service und Wetterbeicht Beregnungshinweise

17.40 Türkler icin yayinlar
17.56 Werbefunk
18.00 Nachrichten und Service
18.05 Die grüne Welle von hr 3
18.20 Emisija za Jugoslavene u Njemacko dazwischen: Service und Programmtipps
18.56 Werbefunk
19.00 Nachrichten und Service
19.05 Trasmissione per gli Italiani
19.10 Internationaler Plattenteller dazwischen:
19.30 Service und Baustellen-Bericht
19.40 Emislon para los Espanoles
19.56 Werbefunk
20.00 Nachrichten und Service
20.05 Musik liegt in der Luft 20.20 Ekpompi dia tous
20.56 Werbefunk
21.00 Ellines
21.00 Nachrichten und Service
21.05 r-u-m-m-s! Musik, Meldungen, Musik 22.30 Nachttresor Max Raphael: Arbeiter, Kunst und Künstler Vorgestellt von Günter Maschke
22.45 Leichte Musik vor Mitternacht
dazwischen: 23.00 Nachrichten und Wetterbericht
24.00 Nachrichten und Wetterbericht
0.10 – 5.55 Musik bis zum Morgen,
dazwischen: zu jeder vollen Stunde: Nachrichten und Wetterbericht

(Zur Verfügung gestellt vom hr/Unternehmensarchiv)

****

BILD-Schlagzeilen

****

1952 erschien die erste Ausgabe der „Bild"-Zeitung, die fortab die Medienlandschaft in Deutschland verändern sollte. Bis heute ist sie geliebt, gehasst, umstritten, viel kritisiert und wird täglich von Millionen gelesen. Hier einige Schlagzeilen aus den Siebzigerjahren.

6. Februar 1970

8 Mark! Das ist der Stundenlohn für Hausfrauen

20. März 1970

Die beiden besten Fotos von der Reise ins andere Deutschland:

Laßt uns durch! „Willy Brandt ans Fenster!" riefen sie

8. Dezember 1970

Deutsche Seite an Seite!
„Schlußstrich unter Leiden und Opfer"

6. April 1971

Liebe mit 16 dürfen die Eltern nicht verbieten!

29. März 1971

Wünsch Dir was wurde zum Spiel um Leben und Tod:

Das war grausam, Herr Schönherr!

21. Oktober 1971

Friedens-Nobelpreis für Willy Brandt Der Kanzler weinte

11. Dezember 1971

Deutscher Millionär entführt – Gangster fordern 7 Millionen

Millionär Albrecht schrieb: Mein Leben ist in Gefahr

1. November 1971

Fußballstars schworen Meineide

Vier eidesstattliche Erklärungen waren falsch

25. Januar 1972

Baader droht: Volkskrieg in Deutschland

28. April 1972

Barzel fehlten zwei Stimmen

Brandt strahlte: Gesiegt!

2. Juni 1972

Baader im Bomben-Lager überwältigt!

12. Juli 1972

Aus für Dietmar Schönherr

„Wünsch dir was" soll sterben

6. September 1972

Spiele gestoppt

Das Blutbad im Olympia-Dorf

30. Oktober 1972

Araber erpressen Deutschland

Lufthansa-Jet entführt

Massenmörder von München befreit

20. November 1972

Riesen-Sieg für Willy Brandt

Mehrheit von über 40 Sitzen

für Regierung Brandt-Scheel

21. März 1973

Abtreibung wird freigegeben

Krankenkassen sollen die

Operationen bezahlen

3. Oktober 1973

Dr. Oetker um zwei

Millionen Mark erpreßt

1. November 1973

Benzinpreis explodiert: Bald 1 Mark

Auch die Postgebühren explodieren

19. Januar 1974

Uri Geller verbiegt ganz Deutschland

15. Dezember 1973

Operation gelungen – Entscheidung gefallen: Scheel wird Bundespräsident

14. Februar 1974

Rausgeworfen! Obdach bei Böll!

Solschenizyn in Deutschland

26. April 1974

Entsetzen in Deutschland

Verhaftet – Brandts Vertrauter – Ostspion!

8. Mai 1974

Bitterer Abschied

Die Hände des Bundeskanzlers zitterten, als er die Entlassungsurkunde entgegennahm

8. Juli 1974

Ja! Ja! Ja! 2:1 Weltmeister! Wunderbar! Hurra! Geschafft! Klasse! Herrlich!

9. August 1974

Nixons Rücktritt

Geht er straffrei aus?

7. Oktober 1974

Hund erschießt deutschen Millionär

Hundeleine verfing sich am Abzug

20. Februar 1975

Baader-Meinhof ißt jetzt Kaviar in der Zelle

---

1. März 1975

Das haben sie aus ihm gemacht

Die Polizei soll Fahndung stoppen!

Sonst muß Lorenz sterben

---

20. September 1975

2,7 Millionen DM

Zeitungskönig Hearst kauft

seine Tochter frei

---

4. Juli 1975

Hellseher erschoß sich, weil

sein Tod nicht pünktlich kam

---

2. Oktober 1975

Clay kaputt – Frazier am Rande

des Todes

Zusammenbruch! Boxverbot?

---

22. Dezember 1975

Wien – Schüsse, drei Tote
11 Öl-Minister als Geiseln

---

9. Februar 1976

Gold! Rosi, wir küssen dich!

Abfahrtslauf: Mit Tempo 85

gewann sie Deutschlands erste

Goldmedaille

---

13. März 1976

Verlobt!

Schwedens König heiratet diese

junge Deutsche

5. Juli 1976

Geiseln frei!

Terroristen tot! Amin tobt – Israel jubelt

Deutsche Terroristen waren am schlimmsten

3. August 1976

Niki Laudas Kampf

mit dem Tod

„Mein Gott, wo ist

sein Gesicht"

10. September 1976

Mao tot

China weint

Bürgerkrieg?

17. Dezember 1976

21 Millionen

Lösegeld gestern in vier

Koffern übergeben

Sohn des Pudding-Königs

Oetker entführt

12. Dezember 1976

Honka – Sein schwarzes Geständnis

Angst vor den vier toten Frauen

4. Februar 1977

Rasend vor Eifersucht

**Ingrid van Bergen brachte
ihren Geliebten um**

9. April 1977

Buback

Er lag vier Stunden in seinem Blut

28. Juli 1977

Ingrid v. Bergen

7 lange Jahre

Sie schloss die Augen –

ihre Tochter weinte

1. August 1977

Ponto: Seine Mörder kamen mit

roten Rosen

Es war sein Patenkind

4 Kugeln von hinten

10. September 1977

Schleyer

Ein Bild, bei dem man weinen möchte

18. Oktober 1977

Vor den Geiseln: Pilot erschossen

Deutsche: Stürmt!

Terroristen: Wir sprengen um 1 Uhr 30

22. November 1977

Sadat und Begin geloben:

Nie wieder Krieg!

5. Januar 1978

Köpcke: „Ich habe nicht geraschelt!"
Der Chefsprecher der Tagesschau geht zum Anwalt

10. Mai 1978

Moro tot

5 Kugeln, eine im Kopf

Frau Moro schrie „Mein Gott, nein!"

27. Juli 1978

Das größte Wunder der Medizin
Retorten-Baby
Es lebt, es schreit

15. Februar 1979

Khomeini-Anhänger ermorden US-Botschafter

9.März 1979

Brandt läßt sich scheiden
Neue Liebe zum Leben an der Cote d'Azur entdeckt

5. Oktober 1979

Betrunkener Juhnke jagt Brühl von der Bühne

Klassiker der Werbung

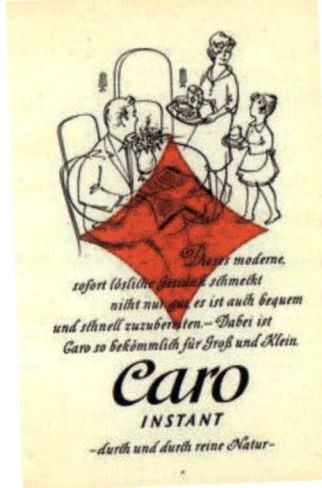

In Eminence kann ein Mann sich sehen lassen

Chic & Sitz
Eminence ®
Herrenunterwäsche
aus Paris

Slips, Hemden und T-Shirts
in weiß und vielen Modefarben.
Eminence Deutschland,
5 Köln 91
Postfach 960108 · Tel. 89.46.46
Auch in der Schweiz
und in Österreich erhältlich.

Kräftiges Futter von saftigen Wiesen und gesundes Vieh
bestimmen die Güte der Milch. Schneller Transport
und natürliche Veredlung machen BÄREN-MARKE,
die meistgekaufte Dosenmilch, so haltbar und ergiebig

Nichts geht über
BÄREN-MARKE
BÄREN-MARKE zum Kaffee

BÄREN
MARKE
ALLGÄUER ALPENMILCH AG

Wilde Frische wie noch nie.

Fa · mit der
wilden Frische von Limonen.

Gut gelaunt
genießen

HB ist mild und schmeckt

Meine AVON-Beraterin und ich

AVON bringt Schönheit direkt ins Haus!

Das sind tolle LEGO Neuheiten!

LEGO ist jeden Tag ein neues Spielzeug.

Wer
viel leistet,
braucht viel
Vitamin C

hohes C

Das Vitamingeschenk der Natur

273

****

Namensverzeichnis

****

****

Bisher in der Reihe erschienen

****

Des is' kein Fräulein, des is' e aalt' Hex

Erinnerungen an Kindheit und Jugend in den 50er Jahren

„Wir spielten, wir wären Amis. Wenn uns jemand entgegen kam, taten wir so, als kauten wir Kaugummi, und redeten irgendein Kauderwelsch, das amerikanisch klingen sollte."

Ein Jahrzehnt, das Weltgeschichte schrieb. Das Jahrzehnt, das dem furchtbaren Krieg und den Nachkriegswirren folgte, ist im kollektiven Gedächtnis tief verankert. Nicht jedoch dokumentiert sind in der Regel doe Erlebnisse und Gedanken der Menschen, die fern der Großstadt in den Fünfziger Jahren aufgewachsen sind. Hier nun erzählen Menschen aus Oberhessen, wie sie diese Zeit erlebt haben. Persönlich, authentisch, aufregend, anregend, humorvoll.

272 Seiten, mit vielen Fotos, Hardcover

mit Schutzumschlag und Lesebändchen

18 Euro zzgl. Versand

Erhältlich im Buchhandel oder unter

06031 6848-1193 (ovag Energie AG)

4. Auflage!

ISBN 978-3-9815015-6-8

Mach des Gekreisch aus!

Erinnerungen an Kindheit und Jugend in den 60er Jahren

„Nach einem prüfenden Blick auf das Schnittmuster sagte meine Oma: So etwas nähe ich nicht."

Ein verwirrendes Jahrzehnt – zerrissen zwischen dem Berwahren des Erreichten und dem Aufbruch. Der mündete in Protest, in Aufbegehren, in dem Aufbrechen von Tabus. Zu hören in der neuen Musik, zu sehen in neuen, provokanten, modischen Erscheinungen. Mit anderen Worten: Die Generationen, die Temperamente, die Mentalitäten gerieten mehr aneinander als je zuvor.

Hier erzählen Menschen aus Oberhessen, wie sie diese Zeit erlebt haben.

300 Seiten, mit vielen Fotos, Hardcover

mit Schutzumschlag und Lesebändchen

18 Euro zzgl. Versand

Erhältlich im Buchhandel oder unter

06031 6848-1193 (ovag Energie AG)

2. Auflage!

ISBN 978-3-9815015-9-9